济南大学高等教育研究院 青龙书系

The Study of the Innovation Mechanism of Providing Service to the Society by the Local undergraduate Universities

地方本科院校服务地方机制创新研究

卢 旺◎著

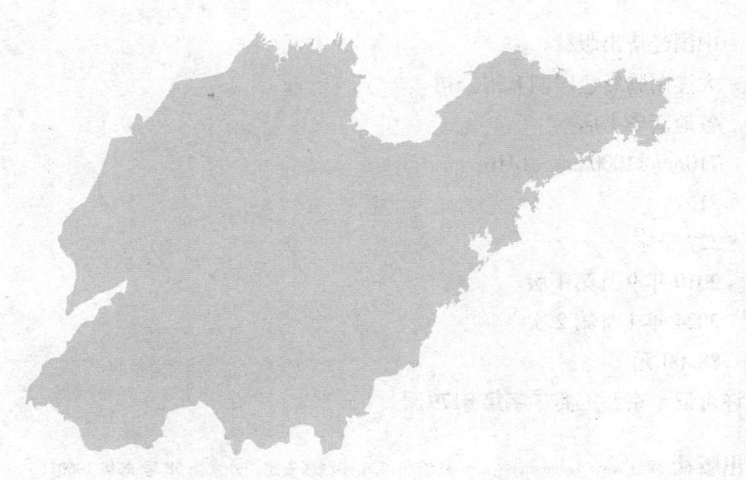

中国经济出版社
CHINA ECONOMIC PUBLISHING HOUSE
·北 京·

图书在版编目（CIP）数据

地方本科院校服务地方机制创新研究/卢旺著.
—北京：中国经济出版社，2019.9（2024.1重印）
ISBN 978-7-5136-5811-9

Ⅰ.①地… Ⅱ.①卢… Ⅲ.①地方高校—社会服务—研究—中国 Ⅳ.①G646.

中国版本图书馆CIP数据核字（2019）第173472号

组稿编辑 崔姜薇
责任编辑 贾轶杰
责任印制 马小宾
封面设计 任燕飞

出版发行 中国经济出版社
印 刷 者 大连图腾彩色印刷有限公司
经 销 者 各地新华书店
开 本 710mm×1000mm 1/16
印 张 21.75
字 数 327千字
版 次 2019年9月第1版
印 次 2024年1月第2次
定 价 88.00元
广告经营许可证 京西工商广字第8179号

中国经济出版社 **网址** www.economyph.com **社址** 北京市东城区安定门外大街58号 **邮编** 100011
本版图书如存在印装质量问题，请与本社销售中心联系调换（联系电话：010-57512564）

PREFACE

>>>序

地方高校服务地方经济社会发展，是全面履行高校基本职能和加快构建区域创新体系的必然要求，也是贯彻国家创新驱动发展战略和高校内涵式发展方针的重要体现，更是有关高校能否办出特色与影响的关键所在。多年以前，卢旺与我讨论博士论文选题之时，他正在济南大学服务地方（济南）办公室任职。学校领导对这个部门寄予厚望，他本人也把这个部门的工作搞得风生水起，当然更让我感兴趣的还是他对地方高校服务地方经济社会发展有较多思考和困惑。我很清楚，实践中很重要的事项未必是很好的博士论文选题，鉴于他确有需要，也有信心和条件，我还是坚定地支持他努力做好《地方高校服务地方经济社会发展》这篇文章。

服务地方经济社会发展，与地方高校的办学水平密切相关。但是，服务地方经济社会发展更需要高校主动谋划和积极作为，高校努力提升办学水平未必就可以自然而然地催生校地、校企合作。当然，服务地方经济社会发展也不是高校一厢情愿之事，即便高校在这方面特别有抱负和需求，如果缺少地方政府与企事业单位的积极回应与必要支持，结局也只能是事与愿违或事倍功半。我们的基本判断是，推进地方高校服务地方经济社会发展，关键是要从构建区域创新系统的角度与高度，协同各个利益与创新主体，进行体制机制创新，才能形成政府、高校与企事业单位之间优势互补、协同发展的良好局面。

正是从这样一种基本判断出发，卢旺的博士论文基于山东省35所本科高校服务地方经济社会发展的相关数据，对山东省地方本科院校服务地方的基本情况进行总体描述，并采用聚类分析方法，依据高校服务地方的能力和参考供给需求关系理论，将这些高校与地方的服务关系分为三种类型，即供给主导型、需求主导型、供给—需求相对均衡型。如此分类的价值在于合理选取适当的地方高校，在区域创新系统理论的关照下，有针对性地揭示和解释案例高校在服务地方的问题上究竟得益于和受制于哪些因素，进而聚焦地方高校服务地方存在的问题及原因，最终指向地方高校服务地方的机制创新内容与举措。

本书相对于其博士学位论文来说，无论是谋篇布局，还是遣词造句，均有较为明显的改进，并新补充了美国、英国、德国、日本、韩国高校服务地方的具体途径及启示，比较分析了中国与欧美及日韩高校服务地方的差异性，也注意到了地方本科院校服务的负外部性、服务评估体系的单一性等问题。总体来看，作者较好地理解和运用了区域创新系统理论，充分论述了地方本科院校在区域创新系统中的定位与作用，在地方本科院校服务地方的实证研究和数据挖掘方面有较新的尝试，对地方高校做好服务地方相关工作，特别是在服务地方机制创新方面有较强的指导与参考价值。

卢旺是我招收的第一届博士生，他是在全职工作的情况下较为顺利地完成学业的。拿到博士学位之后，他继续坚持力所能及地从事与博士学位论文选题相关的研究工作，并提出了一些新的研究课题。例如，发挥地方高校科研优势以加快学科链、科技链、创新链与产业链、服务链紧密对接的问题，构建地方高校服务本省经济社会发展能力与成效评价体系的问题，等等。与本书所达到的研究水平和取得的研究成果相比，我更看重的是作者对研究的兴趣与执着，希望作者努力做到钻研学问与干事创业的有机结合。

习近平总书记在全国教育大会上强调指出，教育是国之大计、党之大计。《中国教育现代化 2035》明确提出，到 2035 年我国将总体实现教育现代化，并迈入教育强国行列。高等教育现代化的基本经验与重要使命，就是高校不能固守传统的学术边界与知识生产模式，需要更加主动地融入国家发展战略和地方经济社会发展进程，在创建国家和区域创新系统中发挥出越来越重要的作用。新时代地方高校服务地方经济社会发展的责任更大，地方经济社会发展也将更加依赖高质量的区域创新系统，相关的实践探索与学术探讨也会更多，但愿本书的出版能够在此研究领域占据一席之地，为此宏图大业贡献一臂之力。

作为导师，我对学生将修改后的博士学位论文予以出版，并由我来写“序”这件事情的心情是较为复杂的。可以说，既特别高兴又颇多担忧，更是要在责无旁贷与自不量力两种矛盾的想法之间挣扎很久。好在写“序”也给了我一个机会，我需再次检视自己指导学生撰写博士学位论文的功过得失。对于本书中存在的不足之处，我愿与作者一起分担与面对！

陈廷柱

2019年9月1日

FOREWORD

>>>前言

创新是区域竞争的核心，大学是区域创新的关键。鉴于大学在区域经济发展中的显著作用，大学被国家赋予参与区域创新体系的新使命。大学致力于知识创新、技术转移与转化，已成为区域创新体系中的主体。地方本科院校是我国高等教育体系的重要组成部分，从某种程度上说，区域经济社会发展的水平离不开地方本科院校的支持与服务，它是区域竞争成败的决定性因素。然而，目前地方本科高校尚未真正融入区域创新系统，服务地方经济社会发展的水平远远没有得到充分发挥，地方本科院校服务地方存在诸多制约因素。其中，机制创新水平是关键制约因素。

本书主要采用案例研究和比较研究等方法，在区域创新系统理论指导下，选取地方本科院校服务地方的典型指标。以山东省为例，对山东省35所本科院校服务地方的情况进行聚类分析，根据聚类分析的结果，对各类型高校服务地方的基本数据进行均值比较，并对各类型高校服务地方的特点进行个案剖析，通过借鉴美国部分地方高校服务地方的做法与经验，深入探讨了地方本科院校服务地方的“瓶颈”问题及原因，提出了地方本科院校服务地方的机制创新内容与措施。

借助山东省教育厅组织实施的全省高校2012—2014年社会服务情况调查，选取近3年高校横向课题数量、向企业提供的技术专利总量、为政府提供决策咨询总数、决策咨询参与总人数、为国家各级政府提供教育培训总人数、大学科技园区孵化企业总量等12个关键指标，以及专业数量、一级博士点、一级硕士点、国家重点学科数量、国家重点实验室数量等10

个普通指标，运用基于层次的聚类分析方法，分组结果显示35所山东省高校明显分成三类：第一类包括山东大学、青岛大学、青岛科技大学、中国石油大学（华东）、山东科技大学、中国海洋大学、山东理工大学等7所高校，其特点是科研、教学以及综合办学实力较强，对地方经济社会发展的贡献较大；第二类包括潍坊学院、山东体育学院、潍坊医学院、山东女子学院、山东中医药大学、山东英才学院、滨州医学院、滨州学院、山东工艺美术学院、烟台南山学院、德州学院、菏泽学院、山东工商学院、泰山学院、枣庄学院等15所高校，其特点是总体办学实力较弱，对地方经济社会发展产生的贡献较小；第三类包括山东建筑大学、济南大学、山东师范大学、青岛农业大学、聊城大学、烟台大学、鲁东大学、齐鲁工业大学、山东交通学院、青岛理工大学、山东财经大学、曲阜师范大学、临沂大学等13所高校，实力居中，其特点是办学实力与对地方经济社会发展的贡献处于前两类高校之间。总体来看，山东高校服务地方经济社会发展的状况与其办学实力密切相关，并在一定程度上受制于学校区位及学科专业设置等因素的影响。参考经济学的“供给—需求”理论，结合高校在服务地方过程中能否顺利地与地方企事业单位建立合作关系的实际情况，并依据高校服务地方所呈现出的社会实践方面的特征，可将上述三类高校分别称为供给主导型高校、需求主导型高校和供给—需求型高校。

进一步选取地方本科院校服务地方的5个典型指标，即高校横向课题数量和申请情况、高校向企业提供技术和专利数量与大学科技园区孵化企业数量情况、科技园区孵化企业年产值和校办企业数量情况、高校政策咨询与决策建议情况以及高校为政府提供教育培训情况，对供给主导型、需求主导型、供给—需求型高校三类高校服务地方的基本数据进行均值比较。研究发现，三类高校在服务地方的5个典型指标方面，确实存在着显著差异。然而，对三类高校服务地方的个案研究却表明，所有案例高校均十分重视服务地方这项工作，并能够主动调整学科专业设置，以期培养能够适应地方经济社会发展所需要的专业人才；也较为注重校企联盟建设，助力地方企业实现科研攻关，努力促成学校的科研成果转化。即便是办学实力较弱的需求主导型地方高校，也会设法依托地方特色产业与资源推进社会服务工作，其服务地方的特色反而十分鲜明。但是，各案例高校也普遍存在服务机构设置和管理制度不健全、社会服务调研分析不够、服务项目浅尝辄止、服务深度与内容有待全面提升等问题，制约着高校服务地方的实效。

依据上述以山东省地方本科院校社会服务数据为例的聚类分析、差异分析与案例分析，并参照美国、英国、德国、日本、韩国等发达国家部分高校服务地方的做法与经验，可以将山东省地方本科院校服务地方经济社会发展方面存在的问题归纳为六个方面，即服务质量的外部性、人才资源的过度培育、低水平重复研发、知识溢出的无效性、社会服务的总体层次较低以及专业化管理机构和平台建设不完善。具体而言，部分地方本科高校办学定位不够准确，学科专业结构与地方经济社会发展需求契合度有待提高；人才培养模式滞后，推行产学研合作育人难度较大，普遍存在重理论知识传授、轻实践创新能力培养的现象，人才培养的层次和质量难以适应现代产业体系建设和经济发展的需求；高校总体的科研水平较低，重复研发现象较为严重；科研成果转化率低，科研对地方经济社会发展的贡献度不高；在以山东省地方本科院校社会服务为例的研究中发现，山东省的新兴高技术产业数量多，但规模较小，创新和研发能力也较低，热衷于技术转移而不是技术研发，也严重制约着高校服务地方能力与水平的提升。存在这些问题的根源，除高校实力和地方经济社会发展水平等客观因素的局限之外，高校服务地方的管理和保障机制不健全、不顺畅也是至关重要的原因。

提高山东省地方本科院校服务地方的水平，关键是要从构建区域创新系统的角度，协同各个创新主体，进行机制创新。具体来说，一是要进行驱动机制创新，通过创新服务理念、激励制度和组织机构以实现各个主体之间的利益共享，使作为创新主体的地方本科院校能够与区域创新系统的其他主体发生持续稳固的联系，协同推进相关技术创新活动。二是要进行协调机制创新，主要是指省（自治区）政府及各地地方政府作为区域创新系统的主要协调统筹者，应拟定有关战略、建立相关制度、设置相应机构、利用各种手段等，搭建高校与企业、高校与地方之间的桥梁，为高校服务地方提供必要的外部支持。三是进行约束机制创新，加强对区域创新资源、目标和过程的监控。既要充分发挥市场的调节作用，又要督促落实各级政府的责任；既要支持各种形式的合作创新，又要规范各种创新资金的来源与使用；既要鼓励高校积极服务社会，又要防止高校在服务社会中迷失自我。四是要进行保障机制创新，重点是积极培育市场经济环境，运用市场的调节功能，以市场为导向推进专业人才培养、科研成果转化与创新资源整合；其次是加强各级政府自身建设，务必下放权力，切实转变职能，坚持服务型政府定位，把建立健全区域创新系统作为重大使命抓紧抓好。总之，地方高校服务地方的能力与水平，主要取决于区域创新系统的发展状况。只有全方位地推进机制创新，才能整合各种创新资源，调动各个利益主体的积极性，形成政府、高校与企事业单位之间优势互补、协同发展的良好局面。

CONTENTS

>> > 目录

1 绪 论

1.1 问题的提出

创新是民族振兴和国家长远发展的关键因素。20世纪80年代以来，我国先后提出可持续发展战略、“科教兴国”战略和知识创新战略，创新对于促进经济社会发展地位的作用已成为全社会的共识。毋庸置疑，在一个日益强调创新的社会中，高校必然会被期待承载更多、更大的社会责任。一系列政策文件的出台，如《国家创新驱动发展战略纲要》和《关于深化产教融合的若干意见》等，表明我国政府更加重视高校对社会的贡献度，各高校努力提升其社会服务能力，创新社会服务机制已成为未来高等教育改革的重点。①《高等学校“十二五”科学和技术发展规划》指出，作为培育创新人才的主战场，高校不仅引领着基础研究和前沿技术领域的原始创新，而且主导着解决国民经济重大科技问题、推动科技向现实生产力转化的方向。应该说，时至今日，众多高校均认识到了自身在服务社会、推动科技向现实生产力转化中所履行的使命、责任和意义，并卓有成效地推进了形式多样的社会服务实践。然而，总体来看，高校在服务社会和服务地方的过程中还存在诸多不尽如人意的地方，如高校社会服务目标定位模糊、服务措施不得力、管理体制机制相对滞后、服务社会的积极性尚未充分调动，服务经济社会发展的能力尚需激发和提升等现象仍较为普遍，这些问题不仅严重影响着高校社会服务的效果，也

---

① 魏署光．美国大学社会服务职能的历史演变及其机制［J］．高等工程教育研究，2008（6）：194-195.

间接阻碍了高校的人才培养和科学研究等职能的发挥。①

《高等学校中长期科学和技术发展规划纲要（2006—2020年）》特别指出，地方高校作为中国高等教育体系不可缺少的组成部分，是我国科技创新队伍中的主力、区域创新体系的核心组成部分。“要引导高校合理定位，克服同质化倾向，形成各自的办学理念和风格，在不同层次、不同领域办出特色，争创一流。”2018年1月12日，《国家发展改革委关于印发山东新旧动能转换综合试验区建设总体方案的通知》强调，要“以新技术、新产业、新业态、新模式为核心，以知识、技术、信息、数据等新生产要素为支撑，积极探索新旧动能转换模式，推动经济发展质量变革、效率变革、动力变革，提高全要素生产率，着力加快建设实体经济、科技创新、现代金融、人力资源协同发展的产业体系，推动经济实现更高质量、更有效率、更加公平、更可持续的发展”。② 深化供给侧结构性改革，加快建设现代化经济体系，需要集聚集约创新要素资源，深化改革，激发动能转换活力，创新驱动增强动能转换动力，紧紧围绕国家战略和经济社会发展对高端人才的需求，探索建立高校学科专业、类型、层次和区域布局动态调整机制。然而，现实中，地方本科院校在如何服务地方经济社会发展的问题上困难重重。之所以将区域创新系统理论作为研究基础，将“山东省地方本科院校服务地方的现状及机制创新研究”作为本书的选题，主要是出于以下几方面的考虑：

1.1.1 个人对工作产生的困惑

2010年，笔者调入济南大学“服务地方（济南）办公室”工作。通过实际工作，笔者发现济南大学在服务济南经济社会发展方面存在的问题较多，主要表现在：

1. 利益相关方的积极性不高

影响大学发展和社会服务效果的各类因素中，主要有4种外部力量，分

① 李欣旖，刘晶晶，闫志立，王景瑞．地方本科高校转型过程中提升社会服务能力研究［J］．职教通讯，2018（3）：6.

② 国家发展改革委关于印发山东新旧动能转换综合试验区建设总体方案的通知［EB/OL］．http：//www.ndrc.gov.cn/zcfb/zcfbtz/201801/t20180117_874123.html.

别是政府、市场、社会和知识，大学各项职能的有效发挥取决于它与政府、市场、社会、知识之间的互动和关联。① 地方高校在服务地方社会经济发展时，离不开各利益相关方的支持，就济南大学服务济南市工作而言，利益相关方包括济南大学、济南市政府、企业等。从济南市政府来看，2010 年，济南市政府与济南大学签署了《济南大学服务济南行动计划》。济南市政府多次召开会议，协调济南大学与政府各部门、企业、科研机构的合作问题，然而，济南市政府相关局办在与济南大学进行合作时的积极性并不高，重视力度不够。从济南大学来看，部分学院、教师对于大学服务地方的意义理解不透彻、认识不到位。他们普遍认为，大学难以从服务地方中获得更多的资源。换言之，教师们难以在服务地方经济发展的过程中获得更多的利益。从企业的角度来看，济南各企业与济南大学合作的意向也不够强烈。在缺乏必要了解和沟通的情况下，部分企业家认为，济南大学很难为企业的发展提供实质性支持。这些因素反映了各利益相关方在思想和认识层面的局限，阻碍了济南大学服务地方工作的顺利开展。

2. 服务地方的能力较弱

随着我国高等教育从大众化向普及化的不断推进，地方院校纷纷崛起。山东正处于新旧动能转换、经济转型升级的关键阶段。作为地方本科院校的济南大学，由于在专业设置、科研水平、人才培养质量等方面与地方现实需求之间存在差距，致使学校在服务地方能力方面偏弱，多次丧失与政府、企业合作的机会。例如，2010 年，济南市文化广播电视新闻出版局（以下简称“济南市文广新局”）计划与济南大学合作建设“济南市文化产业培训基地”，目的在于培养济南市文化产业高层次从业人员，提高文化系统职工的专业能力。为此，济南文广新局与济南大学有关学院、部门进行了多次接触、沟通。然而经过考察，济南文广新局最终认为，济南大学不具备其要求的能力和条件，难以保证培训目标的实现，最终导致该项目流产。类似的例子还有很多，作为学校的一分子，笔者在感到遗憾的同时，也深刻地认识到地方院校在社会服务方面的能力缺陷，这也是我国地方院校进行转型发展时必须

① 李立国．现代大学治理形态及其变革趋势［J］. 高等教育研究，2018（7）：10.

面对和解决的难题。

3. 服务地方的机制不健全

虽然济南大学成立了“服务济南办公室”，但学校内、外部服务地方的机制问题均未得到很好的解决，如激励约束机制、沟通协调机制以及各学院内部相应的机制。单就教师激励约束机制来讲，目前，济南大学正面临着由教学型向教学研究型大学的转型，在此背景下，学校教师面临着教学与科研的双重压力，很难有更多精力投入社会服务。教授每年必须完成一定的教学工作量和科研任务，否则，他们的待遇就会受到很大的影响。加之目前的教师激励与考核体系并没有将社会服务工作作为激励目标或者硬性指标，因此，教授从事社会服务工作，可能不仅得不到相应的利益回报，而且会增加自己的任务量，甚至损害已有利益。另外，各部门、各学院之间缺乏相应的沟通协调机制，学院内部没有建立起相对稳定合理的社会服务工作机制，这也是制约济南大学社会服务工作实践的重要原因。

高校服务国家战略需要和区域经济社会发展，是国家重大的教育决策，是高校发展的必由之路。提升高校服务经济社会发展能力，推进产学研协同创新，推动实践创新驱动发展战略，尤其需要克服上述高校服务社会发展所面临的诸多问题，充分调动利益相关方参与社会服务的积极性，全方位提升高校社会服务能力，健全高校社会服务体制机制。正如中国高等教育学会副会长张大良在高校服务国家战略和区域经济社会发展研讨会上所指出的：

高校更好地服务国家战略需要和区域经济社会发展，既是学校的使命所在，也是学校自身发展的源头活水。高校利用自身的学科、专业、科技、人才、信息、文化和国际交流的优势来服务国家战略需要和区域经济社会发展，是高校发展的一个显著特征。

要通过细致研究，总结成功经验和有效做法，发现薄弱环节和存在的问题，结合办学实际和教学规律，提出对策、举措和政策建议，促进高校在更好地服务国家战略需要和区域经济社会发展方面强化意识、提升能力、完善机制、加大投入，做出更大的贡献。

高校只有真正与经济社会发展建立良性互动机制，贴紧靠实经济社会发展需要，才有自身存在的价值，才能获得日益丰富的发展资源。地方高校与地方经济发展是相互作用的关系，经济社会发展对高校不断提出新的要求，而学校在服务经济社会发展的过程中，不断优化办学环境，改善办学条件，汇聚人才队伍，做强特色优势学科，增强科研创新能力，坚持产学融合、校企合作，持续提高人才培养质量，强化办学综合实力。这样，高校服务国家战略需要和区域经济社会发展的实力也会显著增强，

1.1.2 服务区域经济发展是地方本科院校的重要职能

随着时代的发展，高等教育的职能也由最初单纯的知识传授发展到如今的知识传授、科学研究和服务社会相结合。19 世纪中叶以来，服务社会就成为大学的一项重要职能。服务社会是指大学通过人才培养、科学研究积极服务于经济社会的发展。20 世纪初，美国威斯康星大学校长查尔斯 · 范海斯提出了“威斯康星理念”（Wisconsin Idea），标志着现代大学社会服务职能思想的正式确立。查尔斯主张大学通过教学、科学研究和直接参与社会发展项目，分别为社会提供人才培养服务、科技创新发展服务以及社会生产、生活实际服务。因此，根据他的定义，教学、科研与社会参与是大学社会服务职能的三种核心形式。[①] 这个概念的提出，不仅使大学与社会更加紧密地联系在一起，还为大学赢得了声誉和资源。可以说，服务社会已经成为现代大学最重要的办学理念和功能。

大学服务社会理念的提出，在当时有其复杂的原因。首要原因是大学经费的紧张。19 世纪，美国政府对于大学的拨款保持了稳定的增长。然而，随着入学人数的急剧增长，大学财政依然入不敷出。一般而言，美国大学设置 3 名副校长。其中，一名副校长专门向政府和社会争取经费。当然，政府拨款难以在短期内实现大规模的增长。为此，副校长们开始积极游说企业向大学捐款，作为条件，大学必须为企业提供相应的服务，这也是此后高校进行社会服务和地方服务的前身。其次，国家之间的竞争进入以人才为中心的发展阶段。众所周知，国家之间的竞争，归根到底是资源的竞争，这里的资源既包括财力和物力资源，也包括知识和人才资源。19 世纪以前，国家之间的竞

① 吴韵兰．二战后康奈尔大学社会服务职能发展研究［D］．沈阳：沈阳师范大学，2018：54.

争主要依赖于财力和物力。然而，随着知识经济的到来，科学技术和高级人才的作用日益凸显出来，国家之间的竞争开始转变为人才的竞争，特别是高层次人才的竞争。大学是高层次人才培养的主要机构，“作为文化组织的大学是一个学者社会，是一个基于逻辑和科学立场的学术共同体。大学学术共同体正是基于审慎自省的生活方式而得以确认的”①。然而，片面强调作为“象牙塔”隐喻的大学，并将其局限于一个极端封闭的环境内进行人才培养，往往容易导致大学培养的人才与当前社会需求之间严重脱节。在当前新旧动能转换、高等教育转型发展的大背景下，大学必须围绕国家战略需求，紧密结合经济社会发展的实际需要，对自身的功能定位和人才培养方式做出“革命性”调整。最后，大学成为科学研究的中心。由于人才和智力资源密集，实验设备和平台的支持，大学成为现代社会的科学研究和技术创新的中心。以往经验也表明，现代社会的大多数发明和研究创造是由大学完成的。然而，由于多方面的因素，大学的研究与社会需求之间存在脱节。可以说，大学必须做出调整，才能适应经济社会发展的需要。在这种背景下，大学的社会服务理念应运而生，并不断发展完善，社会服务也成为大学的重要职能之一。

大学类型的不同，也使得其教学、科研、服务社会三大职能的权重和相互关系有所不同。② 地方本科院校是山东省高等教育的主要力量，也是服务地方社会和经济发展的中坚力量。为了更好地服务山东经济社会的发展，地方本科院校应该积极进行改革，实现转型与发展。首先，地方本科院校应改革陈旧的人才培养模式。众所周知，我国地方本科院校的人才培养模式多定位为偏重理论和学术性。它的形成原因是复杂的，既有历史的原因，也有现实条件的制约。就历史而言，由于重点政策的施行，地方本科院校的人才培养模式模仿了部属重点大学，但其办学实力又无法和部属院校相比，陷入了培养模式与实际发展需要不符的困境，需要进行改革调整。其次，地方高校应加强应用研究和科技创新。一般而言，可以将研究分为基础研究、应用研究和开发研究。作为地方本科院校，应该将重心放在应用研究上。原因在于，

① 刘福才．大学智库文化的特质及其培育［J］．教育研究，2019（2）：94-103.

② 陆正林，顾永安．应用型大学若干问题探析［J］．职业教育，2013（34）：5-11.

受自身能力的制约，它很难在基础研究上与部属重点大学相抗衡，也很难在开发研究上做出突出成就，因此必须做出改革和转型。

1.1.3 高校服务地方经济发展是国家政策的现实选择

2011 年 4 月，教育部发布了《高等学校创新能力提升计划》（以下简称“2011 计划”）。该计划指出：“决定建立一批‘2011 协同创新中心’。”根据“2011 计划”重大需求的划分，协同创新中心分为面向科学前沿、面向文化传承创新、面向行业产业和面向区域发展 4 种类型。其中，面向区域发展的协同创新中心，是以地方政府为主导，着重服务于区域经济和社会发展，通过推动省内外高校与当地支柱产业中重点企业或产业化基地的深度融合，成为引领区域创新发展的核心基地。[①] 这是新时代国家对于加强高校与地方的联系，推动地方社会经济发展的重要举措。

2012 年 3 月 15 日，教育部和财政部联合下发了《关于实施高等学校创新能力提升计划的意见》。该意见提出：“面向区域发展的重大需求，鼓励各类高等学校通过多种形式自觉服务于区域经济建设和社会发展。支持地方政府围绕区域经济发展规划，引导高等学校与企业、科研院所等通过多种形式开展产学研用协同研发，推动高等学校服务方式转变，构建多元化成果转化与辐射模式，带动区域产业结构调整和新兴产业发展，为地方政府决策提供战略咨询服务，在区域创新中发挥骨干作用。”

2012 年 4 月，教育部印发的专门针对高校科技创新主题的《高等学校“十二五”科学和技术发展规划》指出，高等教育有效整合了作为第一生产力的科技和作为第一资源的人才，从而占据国家发展的至高地位。其中战略重点之一，就是以协同创新平台建设为抓手，充分发挥高校已有基础，与科研院所、行业企业、地方政府以及国际社会的创新资源深度融合，创新协同模式，使之类型各异、形式多样。高校科技工作的基本要求之一就是坚持把推进协同创新作为战略选择。具体而言，就是紧紧围绕国家重大战略需求和科

---

① 高等学校创新能力提升计划（2011 计划）专栏．中华人民共和国教育部政府门户网站．[EB/OL] http://www.moe.edu.cn/s78/A16/A16_ztzl/ztzl_kjs2011/

学技术前沿领域，大力推进高校与高校、科研院所、行业企业、地方政府以及国际社会的深度合作，促进资源共享，提升地方高校的原始创新能力和服务经济社会发展的能力。

2012 年 9 月 23 日，中共中央、国务院印发的《关于深化科技体制改革加快国家创新体系建设的意见》第九条提出了“完善区域创新发展机制”，重点论述建立特色各异的区域创新体系，突出地方在区域创新中的支柱作用。结合区域经济社会发展的特色和优势，科学规划、合理布局，完善激励引导政策，加大投入支持力度，优化区域内的创新资源配置。加强区域科技创新公共服务能力建设，进一步完善科技企业孵化器、大学科技园等创新创业载体的运行服务机制，强化创业辅导功能。加强区域间的科技合作，推动创新要素向区域特色产业聚集，培育出一批具有国际竞争力的产业集群。加强统筹协调，分类指导，完善相关政策，鼓励创新资源密集的区域率先实现创新驱动发展，支持具有特色创新资源的区域加快提高创新能力。以中央财政资金为引导，带动地方财政和社会投入，支持区域公共科技服务平台建设。总结完善并逐步推广中关村等国家自主创新示范区试点经验和相关政策。分类指导国家自主创新示范区、国家高新技术产业开发区、国家高新技术产业基地等创新中心完善机制，加强创新能力建设，发挥好集聚辐射带动作用。

2017 年，国务院印发了《国家教育事业发展“十三五”规划》（以下简称《规划》），为我国高等教育的社会服务职能建设明确了发展方向。根据《规划》的要求，我国的高等教育有四个方面的重大任务：一是培养高级专门人才；二是发展科学技术；三是文化传播；四是促进社会主义现代化建设。《规划》建议建立新型社会服务机制，促进高校、企业、科研院所以及相关行业等多方力量的融合，共同培养能够满足社会需求的高层次人才。《规划》指出，高等院校应该树立社会服务意识，提高社会服务的能力，全方位地满足社会对于高等院校公共服务提出的要求。①

近年来，我国区域竞争的格局正在加速形成。例如，长江三角洲区域、珠江三角洲区域等。山东省地处华东，是一个人口大省、经济大省、资源大省，

① 吴韵兰．二战后康奈尔大学社会服务职能发展研究［D］．沈阳：沈阳师范大学，2018，5：1.

对中国内地经济的贡献有1/9强，综合经济实力居全国省份前三位。随着“国家资源节约型社会”这个概念的提出，山东省也必须向智力密集型社会进行转变。在此背景下，创新成为区域竞争的核心，高校亦成为区域创新的关键。2014年山东省共有普通高等学校142所，其中本科院校66所（含11所独立学院），占全省高校总数的46.48%。[①] 从以上数据和办学层次的角度可以说明，山东省地方本科院校是区域创新的主要力量。从某种程度上说，地方本科院校服务经济社会的水平，决定了区域竞争的成败。因此，山东省的地方本科院校应该积极改革，提升服务山东经济社会的水平。我们认为，只有进行机制创新，山东省地方本科院校才能从根本上提升服务能力与水平，更好地融入区域创新系统，更好地为地方经济社会发展助力。那么，目前山东省地方本科院校服务地方的机制有哪些？在区域创新系统理论作为研究基础的视角下存在哪些突出问题？如何进行机制创新？这些问题亟待我们去解决。

1.2 研究意义

1.2.1 理论意义

1. 地方本科院校在区域创新系统中的作用研究丰富了区域创新系统理论

我国学者冯之浚对于区域创新系统提出了自己的定义，区域创新系统是指某一地区内企业、政府、大学和科研机构及中介服务机构等构成的创新系统。[②] 在传统的创新理论中，企业是创新活动的主体，和政府共同主导着整个创新的过程，作为大学，只局限于提供教育的功能。而在知识经济的背景下，知识成为创新活动中日益重要的组成部分，高校作为知识的创造和传播机构，在区域创新系统中起到了越来越大的作用。知识经济的灵魂是创新，因而知识经济的时代也是创新的时代。创新活动的三个主体——大学、企业和政府

① 2011年山东省教育事业发展统计公报［EB/OL］. http：//www. sdedu. gov. cn/sdedu_ jygk/default. htm.

② 冯之浚. 国家创新系统的理论与政策［M］. 北京：经济科学出版社，1999.

越来越紧密地联系在一起，而大学在知识经济中作为区域创新系统的核心要素之一，为产业提供所需的人力资源，同时也是新技术企业（New Technology Based Firms）的温床。① 地方本科院校作为区域创新系统的创新主体之一，致力于人才培养和提供技术服务与转移。将地方本科院校作为独立的创新主体来研究其作用机制，既有助于对区域创新系统的深入理解，也有利于地方本科院校和政府制定有效政策来促进区域创新系统建设。

20 世纪 90 年代以来，区域创新系统概念已经成为各种类型区域制定和实施区域发展政策的一个宽泛框架。虽然区域创新系统没有一个统一的概念，但高校是区域创新系统的创新主体之一，是区域创新系统的知识源泉，这一点得到了全社会的基本共识，而且从多个角度对区域创新系统进行研究也取得了丰硕的成果。目前对区域创新系统主体要素的研究较多集中在企业和政府，而对于高校尤其是地方本科院校的相关研究较少。因此，对地方本科院校的机制和作用研究对于完善我国区域创新系统研究框架具有重要的理论意义。

2. 将地方本科院校作为系统主体要素深化了研究的内涵

地方高校是我国高等教育的主体力量，是服务社会的中坚力量。教育部发布的《2013 年教育事业发展统计公告》和《中国教育统计年鉴 2013》显示，2013 年全国共有普通高等学校 2491 所（含独立学院 292 所），本科院校 1170 所，其中地方本科院校 674 所，占全国普通本科院校总数的 57.6%。地方本科院校无论是在数量还是在分布范围上都占有“重头戏”的位置，同样也是创新人才培养的重要基地，是服务地方经济、社会发展的中坚力量。②

国内外将高校作为区域创新系统要素进行研究时主要是针对综合性研究型大学，这些大学科研实力强大，科研设备齐全，社会辐射力和影响力较大，知识传播和转移的速度更快，社会接受力更强。而作为区域创新系统主体的地方本科院校与全国综合性研究型大学相比，科研实力相对较弱，优势学科相对较少，社会辐射力和影响力较窄，在区域创新系统中应该有与全国综合

① 汤易兵．区域创新视角的我国政府—产业—大学关系研究［D］．杭州：浙江大学，2007，12：3.

② 王冬平．地方高校社会服务存在的问题及对策研究——以广东省韶关学院为例［D］．桂林：广西师范大学，2016，4.

性大学不同的作用机制和互动模式。因此，本书以区域创新系统理论作为研究基础，分析地方本科院校服务地方的作用，这是一项有益的尝试，对于推进区域创新系统建设、加快地方本科院校的发展都具有一定的促进作用，将地方本科院校作为系统主体要素进行研究，深化了区域创新系统研究的内涵。

1.2.2 实践意义

1. 研究地方本科院校服务地方的创新机制对地方本科院校的发展具有借鉴意义

地方本科院校依托区域经济社会以求发展，区域经济发展以地方本科院校发展为支撑，二者互相促进，成为一个综合体。地方本科院校的发展，不是盲目地发展，而是要与经济发展挂钩，与社会发展结合，以推动当地各生产要素全面发展为己任的综合全面、有明显特色的发展。所以地方本科院校的发展必须以本地区基本情况为基础，利用自身优势，形成自身特色来发展区域经济，构建合理、高效、有序的区域创新系统，从而创新地方本科院校服务地方的机制。这就对地方本科院校如何发展提出了新的要求，也具有了相应的导向作用和借鉴意义。

2. 以区域创新系统理论作为研究基础来研究地方本科院校服务地方的创新机制，对推动区域经济社会发展同样具有实践意义

2006年，国务院发布的《国家中长期科学和技术发展规划纲要（2006—2020年）》指出，我国将充分结合区域经济和社会发展的特色和优势，统筹规划区域创新体系和创新能力建设，深化地方科技体制改革，促进中央与地方科技力量的紧密结合。在区域创新体系中，突出高等院校、科研院所和国家高新技术产业开发区的重要作用，在区域经济社会发展中，增强科技创新的支撑力度。《高等学校中长期科学和技术发展规划纲要（2006—2020年）》（以下简称《规划纲要》）强调了高等学校科技工作的地位与使命，特别指出高等学校是解决国民经济重大科技问题，实现技术转移、成果转化的生力

军。[①] 因此，要充分发挥高校的人才优势和多学科综合优势，促进原始性创新成果的市场化生产力转化，高效整合经济建设与高校科技工作。《规划纲要》还指出，高等学校是推动社会发展的重要力量，利用智力集成和创新思维，借助人才学科环境的竞争优势，深入研究分析国家、地方、社会重大问题，提出解决方案，构建实施公共管理、制定内政外交政策的智囊团和思想库。高校科技发展战略之一就是实施科教互动战略，构建高校科技创新平台体系。高等学校要根据各自的学科特色和优势，强化产学研合作，在国民经济建设重大需求的基础上，结合应用研究和高技术产业化，通过集成创新，利用学科的交叉性和技术的融合性，争取早日突破行业的关键性和共性技术。高等学校科技发展的政策措施之一，就是坚持产学研合作，及时转化科技成果，促进产业化进程。特别强调，在国民经济建设的主场上，高校与企业和科研院所通过联合、共建、融合等多种方式的合作，广泛进行人员沟通，合作研发，合办科技创新机构、人员培训机构等，形成产学研相结合的长效机制，积极建立与企业、科研机构之间有效的联系渠道，积极参与以企业为核心，高等学校和科研机构共同参与的技术创新体系。地方本科院校应该成为区域创新体系的重要支撑环节，成为国家和地区经济发展、社会进步、科技创新的动力源，成为高新科技成果转移和高新科技产业孵化的重要基地，成为国家和地区创新体系中的思想库、知识库、人才库和成果库，成为激发创新思想，传播创新文化，培养创新人才，营造创新环境的中心。

国家的政策不仅引导和鼓励着高校为地方社会经济发展服务，还为高校的地方服务提供了良好的平台。[②] 但地方本科院校服务地方职能的发挥，仍受到多方面因素的制约。长期以来，尽管地方本科院校积极探索服务地方的模式，但还是难以取得较好的效果。例如，产学研合作没有取得较好效果在于没有建立适当的机制。笔者认为，只有从区域创新系统的角度，才能找到解决问题的根本之道。区域创新系统理论强调，区域系统内的各种要素（如企

---

① 康小明，何晋秋，薛澜．政府对大学系统科技计划资助政策中存在的问题及建议［J］．教育部科学技术委员会专家建议，2008（6）：2.

② 朱向群．推进地方高校服务地方经济社会发展的对策研究［D］．湘潭：湘潭大学，2008，11：13.

业、政府、大学、科研院所等）应协调合作，从而实现区域经济社会的高速发展。从区域创新系统作为理论研究基础的视角，审视山东省地方本科院校服务地方的机制，不仅有利于山东省经济社会的发展，也将对全国具有一定的借鉴意义。

1.3 核心概念

本书主要涉及地方本科院校、服务地方、区域创新系统、机制创新四个核心概念。

1.3.1 地方本科院校

我国的高等院校，依据行政管理方式的不同，通常将其划分为部属高校和地方政府管辖的地方高校。所谓地方高校，是指在我国当前高等教育管理体制下，省及省以下地方政府根据辖区内社会经济发展需要而创立的、具有明确区域需求指向的高校。地方高校的“行政隶属关系在地方，办学经费主要来源于地方财政，招生来源、毕业生就业也主要在地方，科技、知识等服务主要面向地方”。[①] 在解释地方高校的概念方面，潘懋元曾经提到过：“地方高校有两层含义：一是地方高校必须适应当地经济的发展要求，成为当地的科学文化中心，为当地的经济发展服务；二是地方高校的管理权当属地方，其办学的主要资金来源是地方财政拨款。”[②]

从高等教育管理体制上而言，根据《中华人民共和国高等教育法》第十四条规定：“国务院教育行政部门主管全国高等教育工作，管理由国务院确定的主要为全国培养人才的高等学校。”第十三条规定：“省、自治区、直辖市人民政府统筹协调本行政区域内的高等教育事业，管理主要为地方培养人才和国务院授权管理的高等学校。”[③]《高等学校中长期科学和技术发

① 蒋华林．论地方高校的历史使命与发展战略［J］．国家教育行政学院学报，2009（9）：70-73.

② 霍刚．地方本科院校科技服务能力的评价研究［D］．太原：太原科技大学．2010，6：8-9.

③ 中华人民共和国教育部研究室编．中华人民共和国高等教育法释义［M］．哈尔滨：黑龙江教育出版社，1998.

展规划纲要（2006—2020年）》指出，地方高校作为中国高等教育体系不可缺少的一部分，是我国科技创新队伍中的中坚力量、区域创新体系的核心组成部分。地方高校在我国高等教育体系中地位举足轻重，不仅承载着高等教育大众化的职责，而且承担着为地方社会经济发展服务的功能。一般而言，与重点高校相比，地方高校规模较小，层次不高，师资队伍相对较弱，但有一定的资源和快速发展的需求，是地市级城市人才最为集中的地方，是地级市经济发展的智力支持，一般由省市共管，以省管为主。地方本科院校是指地方高校体系中的本科院校。结合上文的概念，我们把地方本科院校定义为：由省或省级以下人民政府主办，地方财政拨款，省级人民政府主管，以培养应用型人才为主，为当地经济社会发展服务的教学科研型本科院校。我国的地方高校具有三大特点：首先是区域性，即立足地方、面向地方、服务地方；其次是数量多，地方高校是我国高等教育的主体，在数量上占绝对优势；最后是弱势性，地方高校与国家部属高校相比，实力较弱，竞争力不强。①

地方本科院校是与部属高校和高职高专相区别的一种高等教育的类别或类型。一方面，地方本科院校是与国家主办的大学亦即部属高校相对应的一个概念，这一点应该说已经成为人们的共识；另一方面，地方本科院校也是与高职高专相区别的一种高等教育的类别或类型。过去，我们从广义的概念出发，通常也把高职高专纳入地方高校的范畴。近年来，随着高等教育人才培养层次化的特征日益突出，人们把高等职业院校和高等专科院校作为一个类型，概括地称为“高职高专”，并将其作为一个相对独立的办学层次，从地方高校这个层次中剥离开来，这样的区分对于我国高等教育的分类与定位是有益的。

在中国高等教育体系中，国家主办的高等学校，也就是我们所熟知的部属高校，与由各省、市、自治区政府主办的本科院校，也就是我们所说的地方高校之间存在着显著的区别和差异。将高校划分为两大类不仅区分了不同的投资办学主体，也区分了我国高等教育机构内部。地方本科院校作为培养

① 朱向群．推进地方高校服务地方经济社会发展的对策研究［D］．湘潭：湘潭大学，2008，8-9.

应用型人才的教学型大学，主要以本科教育为主。① 根据《2011 年全国教育事业发展统计公报》显示，在 633 所地方本科院校中，有博士学位授予权的有 123 所。但具有硕士、博士教育的地方院校，其中硕士、博士研究生的数量却屈指可数。这项数字表明，在现阶段的部属院校中，整体上属于研究型大学，主要担负着培养硕士和博士研究生的任务。而地方本科院校，虽然部分学校承担了硕士和博士研究生的培养任务，但在我国整个研究生人才培养中所占份额寥寥无几，这一现象还反映在这一类院校在地方本科院校中所占的比例。可以得出，与部属院校相比，地方本科院校实际扮演的是一个较低办学层次高校群体的角色。

1.3.2 服务地方

“服务地方”和“社会服务”两个概念关系密切。一般而言，大学具备 3 项基本职能，即人才培养、科学研究和社会服务，社会服务是其中一项职能。② 所谓社会服务职能，有广义和狭义之分：广义的社会服务职能是指高校作为一个教学科研机构为社会做出的所有贡献，包括直接贡献和间接贡献；狭义的社会服务职能，是指高等学校在保证人才培养任务的前提下，依托高等学校的教学、科研、人才和知识等方面的优势，向社会提供直接性的、服务性的、以促进经济和社会发展的活动。③ 对于高校服务地方与社会服务的关系有两种说法：一是服务地方是高校社会服务的具体体现。服务地方是学校与地方紧密配合，为地方社会经济发展提供技术、培养人才、传播知识等，是高校履行其社会服务职能的具体举措。二是高校服务地方的外延大于社会服务。由于高校的地方服务工作除涉及学校最基本的人才培养的问题之外，还涉及应该立足地方的发展需求来开设相关的课程与专业，以及教授学生相关的知识和技术等问题。因此，从这个层面上来说，高校的地方服务工作不仅体现了高校的社会服务职能，还体现了高校的教育、教学和科研等基本活

---

① 孔凡莉，于云海．浅析地方高校的社会职责及区域分工［J］．黑龙江高教研究，2000（2）．

② 徐同文．区域大学的使命［M］．北京：教育科学出版社，2004：35．

③ 张国军．浅析地方高校社会服务职能及其几对基本关系［J］．大庆师范学院学报，2011（3）：146-148．

动，外延远大于社会服务。①

本书认为，所谓“服务地方”，是指地方高校基于自身办学传统、办学定位、学科建设、专业设置、人才培养目标及类型、服务面向、区域优势、资源优势，以社会需求为导向，服务区域经济社会发展。一方面，地方高校要立足地方，依靠地方（高校的教学与管理要直接面向地方经济与社会发展，真正融入地方经济社会发展的现实中），根据地方经济社会发展需要和学校自身实际，依托地方经济社会得到发展；另一方面，地方高校要主动融入社会，引领地方，办出特色，积极回应区域经济社会发展需求，通过知识、人才和技术支撑，更好地服务地方经济发展、社会进步。这是因为，作为大学的基本使命之一，地方高校的“学者及专家本质上具有与知识的生产、传播相关联的使命，应当把自己为社会而获得的知识，创造性地用于造福社会，随时随地关注特定条件下出现的社会需求”。②

地方高校的“区域性”特点，使其在服务地方经济建设上具有地缘优势，高校与地方经济的良性互动也有助于实现二者的互利双赢。③服务地方经济社会发展，作为地方高校的办学目标，也是其责任、使命。地方高校可以凭借自身的知识、人才优势和创新能力，构建各类高校服务地方导向、应用研究导向、技术需求导向和评价导向机制，建立健全高校与地方对接机制，通过人才、技术、项目等各类创新资源，优化产学研合作这一高校服务地方经济社会的主要方式，努力将高校的知识优势和人才优势转化为创新优势和社会财富。

1.3.3 区域创新系统

区域创新系统（Regional Innovation System，RIS）的产生，是一个渐进演化的过程。1912 年，美籍奥地利经济学家熊彼特（J. A. Shumpeter）在其出版的《经济发展理论》一书中首次将“创新”引入经济学的范畴，首创创新理论。在他看来，创新是构造一个新的生产函数，从而形成生产要素和生产条

① 杨晓玲．应用型本科院校服务地方建设研究［D］．西安：长安大学，2017：10.

② 刘福才，张继明．高校智库的价值定位与可持续发展［J］．教育研究，2017（10）：59-75.

③ 程肇基．地方高校服务区域经济建设研究——以江西为例［D］．武汉：武汉大学，2015，11：4.

件的新组合，具体包括产品创新、工艺或技术创新、市场创新、材料创新和组织管理创新 5 个方面。[①] 英国的经济学家、社会学家学者弗里曼（Christopher Freeman）在 1987 年就开始了对国家创新体系的研究。他在研究日本的产业政策以及创新效率时发现，日本在技术落后的情况下，以技术创新为主导，辅以组织创新和制度创新，只用了几十年时间，就使国家的经济开始强势发展。弗里曼的著作——《日本：一个新国家创新体系》一书最先提出了国家创新体系的概念，将国家创新系统定义为："公私部门的机构组成的网络，他们的活动和相互作用促成、引进、修改和扩散了各种新技术。"[②] 其后纳尔逊等许多学者继续研究，对国家创新系统提出各自的观点，并使其理论体系得到进一步完善和丰富。尽管国家创新系统代表着经济发展和增长的关键驱动力，其理论和实践均取得了丰富的成果，但还是受到了许多学者的批评和质疑。伴随着区域经济的快速发展，单纯从国家整体的层面上进行分析的国家创新系统的相关研究方法并不完善。在技术进步的过程中，大部分的交互行为是在区域的层面上发生、进行的，[③] 因此对于这一层面上的创新活动，国家创新系统理论无法做出合理解释。1992 年，英国学者库克（Cooke）首先提出了区域创新系统的概念，并较全面地完善了区域创新系统的理论与实践研究，从而开创区域创新系统研究的先河，并由此引起众多学者专家的关注和更有深度的研究。

1992 年之前，并没有区域创新系统这一概念，著名学者兰德沃尔（Lundvall，1992）将区域创新定义为："一定社会性的、地域性的互动过程，一个不考虑其制度和背景就无法理解的过程。"[④] 它的核心组成部分主要包括：R&D 组织、公司组织、公共部门。库克、布拉茨克和海登里希（Cooke，Braezyk and Heidemeieh，1996）认为区域创新系统来源于演化经济学，是指

---

① 杨文明，韩文秀．论知识创新和技术创新的互动关系与作用机制［J］．科学管理研究．2003（6）：52-54.

② Freeman C. Technology Policy and Economic Performance - Lessons from Japan［M］. London：Frances Pinter，1987：81-96.

③ 王凯．区域创新生态系统情景下产学知识协同创新机制研究［D］．杭州：浙江大学，2006，1：26.

④ 陈宗友．区域创新系统中研究型大学与伙伴互动研究［D］．成都：四川大学．2007，5：6-7.

在地理上相互分工与合作的企业、科研机构、高等院校等机构组成的地域性组织，当这种组织面临经济问题时，它会通过不断的改革使经济回到良好的发展轨道上来。[①] 因此，这种组织支持和发展创新。

目前，在我国关于区域创新系统的概念有以下几种提法：①区域创新系统；②区域创新体系；③区域技术创新系统；④地方科技创新体系；⑤区域创新网络。前两种提法基本相同，区别仅限于对英文单词“System”的不同翻译而已；第三种提法侧重于强调技术创新的内涵，但作者对它的解释，基本统一于区域创新系统的提法；第四种提法基于行政角度，作为特定的区域创新系统，地方科技创新体系同时包含于区域创新系统中；最后一种提法认为，区域创新网络虽然是区域创新系统的基础，但它是一种松散的、非正式的、内含的、可分解和能重新组合的相互关系系统，与区域创新系统既有联系又有区别，很多人把它与区域创新系统混为一谈（见表 1-1）。

表 1-1　区域创新系统的概念

作者	观点
Cooke，1992	区域创新系统主要是由在地理上相互分工与关联的生产企业、研究机构和高等教育机构等构成的区域性组织体系，而这种体系支持并产生创新
Freeman，1987	由公共和私人部门机构共同构建组织的网络，这一网络活动不仅促成、改变了各种新技术，也促进了新技术的引进和扩散
陈德宁、沈玉芳，2004	区域创新系统指一个区域内参加新技术发展和扩散的企业、大学、研究机构、中介机构以及政府组成的，为创造、储备、使用和转化知识、技能和新产品的相互作用的网络系统，是国家创新系统的基础和重要组成部分[①]
胡志坚、苏靖，1999	不仅强调企业、大学等主体要素，同时将功能要素和环境要素也纳入区域创新体系的构成要素中[②]
王核成、宁熙，2001	某一特定区域内互相联系，在地理位置相对集中的利益相关多元主体共同参与组成的以技术创新和制度创新为导向、以横向联络为主的开放系统[③]
王稼琼、绳丽惠，1999	区域创新体系由包括创新机构、创新基础设施、创新资源和创新环境在内的四个相互联系、相互作用、相互协调的要素有机组合而成[④]

① Philip Cooke. Regional Innovation Systems: General Findings and Some New Evidence from Biotechnology Clusters [J]. Journal of Technology Transfer, 2002 (27): 133-145.

① 陈德宁，沈玉芳．区域创新系统理论研究综述［J］．生产力研究，2004（4）：189-191.

② 胡志坚，苏靖．区域创新系统理论的提出与发展［J］．中国科技论坛，1999（6）：20-23.

③ 王核成，宁熙．硅谷的核心竞争力在于区域创新网络［J］．经济学家，2001（5）：125-127.

④ 王稼琼，绳丽惠．区域创新体系的功能与特征分析［J］．中国软科学，1999（2）：53-55，63.

比较上述各种定义可知，其异同主要体现在两点上：一是都认为区域创新系统是由若干要素组成的，但各个作者所认定的组成要素以及结构形态有所差异；二是都认为区域创新系统是一个系统，但有的认为它是创新系统，有的认为它是网络系统，有的认为它是相互作用系统。实际上，区域创新系统的核心内涵是，经济行为者的创新不仅依赖于企业和研究机构的创新行为，而且取决于这些组织间、知识的生产与分配的公共部门间的相互关系，取决于依赖和利用基础知识的程度，取决于区域的社会文化环境。

综合分析已有的定义，本书认为，区域创新系统比较合理的概念至少应包括以下基本内涵：①具有一定的地域空间范围和开放的边界；②以生产企业、研究与开发机构、高等院校、地方政府机构和服务机构为创新主要单元；③创新单位之间的关联，构成创新系统的组织结构和空间结构；④创新单元通过自身组织及其与环境的相互作用而实现创新功能，并对区域社会、经济产生影响；⑤通过与环境的作用和系统自身组织作用维持创新的运行和实现创新的持续发展。①

这里需要说明的是，本书所指的区域更多的是一个行政概念，即地方本科院校所隶属的行政区域。例如，济南大学所在的济南市所属区域，我们在考察济南大学对区域创新系统的作用时，专门针对济南大学对济南市所属区域的作用，这个区域创新系统是针对济南区域创新系统而言的。实际上，济南大学对区域创新系统的作用远远超越了济南市区域范围，为了研究方便，这里界定地方本科院校所属的行政区域作为区域创新系统研究的对象。

1.3.4 机制创新

“机制”一词来源于希腊文“mechane”，其本意是机械各个部分之间的相互关系及其运行方式。所谓机制，一般是指机器的构造和动作原理。其引申含义指有机体的构造功能及其相互关系，泛指一个工作系统内组织或部分之间相互作用的过程和方式。20 世纪 40 年代末，美国科学家维纳提出控制论

① 毛艳华．区域创新系统的内涵及其政策含义［J］．经济学家，2007（2）：84-90.

以后，人们把社会作为一个有机的整体来研究，“机制”一词也被引入社会科学。人类学、社会学、经济学和政治学等领域在各自研究中也借用了这一概念，泛指事物的内部结构及其运行规律。在《现代汉语词典》中，“机制”具有“机器的构造和工作原理；机体的构造、功能和相互关系；一个复杂的工作系统和某些自然现象的物理化学规律；一个工作系统的组织或部分之间相互作用的过程和方式”等含义。① 也就是说，所谓机制是指事物在发展过程中，各相关因素（包括内部结构与外部结构）之间的相互作用和联系。与制度和体制相比，机制更具可操作性和技术性。目前所谓的机制更多是指事物的结构方式及其功能的整体运作。事物的存在由机制来支撑，事物的发展要靠机制运行来实现；合理的机制结构方式能促进事物的发展，反之，不合理的机制结构方式则会阻碍事物的转换。可以说，机制犹如一只看不见的手，操纵着事物的转换与发展的全过程。②

地方高校服务地方机制，是指地方高校在服务地方经济社会发展过程中，各种利益方及其运作事物之间的相互关系及其运行方式。这些方式主要包括三种大的类型，即教育的层次机制（包括宏观、中观和微观三种机制）、教育的形式机制（包括行政—计划式、指导—服务式和监督—服务式三种机制）、教育的功能机制（包括激励机制、约束机制和保障机制三种）。

制度研究分为体制研究和机制研究两种。制度研究主要回答方向性选择和根本性制度问题，体制研究主要回答具体的制度组成和运行的细节问题。我国教育领域在很长一段时间内对于机制的研究还不充分。然而，鉴于众多因素都会对政策实施过程和结果产生影响，我们不能逐一单个分析各因素的作用。决定政策实施过程和结果的是一整套诸因素结合而成的机制。因此，需要对其运行机制的设计及相应的政策进行分析。然而，多数人对于机制的认识还不十分准确。这主要表现为人们大都认为机制是可以构建的。实际上，机制只能形成而不能构建，这是正确理解机制内涵的关键。因此，由人主动建立起来的规则，我们只能叫作制度或规则，并不能称为机制。作为机制有

---

① 吕叔湘．现代汉语词典［M］．北京：商务印书馆，1998：581.

② 燕国材．素质教育概论［M］．广东：广东教育出版社，2002：110.

三个基本要素：动力、目标和路径。① 对地方区域创新系统而言，机制是区域系统内外诸要素相互联结作用制约关系的总和。机制的创新可以通过改革体制和制度实现。也就是说，体制和制度创新，可以形成更加有效、合理的机制。因此，机制创新就是在现有基础上，通过各种创新手段合理地配置资源、协调决策行为以实现组织功能的行为过程，也就是解决运转怎么灵、协调怎么通、事情怎么办、流程怎么定的问题。

本书以区域创新系统理论为研究基础，探索山东省地方本科院校服务地方的机制创新问题。地方本科院校服务地方的机制创新是一个复杂的整体，具有相当丰富的内涵，地方本科院校的发展必须以本地区基本情况为基础，利用自身优势，形成自身特色来促进地方经济社会发展。而实现地方本科院校快速发展的途径之一就是合理、高效、有序地服务区域创新系统，在此基础上创新地方本科院校服务地方的机制。

综上所述，本书所涉及的机制创新，是指在区域创新系统理论指导下，地方本科院校为服务地方经济社会发展，与区域各子系统要素之间相互作用的过程和方式的创新，具体通过驱动机制、协调机制、约束机制和保障机制四个方面来得到体现。

1.4 文献综述

对相关领域的研究成果进行总结和回顾能够帮助我们梳理该领域目前的知识状态，为进一步深化研究提供理论基础。本节对高校与地方的关系、产学研合作、区域创新系统以及高校参与区域创新等方面的文献进行了系统的总结与回顾。

1.4.1 高校与地方经济协调发展的研究

高校的社会服务功能已成为高等教育的研究重点和热点，高校与地方的

---

① 李景鹏．论制度与机制［J］．天津社会科学，2010（3）：49-53.

合作以及二者的关系研究已取得了许多成果。

1967 年，丹尼森通过对历史数据进行统计学分析，度量各种因素对经济增长的贡献，[①] 发现受教育程度是影响经济发展的重要因素。作为提供最高教育的高校对地方经济协调发展的研究有很多。罗亚非、王海峰、范小阳等基于协同学理论基础，借助复合系统整体协调度模型，对中国高校 1992—2006 年的 R&D 投入与经济发展进行了协调度测算，发现我国高校研发投入与经济增长总体上呈现良好的协调发展态势。[②] 锁冠侠就地方本科院校如何通过调整专业和课程设置服务区域经济的问题进行了探讨。[③] 李蕴、武晓耕尝试将高校科技资源纳入区域经济发展的整体规划之中，利用高校在科技和人才上的竞争力，建立围绕高校、政府主导、企业助力的三方互动机制，使高校列入地方经济建设队伍。[④] 王灵珅认为高校在区域经济发展中应逐步发挥重要的公共经济服务作用，应树立主动服务区域经济建设的意识，适应区域经济发展的要求调整专业设置，鼓励高校教师到企业兼职，构建有效率的高校科研成果转化保障机制，积极发挥区域政府的桥梁引导作用。[⑤] 李俊英认为地方本科院校高等教育的科学定位是为区域经济发展服务。地方本科院校专业设置应与区域经济结构相适应，地方本科院校的人才培养模式、目标应与区域经济发展对人才的需求相适应，地方本科院校的教学科研应与区域经济发展的层次阶段相适应。[⑥] 鲁林岳以浙江省经济发展特色与高校建设为个案，以服务区域经济建设为目标，研究了地方本科院校发展与转型的价值导向与追求，认为地方本科院校要把推动地方经济的建设与发展作为自身发展和转型的第一价值尺度来确定。[⑦] 还有学者认为，与地方经济社会发展相结合，是当代大学发

---

① E. F. Denison. Why Growth Rates Differ? [M]. Washington D. C. Bookings Institution, 1967.

② 罗亚非等．高校 R&D 投入与经济发展协调度国际比较［J］．科研管理，2012（4）：116-123.

③ 锁冠侠．地方高校如何为区域经济发展服务［J］．发展，2011（8）：130.

④ 李蕴等．陕西高校科技资源促进地方经济发展探析［J］．西北工业大学学报（社会科学版），2011（2）：103-105.

⑤ 王灵珅．论区域经济发展中高校的公共经济服务作用［J］．广州大学学报（社会科学版），2011（6）：49-52.

⑥ 李俊英．对地方高校高等教育定位的思考——为区域经济发展服务［J］．科学与管理，2009（1）：55-57.

⑦ 鲁林岳．服务区域经济建设：地方高校发展与转型的价值导向与追求——以浙江省经济发展特色与高校建设为个案［J］．中国高教研究，2009（1）：71-73.

展的一个基本规律。①

高校，尤其是地方高校服务地方经济社会的发展，已是大势所趋。这是因为，“高等教育持续创造他们自己的知识市场，最显著的变化不是规模的变化，而是功能上的变化”。② 学者程肇基认为，我国地方高校在服务地方社会经济发展中实现了自身发展。因为地方高校的“地方性”特点，决定了地方高校服务社会和服务地方的范围是固定而且明确的。在新的发展阶段和历史时期，服务地方经济建设应该是地方高校发展的重要战略部署。地方高校和地方社会经济的发展是相辅相成的，这种关系表现在利益双方的互惠共赢上。一方面，地方高校拥有着服务地方经济和社会发展的地理优势；另一方面，地方经济发展也为地方高校的长远发展提供了良好的条件和历史机遇。此外，服务地方社会、经济发展也应该是地方高校的正确选择，地方高校与地区的良性互动，有助于实现二者的共赢局面。③

众多学者致力于研究高等教育在促进经济发展方面发挥的重要作用，具有很高的学术价值和应用价值，对高等教育经济学的发展做出了积极的贡献，为高等教育与区域经济的协调、健康发展做出了理论支撑。

1.4.2 关于产学研合作的研究

产学研合作，是指高校、企业、科研机构和地方政府按照“全面合作、资源共享、互惠互利、共同发展”的原则，进行科学技术研发、人才培养和经济建设等多方面的合作，是技术创新环节上、中、下游的全面对接，是符合社会生产力发展规律和技术创新规律的途径。④ 从西方进入工业化时代以来，人们对大学与产业合作重要性的认识得到加强，大学和产业之间的合作关系更加多样化，从产业对大学研究的资金支持到大学—产业联盟，再到三螺旋合作模式等其他合作形式。⑤ 国内外对产学研合作的研究主要集中在合作

---

① 彭国甫．推进高校发展的思考与探索［M］．湘潭：湘潭大学出版社，2007：18.

② 刘福才．大学智库文化的特质及其培育［J］．教育研究，2019（2）：94-103.

③ 程肇基．地方高校服务区域经济建设研究——以江西为例［D］．武汉：武汉大学，2015：4.

④ 柳国梁．服务型区域教育体系的地方高校转型研究［M］．北京：高等教育出版社，2014：41.

⑤ 汤易兵．区域创新视角的我国政府—产业—大学关系研究［D］．杭州：浙江大学，2007，12：5.

模式、合作机制和合作绩效的研究。

1. 产学研合作模式研究

国外学者对产学研合作的研究重点主要集中于合作模式的研究。Hall，Link，Scott 从正式的合同关系管理到技术转移办公室，再到非正式的合作形式，多角度提出了系统的产学研合作研究模式。他们指出，企业、大学联合研发、共担风险的契约合作研究模式趋于普遍，将会是未来产学研合作模式的发展趋势。Carayannis 等学者则侧重于分析理论联系，从知识管理与战略管理的角度出发，探讨政府、大学、产业、研究机构四者间的合作创新模式。①Atlan 提出了产学互动区的六大类型：资助、合作研发、研发中心、产学研发联盟、大学中的工业伙伴计划、创业孵化中一般性研发中心与科学园区等。②这种划分依据有一定的科学性，但因为太过详尽，导致在组织和实践上的可操作性并不强。美国工程研究院的研究显示，在新产品加工技术、工艺的引入过程中，这种合作研究模式发挥着重要作用。③ 此外，Bryan Dansberry、Lee 和 Scott、Cheryl Cates 和 Kettle Cedercreutz 等基于高等教育分析产学研联盟模式，进行实证研究。

国内学者对于产学研合作模式的研究，主要集中在产学研合作模式的类型及其选择等方面。黄胜杰、张毅认为，从高校在产学研活动中所处的位置的角度，结合它与企业、科研院所之间的关系来看，产学研合作活动可以分为集成模式、联合模式和共建模式。④ 周静珍等认为，我国产学研合作创新有大学主导型模式、政府指令型结合模式、企业主导型模式、虚拟模式、政府

---

① Elias G. Carayannis. The strategic management of technological learning in project/program management：the role of extranets，intranets and intelligent agents in knowledge generation，diffusion，and leveraging [J]. Technovation，1998 (11)：697-703.

② Atlan，T. Bring together industry and university engineering schools，in getting more out for R&D and technology [R]. the conference board，research report，1987 (904).

③ Bronwyn H. Hall，Albert N. Link and John T. Scott. Barriers Inhibiting Industry from Partnering with Universities：Evidence from the Advanced Technology Program [J]. The Journal of Technology Transfer. Volume 26，Numbers1-2 (2001)，87-98，DOI：10.1023/A：1007888312792.

④ 黄胜杰等. 我国产学研合作的组织模式及其网络特性探析 [J]. 高等工程教育研究，2002 (6)：30-33.

推动型模式、共建模式六种模式。① 王文岩从产学研合作方式、合作形态和政府作用等维度，重新划分产学研合作模式，具体如下：从产学研合作方式的维度，产学研合作可以分成“技术转让、委托研究、联合攻关、内部一体化、共建科研基地、组建研发实体、人才联合培养与人才交流、产业技术联盟”等多种模式，并阐述不同类型模式的特点，在此基础上提出了选择产学研具体合作模式的依据。② 他进一步认为，在产学研合作模式的具体选择时应从“合作主体的数量、合作技术和合作目标”三个方面进行考虑。宁凌根据产学研合作主体的不同将产学研合作的主导模式划分为高校主导模式、企业主导模式、科研院所主导模式和政府主导模式。③ 这四种模式都有其理论依据和现实例证，通过对其进行横向比较分析，可以发现每种模式都有其自身的优势和不足。

2. 产学研合作机制研究

部分国外学者对企业作为主体进行新产品开发和商业化发展的内生性的原因进行探讨，Wheelwright 和 Clark 的研究发现，合作创新时以企业为主体，除规划研究开发更有成效外，得到的市场回报将更高。④ Karmarkar 在此基础上探讨企业作为创新主体时活动的成功性，以及如何提高利润的获取率。⑤ Fyvie 和 Ager 通过对非政府组织和联合国工业发展组织的合作创新项目研究发现，在项目创新过程中，产出效应与企业参与息息相关，如果缺少营利性企业的参与，项目的产出效应将会下降。⑥ 还有学者从政府制定科技政策的角度出发，探讨如何加强产学研合作的效果。Merchant 分析了政府在产学研之间

---

① 周静珍等．我国产学研合作创新的模式研究［J］．科技进步与对策，2005（3）：70-72.

② 王文岩．产学研合作模式的分类、特征及选择［J］．中国科技论坛，2008（5）：37-40.

③ 宁凌．产学研合作的主导模式及其比较研究［J］．湖北社会科学，2008（1）：111-113.

④ Clark，Kim B. And Wheelwright，Steven C. Managing New Product and Process Development［M］. The Free Press，1993，New York，NY.

⑤ S. Karmarkar，Integrative research in marketing and operations management［J］. Journal of Marketing Research，1996（5）：125-133.

⑥ C. Fyvie and A. Ager. NGOs and Innovation：Organizational Characteristics and Constraints in Development Assistance Work in The Gambia［J］. World Development，1999（8）：1383-1395.

建立面向市场的经济关系的重要性及对高新技术产业的促进作用;① Mowery侧重于关注美国联邦政府的科技政策变化，分析了其推动美国大学、产业界和联邦实验室之间合作研究的做法;② Archibugi 和 Coco 从政策原因的角度分别研究欧盟学术机构与企业同国外伙伴结合的影响因素。③ 国内学者董彪和王玉冬应用博弈论和机制设计理论，阐述激励机制在产学研合作创新中的作用。④ 杨威基于知识链和价值链的角度，通过对比研究产学研合作内涵、合作体的内外部关系及相应合作机制后，得出“产学研合作有利于科技与经济融合”的结论。在他看来，产学研合作既有提高我国的自主创新能力和国家创新水平，并提高国家竞争力的现实意义，也有推动我国企业自主创新实践的理论意义。⑤ 曹静在产学研结合技术创新的激励机制、风险管理机制、利益分配机制、成果导入机制和协同机制等基础上，从多角度出发，分析技术创新的合作机制，认为可从政策、金融、制度三个角度为合作机制提供保障。⑥

3. *产学研合作绩效研究*

近几年，国内外学者在研究产学研合作绩效时多利用实证方法，如 Rosa Grimaldi 借助英国联合研究计划（The UK LINK Scheme）的产学研合作数据，实证分析产学研合作的经济绩效;⑦ Roberto Fontana 调研 7 个欧盟于 2000 年开展的 KNOW 调查结果。⑧ 对比国外而言，我国的产学研经济绩效评价研究刚刚起步。学者金芙蓉等深入剖析产学研合作内涵，根据三方参与产学研合作

---

① Michael Lubatkin, Narasimhan Srinivasan, and Hemant Merchant. Merger Strategies and Shareholder Value During Times of Relaxed Antitrust Enforcement: TheCase of Large Mergers During the 1980s [J]. Journal of Management, 1997 (2): 59-81.

② Mowery, D. C. The Changing Structure of the U. S. National Innovation System: Implications for International Conflict and Cooperation in R&D Policy [J]. Research Policy, 1998 (27): 639-654.

③ Archibugi, Daniele and Alberto Coco. A New Indicator of Technological Capabilities for Developed and Developing Countries [J]. World Development, 2004 (4): 629-654.

④ 董彪等 . 基于 Nash 模型的产学研合作利益分配方法研究 [J]. 科技与管理，2006 (1): 30-32.

⑤ 杨威 . 产学研合作创新的机制研究 [J]. 科技创新导报，2008 (30): 150-151.

⑥ 曹静 . 产学研结合技术创新合作机制研究 [J]. 科技管理研究，2009 (11): 18-21.

⑦ Rosa Grimaldi, Nick von Tunzelman. Assessing collaborative, pre-competitive R&D projects, the case of the UKLINK Scheme [J]. R&D Management, 2002 (2): 165-173.

⑧ Roberto Fontana, Aldo Geuna, Mireille Matt. Factors affecting university-industry R&D projectes: The importance of searching, screening and signaling [J]. Research Policy, 2006 (35): 309-323.

的利益动机和指标体系建立原则，采用自上而下与自下而上相结合的方法，建立了一套产学研合作绩效评价指标体系，并利用实际产学研合作项目进行实证评价，验证指标体系的可行性；[①] 邓颖翔认为研究产学研合作的首要问题是其绩效评价问题，虽然目前实证研究存在“使用客观指标测量”和“使用主观指标测量”两种流派，但尚未形成一套比较成熟的测量方式，无法适应后续实证研究。[②] 他通过总结相关文献，在 Simon 产学研合作绩效评价概念模型的基础上，派生出两套可研究使用的测量量表；郭斌对比分析典型产学研合作案例，提出基于产学研合作效率的分阶段管理模型，讨论了每个阶段存在的问题、出现的风险和关联策略与原则，希望借此为中国企业产学合作项目的效率管理提供借鉴性意见；[③] 王秀丽利用已建立评价指标体系，通过数据包络分析（DEA）方法，分析中国 30 个省（市）产学研合作创新效率，结果显示，我国大多数省份产学研合作效率较低，相比当地的技术创新能力及经济发展水平尚有距离，因此，各地区应营造有利于产学研合作的外部环境，通过政策引导，提高合作效率，增加合作效益。[④]

此外，还有一些学者对产学研合作的效果与实现方式进行了研究和总结。例如，程肇基在其博士论文中指出，产学研合作有利于实现科技创新人才和科技研发资源之间的合作与共享。他认为，产学研合作需要地方高校与高校之间进行深度的融合与合作，提升高校间的协同创新能力，不同高校间可以通过优势学科之间的互补与合作，建立更具优势的科研平台，实现资源共享；产学研合作还需要进一步加强地方高校与科研院所、政府以及地方企业之间的合作，促进协同创新的实现，开展多主体、跨学科、全方位的联合技术攻关行动，加快产业集群和学科集群之间的顺利对接；产学研合作还需要加强地方高校与行业、企业以及直接相关的政府机构的合作，为产学研合作的顺

---

① 金芙蓉，罗守贵．产学研合作绩效评价指标体系研究［J］．科学管理研究，2009（3）：43-46.

② 邓颖翔，朱桂龙．基于专利数据的中国产学研合作研究［J］．科技政策与管理，2009（12）：16-19.

③ 郭斌，谢志宇，吴惠芳．产学研合作绩效的影响因素及其实证分析［J］．科学学研究，2003（12）：140-147.

④ 王秀丽，王利剑．产学研合作创新效率的 DEA 评价［J］．决策参考，2009（3）：54-56.

利实现提供保障。①

1.4.3 关于区域创新系统问题的研究

20世纪90年代以来，关于区域创新系统的研究日益受到学界和各国政府的重视，国内外关于区域创新系统的研究主要集中于以下几个方面：

1. 区域创新系统的要素及主体间关系

安德森（Andersson M.）和卡尔森（Karisson C.）从构成要素的角度概括了区域创新系统的结构，包括进行创新产品生产供应的生产企业群，进行创新人才培养的教育机构，进行知识创新与技术生产的研究机构，对创新活动进行金融、政策法规约束与支持的政府机构，金融、商业等创新服务机构。② Asheim 和 Isaksen 提出两类主体组成了区域的创新系统：第一类是系统制度的基础结构；第二类是在集群范围内的公司以及支撑该公司的产业。胡志坚、陈柳钦、李虹等提出区域创新系统应由三种要素共同组成，分别是创新主体、环境和功能要素。主体要素是创新的行为主体，具体指当地政府机构、教育科研机构和企业；环境要素是对整个宏观政策调控、体制环境、保障措施和基础设施建设等；功能要素是要有制度、管理、服务和技术的创新。③

区域创新系统主体间的关系。（1）生产企业与高校的关系。高校可以为企业提供人才和技术支持，此外，高校还可以为企业员工提供各种形式的培训与技术指导。高校和企业还可以进行技术研究和发展方面的直接合作，共同建立技术中心等。（2）生产企业与科研院所的关系。科研院所能为企业提供上游技术的研究和开发，创新的内容也是生产技术转让和交换的主要表现，包括技术合同、兼并和技术联盟等形式。（3）大学与科研院所的关系。“合作”主要表现为人才与技术的交流，其中以高校人才流动研究院所和科研院所的科技成果为主要特征。可以合同的形式直接进行项目合作与分工、技术、信息咨询等，

① 程肇基．地方高校服务区域经济建设研究——以江西为例［D］．武汉：武汉大学，2015：63.

② Andersson，M. andKarlsson，C. Regional Innovation Systems in Small and Medium - Sized Region. Acritieal Review and Assessment［M］. Working Paper，Jonko Ping International Business School，2002（2）.

③ 胡志坚等．区域创新系统理论的提出与发展［J］．中国科技论坛，1999（6）：20-24.

在参与重大国家项目时，发挥高校理论基础和科学研究所的发展优势。(4) 政府与企业的关系。主要表现为：政府通过财政支出、税收政策对企业的创新能力进行财政补贴、税收优惠，政府通过宏观调控能力、地方财政政策、区域公共设施和公共社会服务投资，优化投资环境，间接促进企业创新活动。(5) 政府与高校、科研院所的关系。主要表现为：政府在财政投资上对高校科研院所关注的专业和研究方向进行了金融投资的倾斜和财政支持，在地方科研课题的应用上，重点发展高校科研院所提供的土地利用、社区服务等优惠政策；高校也可以为政府官员提供培训和学习服务，提高政府人员自身的工作质量、知识水平和综合素质。(6) 服务组织与其他创新要素的关系。服务机构参与创新要素的投入和交流，中介服务机构负责创新产品的传递、流通，以促进机构间合作和创新等，提供金融、信息、产品、人员、技术等因素的转移、转让、交换等服务，提供生产和社会保障服务。①

2. 区域创新系统的架构

结构研究是区域创新系统研究的核心内容之一。关于区域创新系统的架构，国内学者有着不同的观点。著名学者龚荒把区域创新系统划分为两个层次和六个系统，两个层次是指创新主体层次和创新支撑层次，六个系统包括三个主体系统和三个支撑系统。主体系统包括科技研究系统、企业技术创新系统、创新成果扩散系统；支撑系统包括教育培育系统、区域宏观调控系统、社会服务支撑系统。② 潘德均把区域创新系统划分为三个主体系统和三个支撑系统，但是与龚荒不同，其主体系统包括知识创新系统、技术创新系统、技术扩散系统，支撑系统包括创新人才培育系统、政策与管理系统、社会支撑服务系统。其中知识创新系统是以科研院所和高等院校为基础，技术创新是以企业为主体，技术扩散主要是由科技推广和中介机构组成。张敦富认为区域创新系统应包括创新机构、创新资源、中介服务系统、管理系统四个组成部分，四部分相互协调、相互作用。③ 创新机构主要包括高等院校、科研院

① 董友．地方高校科技创新协调机制与政府宏观管理研究［D］．天津：北方工业大学，2007：3.

② 龚荒，聂锐．区域创新体系的构建原则、组织结构与推进措施［J］．软科学，2002（6）：22-25.

③ 黄鲁成．关于区域创新系统研究内容的讨论［J］．科研管理，2000（5）：43-48.

所、政府、企业，创新资源包括人力资源和物力资源，物力资源主要以资金和科技设备为主，中介服务系统包括咨询平台、信息中心等组织，管理系统主要是指政府建立的制度和机构。胡坚志认为，区域创新构成要素主要包括主体要素、环境要素和功能要素。其中主体要素主要包括大学、科研院所、政府、中介组织、企业等创新的主体；环境要素包括外部环境、体制支持、基础设施的服务和保障条件以及法制调控等要素；而功能要素则包括区域创新的制度创新、技术创新、管理和服务创新等。①

3. 区域创新系统的特性与功能

区域创新的特性包括很多方面，如可持续性、稳定性、可变性、渐进性、可操作性、开放性、阶段性、层次性、相对性等。在这些特性中，比较重要的有：（1）开放性。经济全球化是时代发展的大趋势，创新作为推动经济发展的重要力量，也应当具有开放性的特点。一方面，由于资源的稀缺性特点，各个地域之间的创新资源不平衡，甚至存在很大的差距，各个地区之间、区域之间的开放与交流是区域创新和可持续发展的必要条件。另一方面，只有加大各主体间的开放力度，实现资源共享，加深区域创新系统各要素之间的交流与融合，才能真正实现更高层次的区域创新。（2）可变性。区域创新是历史发展的产物，其发展变化过程遵循着相对性和绝对性的统一规律。区域创新经过量的积累才能完成质的飞跃，它总是处在一个可变的环境当中。目前我国的区域创新环境和系统正在逐步健全和完善，必须正确认识区域创新过程的可变性和累积性，才能更好地把握区域创新的发展脚步，做到循序渐进。（3）可操作性。区域创新的目的是创造更高的经济效益和社会效益，其问题必然要围绕如何解决问题和如何实现创新来展开。区域创新系统的建设和发展是具可操作性的，应按照阶段性的目标，实现有序而不紊乱的发展，适时调整和解决发展中面临的困难和问题，树立正确的发展理念和信心，这也是区域创新面临的可操作性新命题。

对于区域创新的功能，争取更大、更为广阔的发展空间，地方政府必须发挥自己的优势和责任。学者王稼琼等认为区域创新系统的功能主要体

① 胡志坚等．区域创新系统理论的提出与发展［J］．中国科技论坛，1999（6）：20-24.

现在激活中小企业改造，改造传统产业，产品创新与成果转化，制度与机制创新，发展高新技术产业等方面。① 黄鲁成觉得区域创新性系统有统筹协调、催化反应、化解风险、解疑释惑等一系列功能。② 柳卸林称，区域创新性系统建设可以为创新发展提供操作的模式，可以激发万众创新的积极性。③

4. 区域创新系统的动力机制

区域创新系统强调邻近、集聚、集群、网络、知识生产、交互学习与创新等方面的重要性，认为创新是一个不断演化的、非线性的和交互的过程，不同创新主体（如政府、企业、大学以及金融机构等）之间的交流与合作对提升区域创新能力至关重要。④ 根据国内外学者的研究成果，可以将区域创新系统的动力机制总结为以下五个方面：

第一，交互学习。交互学习与创新紧密相关，是区域创新系统中的重要概念。它是指参与创新活动的行动者之间进行学习的过程，也是各创新主体——如大学和企业等——进行知识共享的交互过程。很多研究表明，企业的成功创新基本来自交互学习的过程，因此该过程是区域创新系统的中心活动。⑤ 交互学习发生的主要路径有两个：一是生产者和用户之间的交易网络；二是知识在创新主体之间流动的知识网络。

第二，知识生产。交互学习、知识生产与创新之间紧密相连。尽管“学习”一般是一种组织化的过程，但知识生产和共享则大多发生在非结构化的环境中。通常我们将知识分为四类：关于事实的知识、关于自然原理和规律的知识、关于掌握知识的人的知识和关于技能、能力的知识。前两种知识属于显性知识，可以通过阅读、视听和检索等途径获得；后两种属于隐性知识，主要是从实践和人际交流中获得。也就是说，有些知识可通过经济交易的方

---

① 王稼琼等．区域创新体系的功能与特征分析［J］．中国软科学，1999（2）：53-55.

② 黄鲁成．关于区域创新系统研究内容的讨论［J］．科研管理，2000（5）：43-48.

③ 柳卸林．中国投资．［EB/OL］．http：//www.nbd.com.cn/articles/2011-02-23/488369.html.

④ 王凯．区域创新生态系统情景下产学知识协同创新机制研究［D］．杭州：浙江大学，2006，1：27.

⑤ 薛捷．基于知识和交互式学习的区域创新系统研究［M］．北京：人民出版社，2004.

式获取，而有的则需要进行整合后才能获取。共享知识是区域创新系统发展的重要方面，因为它能够帮助创新主体提升交互学习的能力，进而提升创新能力。

第三，社会网络。社会资本、规范和价值是由个体带到社会网络之中的，而它们对区域创新主体间的交互学习有着很大的影响，如社会资本有助于提高区域创新的效率，克服市场失灵的弊端，减少知识交易和网络化的市场成本。[①] 实践证明，学习型的区域和社会网络比集群更有利于提高区域创新能力和经济绩效。因此，区域内的交互学习和创新的社会网络是企业和区域进行创新的关键优势。

第四，地理邻近。隐性知识是影响创新的重要条件，也是创新过程中最重要的投入资源。由于隐性知识不能通过显性符号进行有效传递，而是嵌入相对固定的人力资本中，因而只能从实践中获取，且很难长距离传递。另外，创新过程实质上是一个不断交互学习的过程，越来越基于特定环境中的知识在经济实体之间的流动。当知识更具隐性特征时，面对面的交流互动更有利于知识的传播，地理邻近可以有效地促进知识的交互。因此，在创新过程中起到关键作用的“知识溢出”通常会受到空间的限制。

第五，创新治理。由于区域创新系统主要关注机构网络内的交互，是区域生产结构内支持创新的制度基础，该系统中的公共活动仍主要由行政部门进行治理。科学的制度对区域创新系统的建设有着积极的促进作用。因此，如果区域拥有足够的自治权来设计和实施创新政策，就能在创新过程中发挥较大的作用。[②] 通过创新政策激发区域创新系统内知识、资源和人为资本等的持续流动和交互是区域创新系统的理想模式。[③]

---

① Wolfe, R. A., Putler, D. S. How tight are the ties that bind stakeholder groups? [J]. Organization Science, 2002, 13: 64-80.

② Cooke, P., Asheim, B. T. & Boscham, R. et al. Handbook og regional innovation and growth [M]. Edward Elgar Publishing, 2011.

③ 王凯 . 区域创新生态系统情景下产学知识协同创新机制研究 [D]. 杭州：浙江大学，2006，1：29-30.

1.4.4 高校参与区域创新系统的研究

1. 高校参与区域创新系统相关理论研究

三螺旋理论（University-Industry-Government Triple Helix）的产生以知识经济为背景，知识在经济发展中发挥着日益重要的作用，大学、科研机构、企业已经成为创新的主体，三螺旋理论也应运而生。20世纪90年代，亨利·埃茨科威兹（Etzkowitz）首次提出了三螺旋模型（Triple Helix）的概念，认为区域创新系统可以用大学、企业和政府之间的关系构成，三螺旋模型用来研究不同机构之间的多重互动关系。① 在区域创新系统中，该理论将政府、企业、大学三者有机结合起来，三者之间进行市场运作、技术创新和交流。这种不同信息之间的交互系统，我们称为区域创新的三螺旋理论（见图1-1）。② 三螺旋模式强调大学、产业和政府在保持各自独立身份的基础上相互影响、密切合作，共同实现协同创新。该模式的基本假设是：创新活动越来越需要大学、产业和政府共同参与和相互合作，政、产、学三螺旋相互作用成为创新系统运行的核心。由于组织边界相互渗透对产学知识协同创新与区域发展至关重要，三方的异质性又给三螺旋的实际运行增加了难度，所以如何填补三螺旋中的缺口，开发合适的创新模式和运行机制是推动组织实现协同创新的关键所在。③

三螺旋理论被提出以来，在世界各地区和多个领域产生了广泛的影响。国外对于三螺旋理论的应用研究，已经扩展到了很多方面。例如，阿克沃思（Acworth）和爱德华（Edward）利用三螺旋理论提出了高校和产业合作的知识交互社区模型，④ 莱勒（Lehrer）、马克（Mark）和加特（L. Gather）则分

① ［美］亨利·埃茨科威兹．三螺旋——大学、产业、政府三元一体的创新战略［M］．北京：东方出版社，2005：68-70.

② 资武成，罗新星，陆小成．基于三螺旋理论的产学研创新集群模式研究［J］．科技进步与对策，2006（6）：5-6.

③ 苏竣，何晋秋等．大学与产业合作关系：中国大学知识创新及科技产业研究［M］．北京：中国人民大学出版社，2009.

④ Acworth，Edward B. University-industry engagement：The information of knowledge Integration Community（KIC）model at the Cambridge-MIT institute，Research Policy 37，8（2008）：1241-1254.

析研究了政府与高校交互策略的影响。[①] 许多学者利用三螺旋理论阐释创业型大学的建设，并取得了诸多成果。在我国，学者钱宗霞在三螺旋视角下对大学创业教育的模式进行了探索，认为学校、政府和产业互相合作有利于多元化地满足大学生的发展需求，并提出了通过制度、过程、保障等体系构建创业教育的新结构。[②] 黄利梅利用三螺旋理论，分析了高校、企业、政府组织的协同创新机制，进而提出了打破组织边界的协同创新模式，即目标协同、组织协同和过程协同。[③]

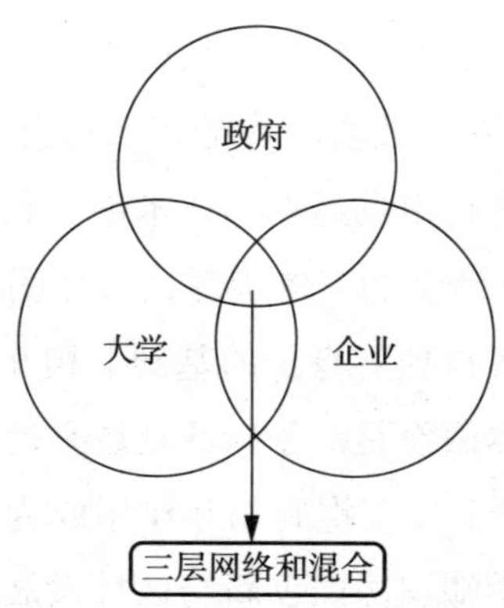

图 1-1　大学—企业—政府关系的三螺旋模型

政府、企业和高校在螺旋模型中各司其职又相互协调。其中，政府是区域创新的政策制定者和环境的管理者，有义务确保区域创新循序渐进，而且，政府还是区域创新风险的承担者；企业是区域创新的资金和设施的提供者，能够为科学研究提供物力上的支持，也能够敏锐地洞察市场的变化情况；高校是区域创新的人才储备库，对高新技术产品有较强的开发能力，决定着区域创新的可持续性和深度，是区域创新的核心要素之一。三螺旋理论更加强调三者的互动，以实现三方面的共同利益为基础，以资源共享为前提，确保

① Lehrer, Mark, P. Nell and L. Gather. A nation systems view of university entrepreneurialism: Inference from comparison of the German and US experience, Research Policy 38, 2 (2009): 268-280.

② 钱宗霞．浅析三螺旋视域下高校创业教育的创新模式［J］．江西师范大学学报（哲学社会科学版），2015，48（02）：38-42.

③ 黄利梅．高校创业教育协同创新机制——基于三螺旋理论视角［J］．技术经济与管理研究，2016（06）：25-29.

每个环节的高效率。

相对于传统的“需求牵引”或“技术推动”的线性创新模式而言，作为新的创新模式，三螺旋截然不同，它描述了在知识商品化的不同阶段，不同创新机构之间的多重互动关系。其核心任务包括创造转移新知识、变革创新制度和教育。该理论指出，面对新的技术经济范式，只有在促进三方适时互动的条件下，才能推动知识的生产、转化、应用、产业化及升级。三螺旋模型的关注点从谁是创新主体转到大学、企业和政府三者的交互点上，认为大学、企业和政府的“交叠”才是创新系统的核心单元，在知识转化为生产力的过程中，各参与者互相作用，从而推动创新螺旋上升。

2. 关于高校在区域创新系统中的定位及作用

国内外学者对高校在区域创新系统中作用的研究主要集中在三个方面：一是高校在区域创新系统中地位的理论分析；二是高校与企业合作关系类型及特征研究；三是高校科技园的创办与运行机制研究。

（1）高校在区域创新系统中的地位

高校集聚了社会上的高技术人才，能够不断孕育科研成果。众所周知，高校主要有三个功能：人才培养、科学研究、社会服务。[①] 这三大功能都与区域创新有着紧密的联系，是区域创新不可或缺的组成部分。知识经济时代，科学与技术是推动经济增长的原动力，因此，高校作为新知识和新技术的发源地，对区域经济发展的作用不言而喻。“标识着大学根本价值的是知识的创造，大学只有不断满足人类对新知识的需求，才能获得存在的必要性。”[②] 高校成为几乎所有其他创新主体 R&D（研究与发展）经费的投入方向，形成了以高校为中心，与其他部门相联系，具有知识配置力和创新能力的系统结构。[③] 与此同时，高校的传统功能也在转化，科学研究与人才培养只是高校功能的一部分，促进区域经济和科技发展已成为高校的一项重要基本职能。为

---

① 姬郁林等．大学在区域创新系统中的作用［J］．西南民族学院学报（哲学社会科学版），2002（6）：231-232.

② 刘福才，张继明．高校智库的价值定位与可持续发展［J］．教育研究，2017（10）：59-75.

③ 乔颖等．研究型大学在区域创新系统中的地位与作用［J］．科学学与科学技术管理，2002（6）：47-49.

提高服务区域经济社会发展的能力水平，教育部于2014年4月在颁布的《关于地方本科高校转型发展的指导意见（征求意见稿）》中明确指出："在总结经验的基础上，形成促进地方本科高校转型发展的政策体系和体制机制并逐步扩大试点范围，全面提升地方本科高校服务现代化建设和人的全面发展的能力。""按照经济社会发展对人才的需求，对高等教育实行分类管理，科学定位高等学校的人才培养类型、科学研究任务、主要服务面向、质量标准要求和国家、社会责任。在科学定位的基础上，扩大应用技术类型高校办学自主权，提高学校适应人力资源市场变化的能力、促进产业升级和技术进步的能力、为区域发展创造人才红利的能力。"

（2）高校与企业合作关系类型及特征研究

区域创新系统中，企业是新知识和新技术的转化者，是实现知识和技术经济效益的关键主体，企业与高校之间通过有效互动实现知识与技术的流动，是区域可持续发展的有力保障。因此，许多学者研究高校与企业的合作关系，发现除非在高技术产业区，高校与企业之间共同参与研发活动较少，而多是与技术咨询与转让、专利购买与开发、委托研发等相关的活动。[①] 企业对高校的科研经费资助偏向于应用与开发研究，高校能够获得经费的数额则取决于其自身的科研实力。[②]

（3）高校科技园的创办与运行机制研究

高校科技园是高校主动与市场联系的重要基地，也是进行科技创新的重要平台。科技园内的许多企业都是由高校直接创办的，作为高校与市场结合的试验场所，发挥着重要作用。因此，政府应促进高科技共享平台的搭建，加快推进科研设施与仪器向高校、科研院所、企业和社会研发组织等用户开放，实现全社会的资源共享。要求各利益主体整合协同创新的资源，创建信息汇聚、资源开放、人才流动、运行高效的资源共享平台，优化科技园的管理和运行机制。为此，可以借鉴外省的成功经验，推动高校和研究院所与各

① Ramos-Vielba I，Fernández-Esquinas，M，Espinosa-de-los-Monteros，E. Measuring University-Industry Collaboration in a Regional Innovation System［J］. Scientometrics，2010，84（3）：649-667.

② Abramo G，D Angelo C A，Solazzi M. Assessing Public-private Research Collaboration：is it Possible to Compare University Performance［J］. Scientometrics，2010，84（1）：173-197.

级政府共建科技创新产业园、高新技术产业基地和现代农业科技示范园；由地方政府支持高校院所利用校园内或周边存量土地、楼宇等资源，与所在区（市）县共同建设“科技创业苗圃”、大学生创业园、大学科技园、企业孵化器、加速器等平台，充分释放高校的社会服务和地方服务潜能，为科技创新和地方经济社会需求服务，为实施创新驱动发展战略提供有效支撑。从国内外相关研究来看，大部分学者普遍认为高校科技园具有人才、科技等方面的区位优势，加上当地政府给予的政策支持，在理论上应该能够成为一个区域的经济增长点，但是在实践操作中成功的案例并不多。高校科技园除受国家和区域创新战略影响外，人才流动的畅通与否、外部创新环境的支持力度、高校与其他创新主体网络联系的密度等因素都影响科技园的长远发展。[①] 高校直接创办企业是否能对区域创新系统产生积极影响，其实证研究的结果也出现了分歧。有的学者认为高校创办企业的数量与这个区域的创新能力和高校的知识产出量成正比；也有学者通过实证调查发现高校直接创办的企业成功概率非常小，而且高校创办的企业中高科技企业数量并不多，不足以对区域创新系统产生显著影响。[②]

3. 关于高校对区域创新系统的行为模式相关问题研究

高校并不能像国家大力支持的科技园区那样，它们大都缺乏科研设施，一般很难独立完成科技成果的转换，这为它们参与区域创新带来了一定的难度。它们积极地寻找参与区域创新的途径，需要在政府的帮助下，与企业合作，走“产学研”相结合的道路。

杨忠泰就高校参与区域创新总结了四种模式，包括产学合作教育模式、共建研究开发基地模式、基金项目牵引模式、共建企业实体模式。[③] 产学合作教育模式主要是指高校与企业之间的双向互动关系，在这里不存在单一的主体角色：企业需要人才，学校满足企业的人才需求；学校需要市场，企业为

① 智瑞芝．区域创新视角下高校衍生企业发展的影响因素——以日本为例［J］．经济地理，2009（8）：1336-1341.

② Audretsch D B，Lehmann E E. Does the Knowledge Spillover Theory of Entrepreneurship Hold for Regions［J］. Research Policy，2005，34（8）：1191-1202.

③ 杨忠泰．一般地方高校参与区域创新体系建设的基本途径与模式［J］．科技管理研究，2009（1）：124-127.

学校提供实习场所或者职业岗位，这就形成了产学合作教育模式。共建研究开发基地模式的主体一般以企业或者政府为主，企业或政府出资办自己需要的研究机构，由高校提供人才，可以解决其一段时间内科研创新的不足；机构也可以由学校主导，但由于学校资金的缺乏，数量相对较少，科研成果完成后转让企业。基金项目牵引模式是针对资金短缺的问题，由政府在学校设立科学研究基金，然后学校和企业根据自身的需要，以项目的形式开展研究活动。

苏金福在宏观方面对高校参与区域创新也提出了自己的观点。在他看来，高校参与区域创新主要可以概括为“设计整体的服务创新体系；其他主体协同创新；高校创新能力自我提升”三个渐进的过程。① 设计整体的服务体系，在发达国家提出创新体系概念前创新体系已经成熟，是一个“事后概念”，是提出目标后再建设。② 而在中国这是一个“事前概念”，建立服务创新体系主要应做到两点：一是地方本科院校要立足于本区域，利用本地域的资源禀赋，发挥区域资源的优势，围绕区域特色产业，对重点领域进行研发；二是地方本科院校的办学理念和方向要与区域创新相联系、相协调，实现目标的对接。其他主体协同创新主要是要求把政府、企业、中介机构、科研院所联动起来，发挥它们之间的协调作用，让一切可以创新的源泉同高校共同走在创新一线。在这些协同要素中，高校与企业的整合最为重要。高校创新能力的自我提升是指，地方本科院校不能单单为本区域的创新进步服务，作为创新中的一部分，地方本科院校应最大限度地发挥对区域创新的支持，实现帕累托的改善。

1.4.5 对国内外研究的评述

通过检索文献，本书发现以区域创新系统理论为基础来研究地方本科院校服务地方现状及机制创新的学术文献较少。我们从高校与地方经济协调发展、产学研合作、区域创新系统问题、高校参与区域创新系统的研究四个方面对文献进行了综述，发现对于高校服务区域创新系统的机制已经开展了一

---

① 苏金福．需求视角下地方高校参与区域创新体系建设路径探讨［J］．武夷学院学报，2009（6）：94-98.

② 周元等．关于我国创新体系研究的几个问题［J］．中国软科学，2006（10）：15-19.

些研究，并取得了可喜的成果。然而，还存在以下不足：

1. 从研究方法来看，忽视个案研究

目前，人们对地方本科高校服务地方机制的研究，多采用经验思辨的研究方法。当然，这有利于我们把握其总体现状。然而，由于缺乏个案研究，人们对其研究难免不够深入、全面。

2. 从研究内容来看，对制约地方本科院校服务地方因素的分析尚不全面

目前，人们对于地方本科院校服务地方的探讨主要考察的是地方本科院校。众所周知，地方本科院校服务地方，需要政府、企业等的合作。尤为重要的是，地方本科院校的办学自主权至今没有落实。我们认为高校对政府、企业等主体利益诉求的忽视，才是导致地方本科院校服务地方难以取得实际效果的关键原因。

3. 从研究理论基础和视角来看，缺乏从区域创新系统理论的视角对其进行审视

地方本科院校服务地方，不仅是其责任所在，其意义也是多方面的。我们认为，随着区域竞争格局的形成，地方本科院校作为区域的知识生产基地、人才培养基地、科技创新基地将为区域经济的发展提供不竭动力。因此，从区域创新系统理论的视角对地方本科院校服务地方进行审视，将有助于地方本科院校与区域经济的协调发展。

地方本科院校服务地方具有多方面的积极意义。然而，目前地方本科院校服务地方的机制存在诸多问题，效果并不理想。本书旨在发现制约其机制的根本原因，并提出相应的解决办法。

1.5 研究设计

1.5.1 研究目的

大学对区域创新的作用、大学服务地方已得到理论界的共识，就已有的

研究而言，缺少针对某一特定类型大学的具有可操作性的机制研究，特别是缺少对地方本科院校服务区域创新系统的微观研究。地方本科院校服务地方是其基本职责，也将促进高校与地方经济的协调发展。本书将以区域创新系统理论为研究基础对其进行审视，发现其机制难以建立起来的根本原因，在此基础上提出解决的办法。

1.5.2 研究方法

第一，案例研究法。本书立足区域创新系统理论，对地方本科院校服务地方的机制创新研究进行剖析，主要采用案例研究方法。“借助关于制度的理论知识现有成果，案例研究方法常常是推动我们积累关于制度变革理论知识的唯一方法。”① 根据研究的定位和需要，以山东省35所本科高校为例，进行详细的数据挖掘和实证差异性分析，发掘地方高校服务地方的类型差异及其机制制约问题。

第二，文献研究法。文献研究法主要是指以各种文献材料为对象而进行的研究，文献法一般包括文献的收集与查阅、文献的鉴别与整理、文献的解释与分析、文献研究等具体阶段。本书主要是在收集与查阅现有教育政策和法律文本、相关著作和学术论文的基础上，选取典型的6所地方高校社会服务教育改革案例进行分析研究，以获取关于当前地方高校教育政策与制度现状的经验性信息。文献材料包括各种相关文件文本、学术论文、内部通讯、新闻报道等，如潍坊学院制定的关于《潍坊市发展休闲农业的建议及金融支持》《潍坊市竞争劣势分析》《潍坊市民间融资机构设立申报工作指引》以及《潍坊学院服务潍坊行动计划》等文本，用来收集当前相关地方高校社会服务改革的最新动向信息。

第三，比较研究法。比较研究法是指根据一定的标准，考查彼此有某些联系的事物或现象，寻找其异同，力求得出符合客观实际的结论，以把握研究对象所特有的质的规定性。本书对济宁学院和潍坊学院、青岛大学和青岛

① ［美］格拉斯·诺斯，张五常等著．李·J．阿尔斯通、恩拉恩·埃格特森等编．制度变革的经验研究［M］．北京：经济科学出版社，2003：35.

科技大学、济南大学和齐鲁工业大学三种不同类型高校服务地方的经验进行对比描述和分析，印证了地方本科院校服务地方的三个类型的特点。对美国相关高校服务地方的经验进行总结和借鉴，对山东省地方本科院校服务地方的机制研究具有良好的借鉴作用。

1.5.3 研究内容及思路

第一章，绪论。介绍选取“地方本科院校服务地方的机制创新研究”题目的历史背景、目的和意义；界定地方本科院校和区域创新系统的基本概念，并对本书的研究方法、主要思路进行简要阐述，简单介绍各部分之间的逻辑关系。

第二章，区域创新系统理论及其作为研究基础的价值。在这部分，本书主要讨论三个问题：如何评说区域创新系统理论？区域创新系统理论与本书的关系是什么？区域创新系统理论作为研究基础的内涵与价值是什么？之所以讨论它们，原因在于：一是区域创新系统理论是本书研究的基础，我们必须对其形成过程、基本内容、优点、缺陷等有基本的了解；二是分析区域创新系统理论与本书的关系，是我们研究的起点；三是区域创新系统理论在本书中的价值，将帮助我们理解地方本科院校服务地方的机制为何难以取得实效，并找到主要的解决方法，从而创新地方本科院校服务地方的机制。

第三章，分析了山东省高校社会服务和地方服务的发展现状，以山东省地方本科院校为例，对其服务地方的数据进行聚类分析。在对山东省地方本科院校服务地方的现状简单分析的基础上，应用聚类分析的方法，对山东省35所高校服务地方的能力依据大小进行分类，依据经济学中供给需求关系理论对高校类型的分析，将区域创新系统研究理论下的地方本科院校服务地方分为三大类型，即供给主导型、需求主导型和前两者的中间类型供给—需求型。

第四章，继续以山东省地方本科院校为例，对其服务地方的活动进行差异性分析。本章重点选取地方本科院校服务地方的典型指标，对山东省35所本科院校服务地方活动进行验证性分析，根据聚类分析的结果，对供给主导型、供给—需求型、需求主导型三类高校服务地方基本数据进行均值比较。最后，通过案例分析验证地方本科院校服务地方的三个类型的特点。

第五章，国外本科高校服务地方的途径及启示。这部分属于比较研究部分。高校服务地方在不同国家、不同地域的社会实践不尽相同。高等教育发达的欧美及日韩高校，都可以作为世界范围内服务地方的先驱和典范，也都有着丰富的历史经验。这部分主要论述美国、英国、德国、日本、韩国高校服务地方的途径，比较中国与欧美及日韩高校服务地方的差异性，进而总结、思考对于中国高校服务地方上的借鉴意义。中国高校应在思想观念树立、法律法规政策支持、课程与专业设置、政府在高等教育中的作用方面有所作为，这是缩小中国与欧美及日韩高校服务地方差距的途径。

第六章，地方本科院校服务地方的问题及原因分析。这部分是在针对山东地方本科院校服务地方进行实证研究和比较研究的基础上，总结归纳出山东省乃至全国地方本科院校在服务地方方面存在的若干问题，如地方本科院校服务质量的外部性问题、人才资源的培育问题、低水平重复研发问题、知识溢出的无效性问题，并对上述问题重点从运行机制入手，对地方本科院校服务的负外部性、服务评估体系的单一性两个方面进行归因分析。

第七章，地方本科院校服务地方的机制创新。这部分讨论在区域创新系统理论的映照下，创新地方本科院校服务地方的机制。即地方本科院校为服务地方，与区域各子系统要素之间相互作用的过程和方式的创新。这部分从区域系统内的驱动机制创新、协调机制创新、约束机制创新和保障机制创新四个方面对地方本科院校服务地方的机制创新进行研究，以期通过这些对策将政府、企业、高校以及中介机构和科研院所联动起来，形成协同的、循环的创新机制和创新系统。

第八章，结论与展望。

本书的基本思路见图 1-2：

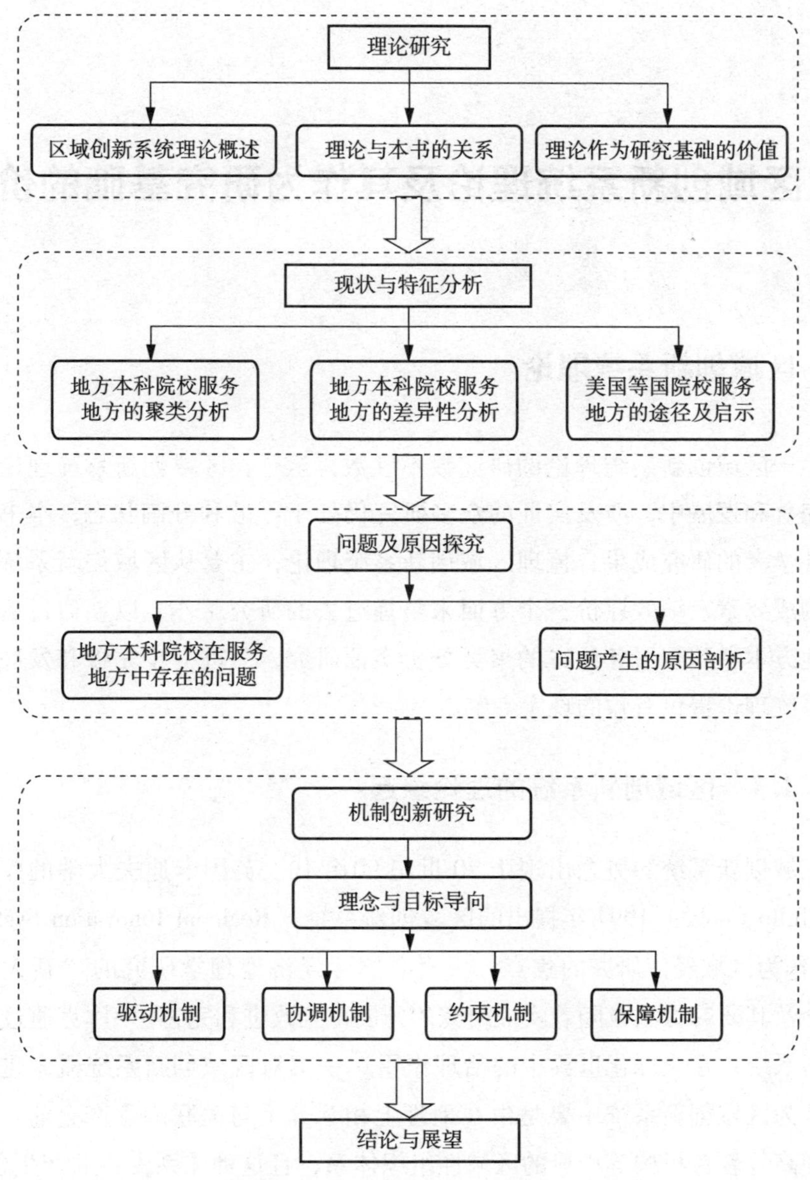

图 1-2 本书基本思路框架

2　区域创新系统理论及其作为研究基础的价值

2.1　区域创新系统理论

关于区域创新系统理论的研究数不胜数，至今，区域创新系统理论架构仍在完善和发展中，涉及实证的众多研究仍处于零散和分割状态，本书参考国内外学者的研究成果，梳理区域创新系统理论，主要从区域创新系统的概念、构成要素、绩效评价三个方面来整理过去的研究工作，以期通过后文山东省地方本科院校服务地方的聚类分析实证研究，为进一步完善和发展区域创新系统理论提供有益的现实借鉴。

2.1.1　区域创新系统的理论缘起

区域创新系统的概念出现于20世纪90年代。英国卡迪夫大学的库克教授（Philip Cooke）1994年提出的区域创新系统（Regional Innovation Systems，RIS）作为区域经济研究的焦点，一直是国际经济地理学研究的“新大陆”，其概念及其研究方法也随着实证研究的开展得到改进和完善。[①] 库克通过《区域创新系统：在全球化世界中的治理作用》一书对区域创新系统概念进行表述，认为区域创新系统主要是由在地理上相互分工与关联的生产企业、研究机构和高等教育机构等构成的区域性组织体系，且这种体系支持并产生创新。在这区域创新的概念中，他更强调创新主体之间的联系。[②] 区域创新体系源自

---

① Cooke，P. and Morgan，K. The regional innovation system in Baden-Wurttemberg ［J］. International Journal of Technology Management，1994（9）：394-429.

② 汤易兵．区域创新视角的我国政府—产业—大学关系研究［D］. 杭州：浙江大学，2007，12：11.

经济学的相关理论，库克教授认为，区域创新体系要求企业的经理在面临各类经济问题和社会冲突时，需要不断地进行学习和调整，并不断地进行选择与决策，从而形成了企业的发展轨迹。而这种与社会和地区的交流与互动超越了企业自身的范围，涉及了地区的大学、各类研究机构以及金融部门、教育部门等多个利益主体。当一个地区形成了这些企业、机构、学校和政府部门的频繁互动时，该地区内也就形成了一个区域创新体系。①

区域创新系统的相关概念来自两个主要的理论和研究主体。第一个是创新系统，演变于经济和技术进化等理论的创新系统认为，创新是一个不断发展和进化的社会进程；创新的产生受到多方参与者和多种因素的共同影响，在这些因素中，既有企业内部的因素，也有企业外部的因素。而从社会的角度来看，创新可以看作一个公司内若干部门之间集体学习的过程，如企业产品的生产、营销以及企业与其他企业、高校、科研机构、金融部门等的外部互动与合作。第二个理论是区域科学以及社会制度环境。从整个区域层面来看，创新是区域化、地方化的一个变化演进的过程。区域科学既要研究源于地方化优势和空间集中带来的利益，也要研究地区的规则、习俗和规范，以及由此带来的知识的产生和扩散过程。②

区域创新系统作为人们理解区域创新框架的一个概念受到广泛的关注，对区域创新系统的定义，虽然各学者的描述各不相同，但只是强调的侧重点问题。例如，1998 年学者 Autio 认为区域创新系统的组成分为三部分：参与技术开发和扩散的企业、大学以及研究机构，该系统有市场中介服务、组织介入和政府参与，强调创新网络系统；③ 黄鲁成（2000）强调各要素之间关系的制度和政策网络；④ 盖文启（2002）在区域创新系统中着重强调创新环境。⑤ 以上区域创新系统的概念，均强调创新主体间的互动关系、创新环境，

① 赵立龙．基于区域创新系统理论的大学科技园发展战略研究［D］．昆明：昆明理工大学，2004，3：18.

② 汤易兵．区域创新视角的我国政府—产业—大学关系研究［D］．杭州：浙江大学，2007，12：16-17.

③ Autio，E. Evaluation of R&D in Regional Systems of Innovation［J］. European Planning Studies，1998，6（2）：131-140.

④ 黄鲁成．关于区域创新系统研究内容的探讨［J］．经济体制改革，2002（5）：105-107.

⑤ 盖文启．论区域经济发展与区域创新环境［J］．学术研究，2002（1）：60-63.

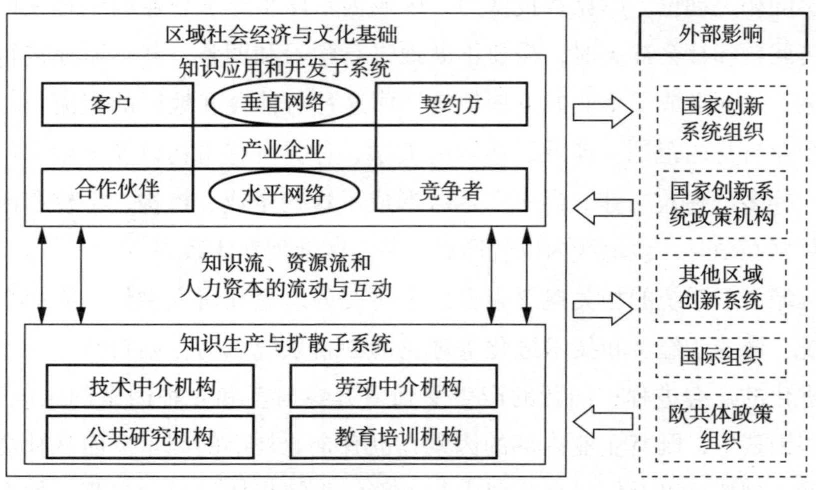

图 2-1　库克区域创新系统的构成

重视系统间的相互作用，关注创新网络的动态性等。虽然从实际上讲，本地区域化的风俗习惯、文化积淀、制度模式、行为规范等历史人文社会因素对区域创新系统也会产生重要影响，但在过去的研究中突出强调这一点的概念为数不多，本地化的历史人文社会因素应该加入区域创新系统，并占有一席之地。

本书总结区域创新系统至少应包括以下六个方面的基本内容：①边界性与开放性并存；②企业、大学和科研院所、政府及中介组织间互动活动，这一活动自发形成却构成创新网络；③因受共同的风俗习惯、文化积淀、制度模式、行为规范等创新环境的影响，导致组成区域创新网络的各个节点可以分享和互换隐性知识，但呈现出明显的地域性特征；④区域创新网络受区域环境和创新网络的共同作用，虽然二者的演化特点不同，但又相互作用，共同实现区域的稳定发展和持续创新；⑤以促进区域范围内创新活动为目的，鼓励区域内的企业充分利用地域范围内的社会资本增强区域竞争力、创新能力；⑥强调制度因素的作用，把制度摆在突出的位置，发挥制度因素对知识形成、利用、扩散的作用。

2.1.2 区域创新系统的构成要素

目前，学术界对于区域创新系统的构成要素并没有达成一致，而且在不同阶段，区域创新的构成要素也不尽相同。在熊彼特时期，企业是区域创新活动的唯一要素；到德鲁克时期，区域创新的构成要素由单一转向多样，其构成要素逐渐从企业的内部走向外部；现在区域创新逐渐由多个组织向整合创新要素发展。[①] 区域创新的构成要素究竟包括哪些？虽然时代不同，构成要素也随之发生改变，但是构成要素所处的时代所表现出来的特点具有一定的共性。区域创新的构成要素应该具有以下特点：拥有区域创新的自主决策权，在一定程度上能够避免外界的干扰进行创新活动；本组织或单位具有创新能力或者创新需求；具备一定的承担创新风险的能力；是创新活动的直接参与者或者受益者，是创新产品的生产者或消费者。

根据上述特征的描述，如果要形容区域创新系统的构成要素，则没有比亨利·埃茨科维兹所提出的“三螺旋（大学—产业—政府）创新模型”理论更为深刻的了。1995 年，埃茨科维兹和雷德斯道夫共同编写了《大学和全球知识经济：政府—产业—大学关系的三螺旋》一书，并于同年在 *EASST Review* 上发表了一篇期刊文章，标志着三螺旋理论的正式诞生。这一理论强调了产业、学术界和政府间的合作，试图揭示和描述各主体在创新系统中的多元互惠关系。[②] 企业、大学和科研院所、政府构成区域创新的主体，各自在整个系统中扮演着不同的角色。企业是技术创新的主体；大学和科研院所是知识创新的主体；政府是区域创新系统的协调机构。除上述三个主体在系统内发挥重要作用外，中介机构这一要素也发挥着不可替代的作用，它是沟通科技创造和科技流动、转换的桥梁和纽带。在中介机构中，技术转移发挥着决定性作用。因此，区域创新系统的构成因素主要包括四个部分：企业、大

① 汤易兵．区域创新视角的我国政府—产业—大学关系研究［D］．杭州：浙江大学，2007，12：13.

② 方卫华．创新研究的三螺旋模型：概念、结构和公共政策含义［J］．辩证法研究，2003（11）：69-78.

学和科研院所、政府、中介机构。①

1. 企业

企业是一个地区经济与科技的结合点，是最基本的社会经济单元，也是区域创新网络中最活跃的节点。② 企业是技术创新的主体，所谓技术创新的主体，既可以作为技术创新投入主体，又可以作为技术创新行为主体和技术创新收益主体，是区域创新的核心，是区域创新活动投资者、组织者和实施者。从本质上讲，技术创新仍然是一种商业活动，最终也是为了经济利益服务，如若背离这一目的，单纯为了创新这一行为而创新，那么区域创新就毫无意义可言，因此它是一项与市场紧密相连的创新行为。企业作为“经济人”追求利润最大化，受技术创新高额利润的诱惑、影响参与技术创新活动。区域创新不可能只处在理论方面，为了避免这个结果，需要完成成果的输送。有些技术创新并不是针对或者为了企业进行的，但这些成果也必须投入到企业中才能实现理论向产品的转化，完成经济发展和技术研发的结合。因此，在创新资源的整合方面，企业作为区域创新的主体要素之一，其比较优势突出，不仅可以将区域内产业发展的潜在竞争力现实化，而且决定着区域创新能力和创新效率。③

2. 大学和科研院所

实践证明，社会经济发展进步离不开教育、大学和科研院所的推动。通过对人类生活方式产生的重大科研成果进行统计发现，一流的大学成果占据70%以上，而且这个比例还有不断上升的趋势。备受社会关注的诺贝尔科学奖获得者中，出身大学和科研院所的同样占据较高比例，同期人次占比 3/4 以上。这是因为，“大学本质上以知识创生和传承为己任，拥有长期积淀的学术传统和学术精神，汇聚大学智慧，具备学问府邸独特的人文历史环境和研

① Enrico Ciciotti. Innovation and Regional Development in a New Perspective：The Challenge for Action in Underdeveloped Regions. Elsevier Science Ltd. , 1998 (3)：133-144.

② 张春霞 . 秦皇岛创新系统主体创新能力评价与分析 [D]. 秦皇岛：燕山大学，2005，6：20.

③ 姬郁林，彭晓菊等 . 大学在区域创新系统中的地位和作用 [J]. 科学学与技术管理，2001 (6)：47-49.

究基础”。[①] 自高校和科研院所产生以来，基础研究和知识创新就是科技进步、经济和社会发展的根本动力。

大学和科研院所在创新活动中的知识中枢和知识工厂的作用具有不可替代性，二者既是区域创新的知识主体，也是新知识生产和新思想传播的重要基地。知识一般包括科学知识与技术知识两个方面，科学知识是在技术知识基础上发展起来的，它在本质上是一种“公共商品”，目的是提升人类本身对整个世界的客观认识。但是由于科学知识转化为经济效益需要很长的过程与时间，因而缺乏立即变现的商业意义，对于科学知识这一生产活动，拥有一定资源实力与能力的一般私营企业的兴趣并不浓厚。因此，在一些实行市场经济的国家，如美国、英国、德国、日本等，科学知识的供给责任主要是由一些公益性的科研院所（如政府实验室、大学等机构）承担。在这些市场经济国家，科学知识研发资金投入由政府负责，科学知识基础和应用研究则由大学和研究机构负责。除此之外，虽然也有部分企业从事科学知识的研究，但是这些企业的目的还是商业利益，只是为了把握目前科学知识的发展动态，以抓住随时可能出现的商业机会，而不是“真心实意”地对科学知识进行生产。[②]

高校和科研院所在区域创新系统中所扮演的人才培养、科研成果转化、文化影响等多种角色，充分体现了高校和科研院所对区域创新系统发展的巨大的支持和带动作用。要建设区域创新系统，并充分发挥其作用，就要合理、高效地利用高校和科研院所的人力、智力资源。高校拥有教学、人才、科研三重身份，凭借显著的研究成果和无限的科研资源，保证了经济发展的人才提供，科技进步的技术支持和区域创新的知识贡献。科研院所的独特性，体现在它既承担基础科学的研究，也实施着新技术、新产品、创新服务活动。在这一系列过程中，无论是新知识传播、新技术研发，还是培养创新人才，都离不开科研院所的参与和推动。[③]

---

① 刘福才．大学智库文化的特质及其培育［J］．教育研究，2019（2）：94-103.

② 宋建元，王德禄．区域创新系统中的政府职能分析［J］．科学学与科学技术管理，2001（11）：51-53.

③ 彭灿．区域创新系统内部知识转移的障碍分析与对策［J］．科学学研究，2003（1）：110-111.

3. 政府

政府是区域创新系统的设计者，是区域社会经济发展目标的规划者，是良好市场经济环境和区域创新环境的管理者，也是整个区域创新系统的中心。[①] 政府机构可以通过各种各样的形式，如制定法律、法规、计划、政策等对创新活动进行引导和干预。调节企业和高校的创新行为，同样需要政府为区域创新营造适宜的创新环境，鼓励校企间构建战略联盟，同时还鼓励企业、学校、科研机构构建产学研合作机构。另外，科学技术的研发和公共教育进行也离不开政府机构的资金支持。虽然国家创新系统中的主体并不是政府机构，但缺少政府机构的参与，区域创新系统将无法正常运转。政府在区域创新中的地位表现如下：（1）为企业、高校提供创新基础设施，在硬环境上进行区域内创新。改善硬环境体现在修筑道路、桥梁，提供适宜的居住生活环境；在资金的支持下，建设公用会议室、公共实验室、公共信息服务机构、公共图书馆等有形设施。创新思想的产生离不开这些创新基础设施。（2）培育创新的文化氛围，确保区域创新能力持续提高。社会文化是某特定社会成员共享并能够相互传递的标准、价值、态度、信仰及习惯行为模式的总和。它直接决定着人们是否有追求创新的热情，人与人之间能否建立起相互信任及相互合作的关系，甚至影响着人们的价值观。美国硅谷作为区域创新成功发展的典型，其所特有的善待失败、鼓励冒险、乐于合作等有利于创新产生的文化环境是其成功的因素之一。所以，地方政府责任重大，要营造相互信任、勇于冒险、团结合作、宽容失败的区域文化。(3) 充分调动区域创新的积极性，不断扫除区域创新的障碍，优化区域制度环境。这里所说的区域制度环境，主要是指区域内的一系列规则，体现在创新活动中，就是制定法律法规政策、提供纲要，完善计划和管理体制、市场机制等。作为管理制度、地方法规的制定者和执行者，地方政府拥有发挥作用的巨大空间。例如，为提高工作效率，科技创新区域可以将工商、税务、财政等方面的机构集中办公、统一管理，简化中间环节，降低区域内新成果产生的成本，使区域永葆

① 陈月梅．论地方政府在构建区域创新系统中的作用［J］．现代管理科学，2003（2）：87-88.

创新活力。①

4. 中介机构

中介机构是区域创新系统中创新资源流通的通道，它在知识生产者与使用者之间架起沟通的桥梁，为企业、社会提供各类服务，也使科研成果走向市场。② 创新所涉及的人才、信息、技术的转化，人才市场、信息技术平台的搭建都要介入创新系统中，随着创新系统的专业化发展，创新的原动力资金也会有专门的机构负责，确保各个部门权责明确、互相监督、客观独立、公平公正运作。衡量中介机构在区域创新中的作用主要通过两条途径来实现：一是输送人才、信息、技术的速度；二是中介机构本身在区域创新系统中的经济性。

科技中介机构是中介机构的重要组成部分，对区域创新系统运作发挥着举足轻重的作用，属于知识密集型服务业。目前，我国科技中介机构主要以科技咨询、评估机构、技术交易机制、投资服务机构等形式存在，这些机构都是以专业知识、专业人才、专业技能为背景，与区域创新系统的主体要素有着紧密联系，在提高资源运作效率、降低创新风险、加速科研成果转化、规范市场秩序等方面发挥着不可替代的作用。

2.1.3 区域创新系统中各组成要素之间的关系

高校、企业、政府是区域创新的三个主体。高校是知识的生产者和传播者，在很大程度上决定着创新的广度和深度。政府是区域创新过程的服务者和监督者，保证创新过程的顺利进行和创新质量。企业是创新成果的应用者和转移者，是创新环节的最后一环，保障产品的产业化和市场化。③ 三个主体之间分工明确，但是也存在相互制约与合作，单主体的发挥都不会引导区域创新步入合理轨道。

---

① 宋建元，王德禄．区域创新系统中的政府职能分析［J］．科学学与科学技术管理，2001（11）：51-53.

② 张春霞．秦皇岛创新系统主体创新能力评价与分析［D］．秦皇岛：燕山大学，2005，6：21.

③ 高月姣，吴和成．创新主体及交互作用对区域创新效率影响的实证研究［J］．软科学，2015（12）：45-48.

1. 政府与高校之间的相互制衡

有学者认为，地方高校和政府之间是一定社会活动下权利和义务的关系，政府与地方高校之间存在着“强依附”关系，包括政治关系、经济关系、法律关系等。长期以来，我国的高校都处于政府的附属地位，政府是高校的举办者和管理者。[①] 政府与地方高校共同作用于区域创新系统，是这种“强依附”关系的一种表现形式。高校与政府的关系主要体现在三个方面：“高校失灵”、财政支持、宏观管理。

改革开放以来，随着高等教育改革与发展，高校无论从规模还是质量上都有了明显的飞跃。1993 年，中国面临计划经济向市场经济的转型，在教育领域由精英化开始走向大众化，地方高校的数量不断增加，地方高校多样化和层次化的特征愈加明显。在知识经济时代，地方高校的影响力遍及社会的各个领域，地方高校自身的发展与区域创新系统的良性互动并不是永远存在的。市场经济下，市场很容易产生自发性、盲目性、滞后性的弊端，这些是市场自身存在的缺陷，需要政府的宏观调控政策进行预防和改良。在教育界也会出现“高校失灵”的现象。地方高校与企业一样，都是资源的消耗者，高校与企业不可避免地存在资源的“争夺”，包括土地资源、人才以及政策扶持等。此外，地方高校作为社会上区域创新的主体，高校的科研人员应秉承科学研究、服务社会的精神，坚持公平、公正的态度，不应该过于“功利化”，更不能剽窃他人的研究成果。社会上不断发生关于地方高校“市场化”问题的争议，使政府从未弱化对地方高校的监督与制约。

政府是地方高校的主要出资者，高校的快速发展加重了政府的财政负担。高校参与区域创新离不开资金支持，近几年，地方高校的融资渠道虽有所扩大，包括校友捐赠和社会捐赠等，但是数额毕竟有限，政府仍然是地方高校资金的主要来源。高校不断地扩建和扩招，发展速度日新月异，虽然我国对教育的投入逐年增加，但是国家对教育的投入远远不能满足教育发展的需求，2011 年中国财政教育支出占 GDP 的 3. 9%，比 2003 年世界财政教育支出占 GDP 的 4. 9%

---

① 朱向群. 推进地方高校服务地方经济社会发展的对策研究［D］. 湘潭：湘潭大学，2008，11：20.

还低1个百分点。普通高校、中西部地区高校的发展远远落后于重点高校、东部地区高校，这与政府对重点高校、东部地区高校财政支持高于对普通高校、中西部地区高校不无关系，这都充分说明教育的发展程度受政府财政支持力度的影响。高校作为研究机构、区域创新的主体，研究创新是一个长期过程，投资回报较慢，高校的特性决定了其在融资方面的短板，高校融资渠道的单一大大加强了政府财政的负担。高校参与区域创新缺乏资金，一方面，教育的发展程度受财政扶持力度的影响；另一方面，高校的融资渠道单一加重政府的财政负担。“两难”问题使政府与高校密切地结合在一起。

高校的发展离不开政府的宏观管理。高校属于准公共产品，在本质上服务于社会，和企业一样有着自己的独特使命和运行规律，而人们对这一公共事业的关注度、敏感度及期望值都空前高涨。作为公共事业的重要组成部分，政府理应成为高校的管理者。政府主要通过规划、立法、资源配置、成果分配等手段从宏观上把握高校的发展脉络，同时也要确保管理过程的公开、公正、透明、有效。立法方面，一个国家、一个区域的竞争力、创新能力都已经和高校有着千丝万缕的联系。高校已经成为科技创新、人才资源强国的轴心，是区域创新的主体，高校的运行不能处于无政府状态。政府设立各项法规来确保各大高校的行为合乎法律规范，通过法律的约束力防范高校之间的无序竞争。在区域创新过程中，政府的监管可以最大限度地避免高校和企业宏观架构的重叠、紊乱。在资源配置方面，大学参与区域创新需要资源维持，当一个富裕的国家、社会、区域能够提供源源不断的支持时，高校在精神方面才会富裕。政府对高校的财政拨款只是资源配置的一个表现，政府在资源方面的作用还表现在高校教育资源区域配置。政府通过对区域间的高校资源（包括师资、信息、教学设施等）进行组合和分配，壮大高校的师资队伍，提高科研水平、优化区域创新系统。在区域创新过程中，政府对高校的资源配置并不是强制性的，当高校追求科学、创新研究时，只有周围的力量相对“疲软”时，才能达到一定的高度。伯顿·R. 克拉克在研究高校系统时得出了一个结论：当大学最自由时它最缺乏资源，当它拥有最多资源时它则最不自由。[①] 高校的自由度权衡离不开政府。成果分配方面，高校作为创新产品的生产者，并不是使用者，创新成果完成后，要完成由成果生产者到消费者的转换，不能仅仅依靠企业的主动吸收，还要运用政府的宣传与分配，把研究成果推向市场，才能实现整个创新过程的价值。随着知识经济时代的到来，知识产权引起人们广泛的关注与重视。高校作为区域创新的主体之一，其完成的创新成果需要得到保护，知识产权的保护可以增强研究人员的创新积极性，激发研究人员的创造力。

2. 高校与企业之间的相互制衡

在知识经济时代，教育逐步走向市场化，企业型大学也纷纷成立区域创新系统。高校与企业是必不可少的两个组成部分，企业受人力资本观念和学习型社会的影响，高校受资源、市场方面的限制和务实战略的影响。高校与企业合作的深度和广度不断扩展，合作表现在多个方面，包括人才、资金、市场、意识形态等。高校拥有丰富的研究资源，大学不仅可以通过教学将知识传授给学生，也可以基于教授及研究人员对于知识的积累和创新，创造出更有价值的知识和信息，服务于产业和经济发展。[②] 高校与企业应该在政府的牵头下建立校企合作平台，更好地发挥各自在区域创新系统中的作用。

大学“不但肩负知识生产的责任，而且承担着培养生产知识、创新应用知识的人才的责任”。[③] 校企合作有利于优化人才配置。一方面，企业的发展靠人才，企业只有源源不断从社会上吸收高质量的人才，才能为提升竞争力提供不竭的动力。由于企业大学的建立刚刚起步，而且建设企业大学是一项长期工程，所以不能解决企业人才缺乏的难题。另一方面，人才的培养靠教育，高校每年都培养大量的人才走向社会，由于高校教育与社会需求之间脱节，人才之间的平衡被破坏。人才的结构性失衡导致企业无处用人、高校人才无处用。完成校企之间人才的调配是双赢结果。校企合作，企业能够为高校的人员提供研究场

---

① 伯顿·克拉克著．高等教育系统：学术组织的跨国研究［M］．王承绪，徐辉等译．杭州：杭州大学出版社，1994，4.

② 汤易兵．区域创新视角的我国政府—产业—大学关系研究［D］．杭州：浙江大学，2007，12：38.

③ 刘福才．大学智库文化的特质及其培育［J］．教育研究，2019（2）：94-103.

所，为高水平科研成果的产生提供肥沃的土壤；高校可以解决毕业生就业问题，通过与企业签订一系列的合同，保障人才的去向稳定。在创新过程中，通过校企合作平台，高校研究人员切实感受企业的文化氛围、竞争意识、市场运行等环境，更好地发挥高校在区域创新中的主体作用。

企业为高校创新研究提供资金支持，高校扩展融资渠道。高校作为非营利单位，着眼于科学研究和服务社会，拥有丰富的研究人员和较强的科研能力。一直以来，高校的创新研究资金来源于财政拨款，但是财政拨款一方面加重政府负担，另一方面也不能满足高校的融资需求。企业相对于高校资金充裕，在吸引高校人才的同时，也能为高校的创新研究提供资金支持。在区域创新系统中，建立校企合作平台，企业可以为政府减轻财政负担，政府也可以为企业提供政策优惠。创新的最终目的是提高社会竞争力，获得更多的经济效益，只不过是作为非营利机构的高校通过企业间接实现的，企业在高校区域创新上的资金支持是一种投资，带来的不仅仅是经济效益，社会效益也随之而来。企业对高校的资金支持不仅是必要的，而且是双赢的。

企业为高校提供市场渠道，创新市场化。高校研究人员的创新成果不能为社会所应用、吸收，不仅仅是创新成果的浪费，而且会打击科研工作者的创新积极性，弱化参与区域创新的能动性。区域创新系统中，校企合作研究平台的建立让高校不再为自己的“产品交易”担忧，企业理应负担起产品市场化的责任。这里的市场化并不是指高校拿自己的产品到市场营利，而是指高校借助企业，能够使自己的创新成果面向市场，高校的研究人员获得工资报酬，营利的是企业，不改变事业单位服务社会这一本质。高校是个特别的主体单位，相对来说是“经济封闭、思想开放”，它不能够直接去推销自己的产品，需要选择与外部合作的方式去创新，若不能寻求外来对象，区域创新就成了一潭死水，校企平台为高校的“走出去”战略提供了良好的契机。① 创新有了市场，企业能够在市场上占据主动地位，引导社会经济发展的潮流，避免被淘汰的厄运；创新得到社会的认可，高校的竞争力增强，科研人员的福利和工资水平提高，产生激励效应，创新主动性提高。创新市场化带来了区域创新系统的良性循环和

① 徐敬伟．基于三螺旋理论的江西高校创业教育研究［D］．南昌：江西财经大学，2018，6：33-34.

更新换代，企业和高校的合作是区域创新取得成功的重要一环。

深化意识形态层面的交流。在高校与企业的互相制衡关系中，最潜在、影响最深远的是思想意识。不同于资金、市场，思想意识的转变是一个潜移默化的过程。高校虽有自己的独特之处，但是在中国摆脱不了一般事业单位稳定、缺乏竞争、缺乏效益观念的特点；企业最明显的特点就是营利和忧患意识。企业的营利与忧患意识来源于对未来的敏感，社会上任何的波动或多或少都会对企业的经济效益产生影响，经济危机的来临可能致使企业破产，企业的营利与忧患意识是其生存之道。高校教职工及科研人员工资、福利与政府财政相联系，会导致高校较弱的忧患意识或者不会存在忧患思想。高校聚集了社会上大量的精英和高水平的科研人员，他们以理论研究和实验研究为主，负责向社会输送高层次人才。企业的发展离不开创新，创新需要研究水平较高的人才，企业人员研究钻研能力薄弱，缺乏人才的企业很难完成自主创新。因为事业单位稳定和人员学历水平较高的关系，高校科研工作者以追求最高研究水平为理想，把自己的精力用于实验研究。企业人员一方面受学术水平和科研能力的限制，另一方面忙于经营生产，无暇顾及科研能力的提升。在区域创新系统中，高校与企业的合作可以产生双向的意识交流：高校学习企业的竞争忧患意识，在高校之中形成科研竞争；企业学习高校的科学研究能力，进而把能力内化，夯实企业的文化基础，创新能力永不衰竭。区域创新缺乏企业与高校的合作，会产生“马太效应”，大大加强双方为生存而产生的对外界的依赖性，影响双方的可持续发展。

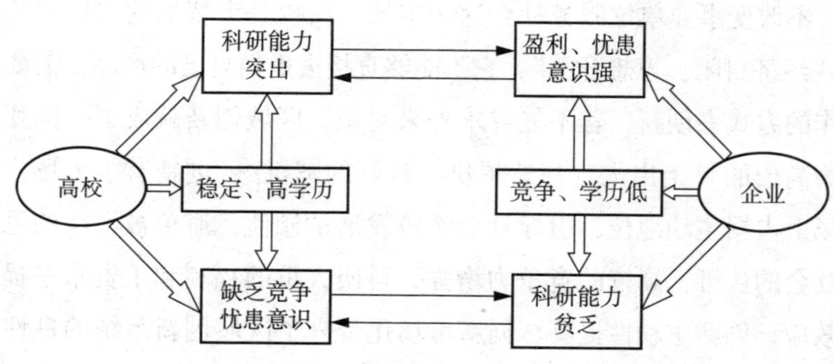

图 2-2　高校与企业意识形态交流

3. 企业与政府之间相互制衡

大量的文献研究和经验已经证明，企业在缺乏政府监管的情况下是不能良性运行的，而且企业对经济效益的盲目追求会损害社会效益，很难担负起社会责任的重担。在缺乏政府政策支持的情况下，企业很难与国外企业竞争。而政府的财政税收更多的是源于企业，如果缺少企业提供的税收资金，政府就无法有序运行，政府的各项工作效果也会大打折扣。政府与企业之间的制衡关系主要体现在社会责任、财政税收、政策和基础设施建设等方面。在区域创新系统中，高校、政府与企业应相互协调，以推动知识的生产、转化、应用。没有政府与企业之间的相互协调，仅仅依靠政府与高校、高校与企业之间的合作，区域创新仍然是个难题。①

政府推动企业履行社会责任的自觉性。在企业创新活动中，有些研究成果有时会带有一定的负面影响，如环境污染、生态破坏、能源枯竭、伦理道德等一系列问题。这些都是企业释放自己负外部责任的表现，违背了创新应服务于社会的初衷。企业需要担负起社会责任。但是企业的存在主要是为了追求更高的经济利益、保护股东的合法权益，甚至把生产成本转移给社会承担，它们维护股东和自己利益的行为未必会有益于社会，企业的逐利行为会引发一系列社会问题。寄希望于企业自觉履行社会责任，从理论上讲不具备可能性，社会舆论的监督对企业行为虽有一定的约束力，但是社会舆论压力无法取代政府的强制力。中国是“大政府、小社会”的国家，中国的非政府组织对于经济发展的力量根本不能与政府相比，政府的约束力往往比社会舆论更有成效，因此，企业不得不重视处理自身与政府的关系。若想使区域创新沿着社会公众所期望的路线发展，维持社会公平，就需要政府约束企业的行为，强化企业的责任意识。

企业是政府税收的主要来源，政府政策惠于企业。企业参与区域创新的深度与广度反映着区域经济增长的潜力和企业发展的能力。创新活动可以提高企业的竞争力，增加其经济收益，进而有利于政府税收，并且在一定区域

---

① 张水玲，杨同毅，王仁高，韩强．高校服务地方存在的问题与对策——以山东省高校为例［J］．中国高校科技，2017（12）：66-69.

内具有溢出效应。政府的活动经费主要来源于税收，税收的主要来源是企业。企业参与区域创新需要政府的扶持，需要政府来共同承担创新带来的风险。对于参与区域创新的企业，政府可以通过税收政策来完成税收与政策之间的转换，使社会上的人才在择业时更倾向于技术研发产业，从而为企业技术创新储备人才。政府减免税收，降低企业创新研发的边际成本，把更多的资金注入创新研究中，减少政府对创新的财政拨款。创新虽然有滞后性的特点，但创新本身也具备正外部效应和溢出效应，获得溢出效应的企业缴纳更多的税收，税收通过另一种形式返还于企业。以政策作为后盾，可以优化创新制度环境，完成企业在创新过程中从“被动性”地位向“主动性”地位的转换。政府的税收政策是政府作用于企业创新的政策之一，政府利用手中的权力，可以完成高层次人才由高校到企业的输送。区域创新最基本的环节就是技术研发，而高校科研人员掌握创新的核心技术，高校与企业间的人才交流与合作会使企业的创新水平完成质的飞跃，也降低了企业的创新风险系数。企业与高校创新的合作平台需要政府进行牵头，在确保社会认同度的同时，保障其安全运转。现有研究表明，资源的集聚会使区域内部的各成员之间形成一种竞争和合作的关系，成员间的知识共享、技术转移和协同合作可以有效地减少区域内的创新成本，提高创新效率，进而促进地区经济的增长。① 创新是一个国家的灵魂，区域创新系统是国家创新系统的一部分。为了响应国家创新的号召，企业要积极参与区域创新系统的建设，在提高自身竞争力的同时，也提高国家综合竞争力和国际地位。政府与企业在税收与政策方面相互制衡，这种权利与义务的制衡，也为权利与义务的转换提供了契机，区域创新离不开政府与企业的相互贯通与合作。

政府为企业提供基础设施并对创新过程进行监管。基础设施在一个国家或区域的经济发展中占据重要地位，基础设施包含的范围非常广泛，包括电力、运输、通信、供水、教育、卫生等设施，这些都是一个城市赖以生存和发展的基础。企业有一定的能力自己建立部分基础设施，但不能广泛应用于

① 周元元，冯南平．创新要素集聚对于区域自主创新能力的影响——基于中国各省市面板数据的实证研究［J］．合肥工业大学学报（社会科学版），2015（3）：57-64.

社会，这是因为企业追求经济利益最大化目标与基础设施服务社会的公益性相悖，企业的基础设施要市场化供给。在区域创新过程中，政府在土地、水电、交通等方面的作用是社会上其他机构不能代替的。为保证创新成果高质量地完成，就需要对创新资源的投入和创新成果的运行进行监督和管理，普通社会大众缺乏相关资源，很难参与到创新过程中，对整个创新过程的监管存在难以克服的障碍。创新是一个耗时、耗力的项目，创新成果追求利润无可非议，但并不意味着企业在定价上的任意性。技术和人才是创新所需要的最大资源，政府在保障质量的同时，要坚持"授之以渔"原则，让企业学习创新精髓，也要兼顾保障创新的效率。在成果定价上，要考虑公众的承受能力，把创新的成果用之于民，没有政府监管企业在创新过程中的行为，创新可能就会走向极端。

2.1.4 区域创新系统的环境分析

区域创新是在一定环境下进行的，根据对创新的影响程度，可以将区域创新系统的环境分为内环境和外环境。内环境无所不在，直接影响着区域创新系统，是实现创新的基础；而外环境则是创新系统所处的政治、经济、文化、资源等大环境，对创新系统起到了间接的影响作用。① 由于外环境相对稳定，且影响较小，本书着重对创新区域系统的内环境进行分析。内环境可以细分为政策、市场、中介和社会环境。其中，政策环境是创新的助推器；市场环境是创新的平台；中介环境是创新实现的桥梁；社会环境是创新的保障。

1. 创新系统的政策环境

创新政策是国家为提升或改变创新速度、方向、规模等所采取的政策的总称。不同于一般的科学政策和产业政策，技术创新政策旨在促进科技成果的应用。政府的创新政策要从创新的源头和创新的扩散两方面入手，既要鼓励源头创新，又要鼓励创新成果的采用。② 例如，利用知识产权保护政策，保护创新源头的收益和利益动机；促进产学研结合，实现成果的扩散；通过财

① 陈黎．区域创新能力的形成与提升机理研究［D］．武汉：华中科技大学，2011，10：28.

② 同上．

政和税收政策，鼓励技术创新产业的发展等。

2. 创新系统的市场环境

区域创新系统的市场环境是指影响和制约创新的各类市场要素，主要包括市场需求、市场结构、市场竞争和社会需求。市场需求即消费者的消费喜好与能力，这直接影响着创新成果的应用。不被消费者和市场认可的创新，无法实现其经济价值。同时，消费者的喜好也引领了创新的方向，提供着持续创新的动力。市场结构也就是市场的类型，分为竞争型市场和垄断型市场。经济学家卡曼认为，在完全竞争型的市场环境下，企业规模小、资金不足；而完全垄断的市场环境又缺乏创新的动力。因此，垄断与竞争相结合的市场环境最适宜创新。市场竞争是影响创新的直接推动力，生产者为了节约成本，必须进行创新，提高生产要素的利用率或寻找替代品。例如，在传统能源短缺的情况下，寻找替代能源，提高能源效率迫在眉睫，新型能源的技术创新就成了研究的热点，创新成果不断涌现。社会需求是社会经济发展水平、人民生活水平、教育、环保水平等整体的社会相关需求，这是创新的背景和基础。

3. 创新系统的中介环境

由于创新的供需双方存在信息不对称的问题，因此需要中介机构作为连接创新的源头和应用的桥梁。创新的中介既包括交易所、产权交易中心等市场中介，也包括平衡冲突，弥补市场不足的第三方组织，如行业协会、学会、企业家联合会等组织。这些中介旨在推动技术的开发、转移，在创新供需双方间起到传递、沟通的纽带作用。中介既熟悉大学、科研机构等创新主体，又了解企业和产业的需求，因此可以提供各种服务促进双方的交易和沟通，形成创新单元和集群，为创新系统提供渠道。

4. 创新系统的社会环境

创新所需的资源来自社会，创新过程存在于整个社会系统之中，创新的成果又回归于社会环境，因此创新系统必然会受到社会环境的影响与制约。例如，社会对于环保的要求越来越高，直接影响了绿色产业的兴起与发展，进而影响着新能源、新技术等创新成果的产生和应用。在各类社会影响因素中，资金支持、人才支持、社会文化等因素影响较大。资金投入是创新成功的前提条件，它左右了技术创新的节奏。创新的复杂性与不确定性使得创新过程面临着较大的技术风险和市场风险。因此，风险投资是创新的主要资金来源，为区域创新系统提供了资金保障。创新活动需要靠人才实现，因此，区域创新离不开人才的支持。创新所需的人才主要有三类：一是创新型技术人才，从事技术和产品研发、产品实现、市场开拓等工作；二是创新型企业家，他们是创新的引领者，通过创新相关的决策促进企业创新和成果的引入；三是风险投资者，他们善于发现价值，利用其敏锐的洞察力把握产业未来发展趋势，为创新提供资金支持。最后，社会文化是创新的核心优势，缺乏创新文化的创新体系就缺少了核心竞争力和协调能力。鼓励创新的价值观、促进创新的文化氛围，不畏困难、乐于合作的文化性格等都是创新得以实现的精神支撑和动力。

通过对创新系统的环境进行分析可以发现，实现区域创新离不开各类环境的支持。高校属于区域创新系统的重要组成部分，其发展以及服务地方社会经济的职能既受到环境因素的影响，又可以通过提高人才支持、提供先进技术、弘扬创新精神等方式反作用于区域创新的环境。

2.2 区域创新系统理论与本书的关系

2.2.1 地方本科院校在区域创新系统中的定位与作用

地方本科院校的教育资源较重点高校而言相对贫乏，如教师资源缺乏、教学设备资源及其实验设备简陋等，资源的贫乏加上办学实力较弱使得地方高校在服务地方的能力和作用上明显弱于重点部属高校。但是考虑到重点高校的稀缺性，其服务地方的范围就具有局限性。尤其是在地级及以下的城市，重点高校的数量就更少，因此服务地方经济发展的科研机构主要是当地的地方高校。这类高校更了解当地发展的实际情况，在与当地企业进行对接和合作时更具有便利性，逐渐成为科技创新以及服务地方经济发展的主力军。因此，在服务地方社会和经济发展时，重点高校既不能抹杀也不能代替地方本科院校的独特优势，在某种程度上，地方高校的存在更适应，也更能满足区域经济发展的需求。①

无论地方本科院校与重点高校有多大的差距，在各自的区域创新系统中，两者所处地位都是相同的，但他们的创新系统层次却截然不同。地方本科院校在区域创新系统中是知识的生产者和思想的传播者。无论是在我国高等教育体系中，还是在地区的政治、经济、文化发展中，地方高校都有着不可替代的特殊地位和作用。② 与其他高校一样，地方本科院校摆在首位的任务是培养人才。人才的培养离不开知识的传播，高校为了提高毕业生的质量，加强毕业生服务社会的能力，与企业进行针对毕业生的“订单式”培养。另外，地方高校还要承担思想传承、咨询管理、技术服务等方面的职能，因此，地方高校不断提高自己的科研水平，建立新的研究理论体系，提出新思想方法和技术体系，是为服务地方做好充分准备。地方本科院校在区域创新系统中的作用从以下几个方面体现出来：

1. 地方本科院校为区域创新系统提供源源不断的人才支持

区域创新系统中企业居于核心地位，但是，区域创新本质上是人的活动，区域创新系统要坚持以人为本，充分发挥参与人员的主动性。人才是影响区域创新至关重要的因素，谁拥有人才，谁就能掌握区域创新活动的主动权。地方高校的使命是人才培养，具体来说是专业化适用型人才的培养。地方高校社会服务职能的充分发挥主要依赖于教学和科研活动，通过教学来传授和传播知识，通过科学研究来创新和发展知识，从而为社会培养高素质人才，研究先进的科学技术。③ 人是一种载体，让其携带知识与技术的过程是在地方高校实现的，人才培养是地方高校参与区域创新系统所发挥的第一大作用。

---

① 尹文博，于红波，司现鹏．山东省地方高校区域服务问题与对策［J］．山东高等教育，2014（5）：26-29.

② 左铁镛．地方大学仍存在较大发展潜力和空间［N］．中国教育报，2008-10-20.

③ 朱向群．推进地方高校服务地方经济社会发展的对策研究［D］．湘潭：湘潭大学，2008，11：25.

2. 地方本科院校的知识生产为区域创新系统提供创新储备

这一作用是在人的基础上产生的，知识是产品，但又是脱离企业产品的存在，具有无形性的特点。另外，知识产品的携带方式区别于商业产品，它是通过人的内在携带实现的，人才引进不仅可以使企业的知识存量得到增加，还能使企业动态应用知识的能力得到增强。目前经济部门呈现出一种倾向，知识密集度越高越发达。对于企业而言，知识密集程度越高，其创新能力就越强。值得注意的是，知识密集所带来的创新并不是通过生产线完成的，而是有赖于员工所拥有的知识，这种依赖可以把企业或员工的知识转换为创新过程，而不是流程创新。因此，地方本科院校应该更加全面地认识进行科研体系建设的必要性和重要性，明确其应用科技研究与推广的科研角色和定位，为区域创新系统提供创新方面的储备。①

3. 地方本科院校在区域创新系统中发挥科研成果转化与技术传播作用

科研成果转化与技术传播不同于知识生产，它的发生更多的是因为企业为追求短期的利益而无暇进行技术研发或者因为设备落后有心而无力完成。科研成果转化、技术传播是通过改善生产线来影响企业创新行为，这种带来生产效率提高的创新行为称为流程创新。有些企业不善于自己创新，而是偏向于从其他单位引进技术。地方本科院校科研实力和技术创新作用的发挥缩短了区域创新的周期，为企业和地区追求更高的经济效益提供了可能。

4. 地方本科院校在区域创新系统中发挥咨询服务的作用

这项作用针对的主体主要是政府或者社会事业单位，地方高校充当着政府各种决策规划的智囊团角色。最近几年，地方本科院校参与政府的课题研究工作越来越频繁，这是政府集智的一种方式。2015 年 1 月 20 日，中共中央办公厅、国务院办公厅印发的《关于加强中国特色新型智库建设的意见》中指出，要坚持围绕大局，服务中心工作，“紧紧围绕党和政府决策急需的重大课题，围绕全面建成小康社会、全面深化改革、全面推进依法治国的重大任务，开展前瞻性、针对性、储备性政策研究，提出专业化、建设性、切实管

---

① 王景瑞．地方本科高校转型发展路径研究——基于德国应用技术大学建设经验［D］．秦皇岛：河北科技师范学院，2017，6：50.

用的政策建议，着力提高综合研判和战略谋划能力”①。意见中还特别提到，要推动高校智库发展和完善。发挥高校学科齐全、人才密集和对外交流广泛的优势，深入实施中国特色新型“高校智库建设”推进计划，推动高校智力服务能力整体提升。深化高校智库的管理体制改革，创新组织形式，整合优质资源，着力打造一批党和政府信得过、用得上的新型智库，建设一批社会科学专题数据库和实验室、软科学研究基地。学者刘福才在文章中指出，大学智库不能被动适应社会需求，而应该更主动地研判乃至引导社会需求，在与政府、社会、市场交互联系中，充分利用其学术资源优势，围绕国家和社会发展面临的重大问题，以最有效的方式联合各种行动力量协同共治。② 高校的知名专家已经在政府部门担当咨询顾问，政府只是地方高校提供咨询的一部分，企业同样需要地方高校的管理服务，许多高新技术企业员工都是科技人员出身，对于科技方面有较强的研究能力，一个企业的兴衰并不是完全败于企业创新，也会败于管理不善，因此也更加需要高校提供的咨询和管理服务。

在宏观环境上，地方本科院校为区域创新系统提供了良好的创新环境。校企合作平台在区域范围内普遍建立起来，产学研合作基地、科研院所大都挂靠地方高校。一方面是由于产学研基地、科研院所所需的人才在高校，避免合作过程的人员高流动性；另一方面是由于高校有产学研基地、科研院所所需的安静、舒适的环境，良好的环境为区域创新系统的流畅运转提供了环境保障。

2.2.2 区域创新系统理论作为研究基础的意义

本书将区域创新系统作为研究基础，主要考虑的是过去对于区域创新理论研究的不足，正是由于已有相关研究的不足，才恰恰体现出本书选择区域创新系统理论的意义。

---

① 中共中央办公厅、国务院办公厅印发《关于加强中国特色新型智库建设的意见》[EB/OL]. 中央政府门户网站 http://www.gov.cn/xinwen/2015-01/20/content_2807126.htm

② 刘福才．大学智库文化的特质及其培育［J］. 教育研究，2019（2）：94-103.

1. 有助于推动区域创新系统中技术创新的完善和发展

区域创新系统是一个由多种要素、多种相关关系组成的层次复杂的系统。对区域创新系统理论的研究，过去大多是集中在国家创新系统和区域创新系统之中，近两年开始不断地拓展区域创新系统的研究素材以及研究领域。随着知识经济的时代的到来，在区域内的科研院所与大学成为主要知识资产，具有了更高的价值。① 在成熟的创新区域内，科研院所与大学通过其组织结构最下层的研究中心、科研小组以及个人等建立起与市场经济活动良好的接口，在区域内发挥了强大的技术创新辐射作用。

2. 有助于更好地说明区域创新主体之间的相互关系

关于区域创新主体构成要素目前已基本达成共识，关于创新主体各构成要素相互关系的复杂性、各主体要素间的互动对于区域创新系统的重要性也已有基本的认识，但是对于区域创新系统中各创新主体主导地位的演化以及创新主体各个构成要素发生作用的机理等方面的研究较少；尤其是缺少关于地方本科院校服务于区域创新的深入研究，以及地方本科院校与其他创新主体之间的匹配关系的研究。地方本科院校作为区域创新的重要主体，既要充分地融入整个区域创新系统之中，与企业、政府、社会团体等其他区域创新主体进行全方位的合作与互动；又要保持自己的独立性，发挥好自身的特色和优势。利用区域创新系统理论研究地方本科院校的社会服务和地方服务，有利于明确地方高校的角色定位，也有利于深入探讨区域创新系统中各主体之间的相互关系。

3. 有利于加强区域创新系统理论对实践的指导性

自从库克对区域创新系统的概念进行系统阐述后，各种理论研究成果如雨后春笋般层出不穷，可谓“百家争鸣”。其实，单个学者的研究成果看起来条理清晰、内涵丰富，但如果将不同研究成果进行比较，在研究区域创新系统时他们所涉及的理论视角、框架结构、研究方法与思路、实证方法都缺乏有效统一的范式，这样的不同所导致的对区域创新系统的定义繁多，我们也

---

① 汤易兵．区域创新视角的我国政府—产业—大学关系研究［D］．杭州：浙江大学，2007，12：14.

就不会感觉奇怪。① 对于区域创新系统认识、理解不统一，给区域创新系统的构建实践带来诸多困惑，从更深层次来说，反映出区域创新系统研究仍处于摸索阶段，要想走向成熟，亟须整合现有成果，在此基础上形成面向学术界普遍认可以及可操作性较强的研究成果。

4. 有利于区域创新系统理论的实证研究突破宏观科技创新领域

目前国内实证研究大多是寻求这样一条研究路径：结合实际进行工作性质的描述，整体上集中于宏观层面，而没有具体到某个行业或者产品的微观科技创新情况层面构成。例如，区域地方政府科技创新体系的实证研究，或者对区域某一行业的区域科技创新体系建设的探讨。地方本科院校服务地方的研究无论从广度还是深度上，诸多实际问题还有待解决，对于指导区域创新系统各创新主体要素的创新行为而言，地方本科院校的实证研究更有利于突破宏观领域的范畴，带来微观科技领域的创新。

2.3 区域创新系统理论作为研究基础的价值

将区域创新系统作为研究基础，就是将地方高校服务地方的研究在区域创新系统这一框架下进行，将“地方”作为一个“区域创新系统”来看待，考察高校服务地方的效果是通过考察区域创新系统的绩效来评判。因此，研究区域创新系统的内涵与价值就是为了更好地将其作为理论基础服务的。

2.3.1 区域创新系统的绩效研究

目前，国内学者在区域创新系统的研究过程中，对区域创新系统绩效的概念代表性的观点主要有以下几种：（1）管建成等学者认为区域创新系统就是一个创新投入与产出系统，考核区域创新系统的绩效方法就是比较区域创新系统要素之间相互作用的程度，也就是区域创新系统中投入转化为产出的

① 林迎星．中国区域创新系统研究综述［J］．科技管理研究，2002（5）：1-4.

效率，即投入产出比；[①]（2）池仁勇等学者认为区域创新的效率主要以区域技术创新的效率为主，一个地区一定量因素的投入，所能够带来的产出与技术前沿之间的距离，距离越远说明区域技术创新的效率低下，绩效较差；[②]（3）唐厚兴等学者认为区域创新系统的效率就是区域创新的成果产出所取得的成绩与创新的效率；[③]（4）学者杨志江将区域创新系统的效率划分为两部分解释：一层含义是指科技投入与科技产出的比例，即科技资源对于科技成果的转化程度；另一层含义是突破科技成果本身，上升到社会层面，考察科技创新的成果对于整个社会经济发展的贡献程度。[④] 由于区域创新绩效概念的描述不同，不同的学者提出不同的计算区域创新绩效的公式，但是这些公式都不会偏离区域创新的本质内涵，最终仍是一种比例关系，我们可以将区域创新系统绩效的内涵概括为：区域创新系统中资源投入与成果产出之间的比例关系，其中资源包括人力、财力、物力，科技资源所占比例要相对高于其他资源所占的比例，产出可以是产品产出或最终的经济效益。区域创新系统绩效的提高主要来自两个方面：一方面是资源的节约；另一方面是效益的增加。

在国外，区域创新绩效评价指标体系最早是在美国被运用。关于区域创新收集和解释创新数据的指导原则是由经济合作与发展组织（OECD）提出的；在欧盟，区域创新绩效评价主要是从科技投入、科技绩效两方面的创新能力进行评价，另外，这个指标体系着重突出人力资源在区域创新中的作用。换句话说，在区域创新中人才应该放在非常重要的位置。在国内，众多学者主要通过生产函数法、因子分析法、数据包络法（DEA）创建指标评价体系进行定量分析。例如，在测算区域的科技创新能力时，学者孟玉明是通过模糊数学理论构建指标体系；王海盛、郑立群以上海市为例运用生产函数对区域创新系统的绩效进行测度；李宗璋、吴显英对我国区域技术创新能力进行

① 管建成，刘顺忠．区域创新系统测度的研究框架和内容［J］．中国科技论坛，2003（2）：24-26.

② 池仁勇，虞晓芬，李正卫．我国东西部地区技术创新效率差异及其原因分析［J］．中国软科学，2004（8）：128-131.

③ 唐厚兴．区域创新系统创新绩效分析与评价［D］．南昌：江西财经大学，2006：13-15.

④ 程占永．区域创新绩效的地区差异及影响因素分析［D］．长沙：湖南大学，2012，6.

了定量分析与评价时采用的方法为因子分析方法；刘顺忠、官建学则是借助DEA法对区域的创新绩效进行评价。①

总体来讲，国内外学者更倾向于运用线性技术对目标对象进行静态为主的分析，各种方法比较起来各有千秋，也有学者将视角落在系统复杂性上，立志理清区域创新系统运作机理。对于区域创新绩效评级的研究是伴随着区域创新这一概念产生的，区域创新理论必须转化为现实生产力所能应用的工具，绩效评价能够把个人或者某个区域抽象化的概念、思想数字化，使不同区域的指标经过科学化处理后可以相互对比，最终实现为区域经济发展服务的目的。关于区域创新绩效评价的评价方法，我们可以预测它会随着人们对这一概念的理解不断地科学化、动态化、专业化。

区域创新绩效的理解角度存在差异性，导致不同学者对于创新绩效的评价方法也不完全一致，在构建的区域创新绩效评价体系方面存在差异，在投入、产出指标的选择上所考虑的着重点也有所不同。尽管如此，在指标选择方面还是偏离不了区域创新绩效的本质内涵，几乎所有涉及研究区域创新绩效的文献，都包含了R&D经费和人力资本投入变量，如Michael（2002）将R&D经费同时作为输入、输出指标，运用知识生产函数方法评价欧洲11个区域的创新绩效。② 当然，区域创新是个整体，其绩效的评价不能单单包括R&D这一项指标，这远远不够。根据创新增长理论，专利、政策、研发经费及科技活动人员数量都应该成为测度区域创新绩效的指标因素。从理论上讲，这些因素对于产出（地区的生产综合值）应该具有积极的影响，但是不少学者研究发现，这种关系并不存在。实际上，技术投入与产出之间存在时滞的现象，这种现象源于创新行为的长期性，回报周期较长。

2.3.2 地方高校对区域创新系统的绩效影响分析

要对区域创新绩效进行评价，两个条件必不可少：一是评价指标要素；二是评价方法。显而易见，地方高校评价区域创新绩效的评价方法很少，甚

① 李敦响．区域技术创新生态系统绩效评价研究对策［D］．北京：北京工业大学，2006，4.

② 王杰姜，伊琼．区域创新系统绩效评价研究评述［J］．工业技术经济，2010（5）.

至几乎没有影响，过去的文献中也没有将地方高校作为区域创新绩效评价方法的科学性、合理性的依据。因此，地方高校是通过影响区域创新绩效评价指标来影响区域创新系统绩效的。分析地方高校对于区域创新系统的绩效影响之前，需要辨别清楚两个概念：区域创新能力与区域创新绩效。从前面的概念可以理解，区域创新绩效强调的是投入产出的比例，而创新能力更侧重于绝对数量的增加。

区域创新评价指标要素分为创新投入和产出能力两大主要测度指标。创新资源投入影响区域创新的速度、强度、规模、能力等方面。R&D，科学研究与实验发展，其活动可以反映一个地区科技活动的规模和科技发展水平，在区域创新中起着关键作用。R&D 资源配置是否合理直接影响到区域创新的科技竞争力，科技发展速度；R&D 经费投入的多少显示着政府对于区域创新的支持力度与扶持程度。人力资源是在区域创新中发挥人的主动性的能动性因素，创新活动在多大程度上影响经济产出，与人力资源投入的数量、质量程度密切相关。因此，创新投入能力主要包括 R&D 资源投入和人力资源投入。区域创新活动带来两方面的结果：一种是直接用社会的经济效益来衡量；另一种是还未转化为经济效益的资源，即科研成果。因此，创新产出能力主要指标包括经济效益和科研成果。这是关于区域创新系统评价指标体系较为宏观的划分，目前关于区域创新绩效评价大都以这种方法为主流，区别在于 R&D 资源投入、人力资源投入、经济效益、科研成果的衡量指标不同。与地方高校有直接联系的有三大指标：R&D 资源投入、人力资源投入、科研成果，而科研成果可以说是为地方高校专门设立的指标要素。从宏观指标上可以看出地方高校对于区域创新绩效的影响程度。

对区域创新系统指标微观上的划分不像宏观一样容易达成共识，在 R&D 资源投入、人力资源投入上涉及的指标主要有：R&D 支出经费、R&D 经费占总收入的比例、地方财政科技拨款占地方财政支出比重、科技经费支出额占 GDP 比重、产业的技术引进费用支出、R&D 科学家与工程师数量、年末科技人员总数、每万人口中高等学校教师数、R&D 人员数量、R&D 人员比例、科学家与工程师占年末从业人员比例、在校大学生人数、万人口科技活动人员等指标，地方高校对上述 10 多项指标都存在一定的贡献率。在科研成果上涉及的指标主要有：科技论文数量、发明专利申请受理量、大中型工业企业新产品开发数、国内中文期刊科技论文数量、技术开发成果数、国外三系统（SCI、EI、ISTP）收录科技论文数量。从中不难看出地方高校对于科研成果上的影响程度。另外，创新投入所带来的经济效益，虽然与地方高校没有直接的联系，但也是通过地方高校间接手段发生作用。地方高校可以直接影响区域创新绩效70%以上的评价指标，这对于区域创新绩效评价发挥着关键作用，一个失去地方高校作为支撑的区域创新是脆弱的，甚至不能够称为区域创新。

2.4 本章小结

本章系统分析了区域创新系统理论，对区域创新系统中高校、企业、政府三个组成要素的关系进行了展开研究。从创新的主体来看，高校决定着创新的广度和深度，政府保证创新过程的顺利进行和质量，企业是创新成果的应用者和转移者，从而奠定本书研究的理论基础。然后进一步分析了地方本科院校在区域创新系统中的地位，阐述了区域创新系统理论作为研究基础的意义。将区域创新系统作为研究基础，就是将地方高校服务地方的研究在区域创新系统这一框架下进行，将“地方”作为一个“区域创新系统”来看待，考察高校服务地方的效果是通过考察区域创新系统的绩效来评判。

3 对地方本科院校服务地方的聚类分析——以山东省为例

高校服务地方，有广义和狭义之分。广义的服务地方职能包含地方高校为这一地区社会、经济、文化等领域做出的所有贡献，地方高校作为一个地区的教学和科研机构可以直接或间接地为地方发展做出贡献。而狭义的服务地方，是指地方高校在保证完成其人才培养的任务的前提下，充分依托学校大量的科研、人才、教学和知识等方面的优势，直接向地方提供服务，以及提供促进地区经济和社会发展的各类服务活动。① 地方本科院校在服务地方过程中，共涉及三大主要行为主体，即高校、企业和政府。在区域创新系统理论的指导下，地方本科院校服务地方正是以高校、企业、政府的指引主体进行划分。本章在对山东省地方本科院校服务地方的现状分析的基础上，应用聚类分析的方法，将地方本科院校服务地方分为三大类型，并结合地方本科院校服务地方的实际情况，基于经济学的供给—需求理论，将这三种类型确定为需求指导型、供给指导型和供给—需求型。值得一提的是，正如三螺旋理论所强调的，我们不能满足于传统的“需求牵引”或“技术推动”的线性创新模式，简单机械地界定高校、企业和政府三者之间谁是创新主体，而应根据不同的具体创新情境，将关注点放在三者的交互点上，更加强调三者之间的互动。正是大学、企业和政府的“交叠”，才动态组成了区域创新系统的核心单元。

---

① 张国军．浅析地方高校社会服务职能及其几对基本关系［J］．大庆师范学院学报，2011（3）．

3.1 山东省地方本科院校服务地方的总体状况事实

2015年山东省共有普通高等学校142所［包含三所驻鲁部属高校：山东大学、中国海洋大学、中国石油大学（华东）］，其中本科院校66所（含11所独立学院和10所民办本科院校）。

本书根据山东省教育厅综合改革处调研的“山东高校社会服务情况调查表”，将其作为考察山东省地方高校服务地方现实情况的研究工具，构建了山东省第一个高校服务地方的完整数据库（表3-1只呈现了数据库的部分数据）。选取35所高校作为研究对象，其中包括山东大学、中国海洋大学、中国石油大学（华东大学）3所教育部直属“985”“211”高校（根据地方高校的概念定位，关于这三所高校社会服务情况的具体分析不是本书考虑的重点，选取3所部属院校是为了更好地凸显与32所省属地方高校的指标比较，便于为其他省属高校相关社会服务工作做参考）。选取了山东英才学院、南山学院作为民办高校的代表，两所学校虽起步较晚，但在山东省10所民办本科院校中属于本科招生最早、综合实力最强的学校，因此作为民办高校代表选为分析样本。35所样本学校中其余30所学校，如济南大学、青岛大学、山东师范大学等是山东省66所本科院校中办学综合实力较强、社会服务工作相对开展最好的学校（山东省委高校工委、山东省教育厅综合排名前40名的学校，山东农业大学因一直未能掌握其具体数据而除外）。鉴于社会需求的差异性和广泛性，在服务社会中，不同层次、不同类型的高校便会产生不同的服务定位，服务定位的不同，导致服务层次、服务对象的差别性更明显。相对于山东大学、中国海洋大学、中国石油大学（华东大学）3所教育部直属“985”“211”高校，山东省其他地方本科高校服务地方往往和地方的特色产业紧密相连，带有更加明显的地方特色。

表 3-1　山东省高校服务地方的基本数据（1）

高校名称	占地面积（亩）	专业数	一级硕士点数	一级博士点数	国家一级学科数量	国家重点实验室数量	国家重点研究中心数量	学生总量	教授数量	副教授数量	2012 年管理干部挂职人数	2013 年管理干部挂职人数	2014 年管理干部挂职人数	2012 年教师挂职人数	2013 年教师挂职人数	2014 年教师挂职人数
山东大学	7756	128	55	40	2	3	4	58062	946	1223	4	8	5	0	4	19
中国海洋大学	2698	69	34	13	2	0	0	45252	446	435	4	5	7	0	0	0
青岛科技大学	3254.4	70	18	3	0	2	1	47134	258	459	7	6	5	2	1	5
山东理工大学	3552.29	263	21	3	30	0	2	60819	211	574	5	5	9	1	2	3
青岛大学	2715	100	31	6	0	1	0	59323	357	817	6	6	4	0	1	2
山东科技大学	3646.59	81	24	8	8	1	1	61529	266	674	1	1	5	2	1	4
中国石油大学	4751	60	34	11	1	1	0	103744	325	574	4	3	6	8	1	1
山东师范大学	4000	82	29	10	0	0	0	55899	325	488	5	4	5	0	0	0
青岛农业大学	3450	78	13	0	0	0	1	39818	184	332	10	15	16	2	1	4
济南大学	2500	89	20	3	0	0	0	59395	255	545	3	5	3	0	3	3
山东建筑大学	2080	57	21	1	0	0	0	38340	182	449	6	7	8	2	1	0
齐鲁工业大学	2300	67	9	0	0	0	0	37337	167	388	7	7	7	0	0	0
曲阜师范大学	2601.01	83	34	5	0	0	0	36891	203	414	3	3	1	0	0	0
临沂大学	6733	176	0	0	0	0	0	50138	126	424	16	21	5	4	7	4
聊城大学	2991.5	109	17	0	0	0	0	50181	185	431	13	4	16	9	0	11
鲁东大学	2734	76	13	0	0	0	0	29322	179	401	8	7	9	0	0	0
青岛理工大学	3248.31	59	18	1	0	0	1	58013	168	417	6	5	5	0	0	0

续表

高校名称	占地面积（亩）	专业数	一级硕士点数	一级博士点数	国家一级学科数量	国家重点实验室数量	国家重点研究中心数量	学生总量	教授数量	副教授数量	2012年管理干部挂职人数	2013年管理干部挂职人数	2014年管理干部挂职人数	2012年教师挂职人数	2013年教师挂职人数	2014年教师挂职人数
烟台大学	2031	61	16	1	0	0	0	33859	189	439	3	3	3	2	2	1
山东财经大学	4818	62	10	3	0	0	0	35111	309	697	4	4	5	2	2	4
山东交通学院	2200	51	2	0	2	0	0	27570	92	278	5	6	9	0	1	2
潍坊学院	2100	82	0	0	0	0	0	43203	0	0	6	6	4	8	8	5
山东工商学院	1397. 313	63	3	0	0	0	0	29138	114	253	4	5	5	0	0	1
山东工艺美院	963	30	3	0	0	0	0	7588	68	115	4	3	3	1	0	0
山东体育学院	2060	19	1	0	0	0	0	8363	49	159	3	3	4	1	0	0
滨州医学院	1589. 5	26	3	0	0	0	0	30304	142	344	6	7	8	1	2	1
泰山学院	1378	59	0	0	0	0	0	18526	72	248	4	3	3	0	0	0
枣庄学院	1142. 86	83	0	0	0	0	0	15267	48	157	4	4	4	1	1	1
烟台南山学院	3028. 473	78	0	0	4	0	0	20981	53	113	0	0	0	0	0	0
菏泽学院	1506	53	0	0	0	0	0	19872	39	193	0	0	0	0	0	0
山东女子学院	1100	67	0	0	0	0	0	12686	44	120	3	1	1	1	1	1
潍坊医学院	1800	23	6	0	0	0	0	0	72	200	1	2	1	0	0	0
山东英才学院	1601	0	0	0	0	0	0	18415	109	268	3	4	4	0	0	0
德州学院	2021. 2	65	0	0	11	0	0	35763	117	453	2	2	3	0	0	0
滨州学院	1697. 21	52	0	0	0	0	0	42591	46	178	9	0	0	3	3	3
山东中医药大学	1829. 77	21	8	3	0	0	0	20849	145	266	4	4	1	0	0	0

表 3-1 山东省高校服务地方的基本数据（2）

高校名称	2012 年学生挂职人数	2013 年学生挂职人数	2014 年学生挂职人数	近三年为政府提供决策咨询的次数	近三年决策咨询参与次数	近三年建议采纳次数	近三年高校为政府提供教育培训——国家机关人数	近三年高校为政府提供教育培训——省级机关人数	近三年高校为政府提供教育培训——市级机关人数	近三年高校为政府提供教育培训——区（县）级机关人数	近三年高校为政府提供教育培训——乡镇街道人数	近三年高校人才培养情况——在校生人数	近三年高校人才培养情况——毕业生人数
山东大学	28	26	22	141	268	104	0	2268	5365	1642	445	173586	45836
中国海洋大学	96	108	95	279	420	4	3556	3913	4135	3070	200	124166	18692
青岛科技大学	152	104	99	28	28	32	0	0	0	0	0	93213	21725
山东理工大学	0	45	57	27	86	27	677	1180	18412	352	0	178464	44703
青岛大学	140	140	100	42	67	34	1	0	3176	131	9	167334	26822
山东科技大学	75	99	72	87	85	21	0	100	189	177	0	185413	49899
中国石油大学	35	59	43	0	0	0	0	19	3609	14838	0	307442	123108
山东师范大学	0	0	0	207	610	207	0	5006	340	700	0	110253	25978
青岛农业大学	78	69	97	145	428	138	0	8257	3263	1544	200	115046	19998
济南大学	0	0	0	41	102	41	734	1250	18887	1000	0	0	24678
山东建筑大学	0	0	0	49	284	154	0	0	0	84	0	108558	8691
齐鲁工业大学	0	0	1	13	33	13	0	0	0	0	0	78342	17625
曲阜师范大学	0	5	0	43	73	31	200	433	418	780	35	36891	24151

续表

高校名称	2012年学生挂职人数	2013年学生挂职人数	2014年学生挂职人数	近三年为政府提供决策咨询的次数	近三年决策咨询参与次数	近三年建议采纳次数	近三年高校为政府提供教育培训——国家机关人数	近三年高校为政府提供教育培训——省级机关人数	近三年高校为政府提供教育培训——市级机关人数	近三年高校为政府提供教育培训——区（县）级机关人数	近三年高校为政府提供教育培训——乡镇街道人数	近三年高校人才培养情况——在校生人数	近三年高校人才培养情况——毕业生人数
临沂大学	0	0	2	0	0	0	217	1766	130	930	9000	148341	35708
聊城大学	0	0	0	7	25	7	451	1248	18783	4111	0	144511	22025
鲁东大学	14	16	18	83	272	67	0	0	34196	284	0	85265	21865
青岛理工大学	154	134	134	11	11	11	0	0	0	0	0	156353	32783
烟台大学	15	20	23	14	20	3	0	0	17700	100	120	100721	20076
山东财经大学	0	0	0	0	0	0	0	3600	1800	100	0	109882	31551
山东交通学院	75	81	80	16	60	11	70	12	244	360	0	78510	18160
潍坊学院	0	0	0	34	1055	31	398	450	10002	170	0	126417	32833
山东工商学院	0	0	0	76	1564	76	0	0	8314	700	0	88188	21741
山东工艺美院	0	0	0	10	85	8	0	350	350	0	0	25609	5814
山东体育学院	0	0	0	26	182	16	0	0	0	0	0	23594	5309
滨州医学院	0	0	0	72	71	64	0	0	8832	0	340	48976	9881
泰山学院	0	0	0	284	418	0	0	0	500	67	0	54494	13852

续表

高校名称	2012年学生挂职人数	2013年学生挂职人数	2014年学生挂职人数	近三年为政府提供决策咨询的次数	近三年决策咨询参与次数	近三年建议采纳次数	近三年高校为政府提供教育培训——国家机关人数	近三年高校为政府提供教育培训——省级机关人数	近三年高校为政府提供教育培训——市级机关人数	近三年高校为政府提供教育培训——区（县）级机关人数	近三年高校为政府提供教育培训——乡镇街道人数	近三年高校人才培养情况——在校生人数	近三年高校人才培养情况——毕业生人数
枣庄学院	3	5	6	313	1467	228	0	0	3	95	86	45467	14075
烟台南山学院	0	0	0	0	0	0	0	0	0	0	0	61765	14261
菏泽学院	0	0	0	109	67	26	0	0	681	737	2795	73207	15923
山东女子学院	0	12	18	9	31	9	0	420	60	307	0	29311	6971
潍坊医学院	0	0	0	7	96	7	0	0	70	116	0	55915	11712
山东英才学院	0	0	1	21	126	9	0	1771	819	83	0	47750	10726
德州学院	0	0	0	21	98	19	0	0	0	400	750	103496	17277
滨州学院	0	0	0	49	192	40	0	0	411	1891	2754	67060	15148
山东中医药大学	0	0	0	0	0	0	0	0	0	0	0	61071	12726

表 3-1　山东省高校服务地方的基本数据（3）

高校名称	近三年高校社科类（纵向）科研项目数量	近三年高校社科类（纵向）中社会应用类项目数量	近三年高校社科类项目经费总额（万元）	近三年高校理工类（纵向）科研项目数量	近三年高校理工类（纵向）中社会应用类项目数量	近三年高校理工类项目经费总额（万元）	近三年社科类科研一等奖（社会应用类）数量	近三年理工类科研一等奖（社会应用类）数量	近三年举办高层次社科类学术会议数量	近三年举办高层次社科类学术会议参与人数	近三年举办高层次理工类学术会议数量
山东大学	570	112	7461. 2	2369	2412	164628. 7	39	47	25	8040	36
中国海洋大学	275	234	2206. 2	767	196	107579. 9	17	9	21	1858	17
青岛科技大学	339	119	320. 36	591	214	18739. 98	18	15	0	0	0
山东理工大学	179	144	757. 8	320	308	7780	36	10	7	850	8
青岛大学	388	266	991. 35	794	794	18632. 15	7	10	16	1220	26
山东科技大学	403	256	577. 69	509	509	11976. 3	19	22	4	150	15
中国石油大学	189	74	428. 61	1027	1013	55393. 21	33	44	23	1890	58
山东师范大学	394	145	1994. 9	379	114	11041. 5	37	12	86	10164	0
青岛农业大学	207	170	849. 92	603	385	16330. 53	3	13	3	323	40
济南大学	575	485	2135. 1	549	279	13024. 48	20	16	8	562	5
山东建筑大学	175	136	147. 6	436	189	4881. 7	8	28	8	2250	23
齐鲁工业大学	330	291	242. 35	279	26	5206	4	8	3	820	56
曲阜师范大学	485	356	1804. 5	258	153	3951. 2	42	12	15	810	12
临沂大学	0	0	0	0	0	0	41	7	8	238	13
聊城大学	278	10	781. 3	262	165	4418. 8	1	4	5	390	7
鲁东大学	295	179	1108. 2	229	35	4092. 5	19	0	1	210	15
青岛理工大学	104	78	88. 72	322	322	6130. 75	2	2	0	0	45
烟台大学	170	70	728. 35	298	130	4962. 45	16	7	10	975	11

续表

高校名称	近三年高校社科类（纵向）科研项目数量	近三年高校社科类（纵向）中社会应用类项目数量	近三年高校社科类项目经费总额（万元）	近三年高校理工类（纵向）科研项目数量	近三年高校理工类（纵向）中社会应用类项目数量	近三年高校理工类项目经费总额（万元）	近三年社科类科研一等奖（社会应用类）数量	近三年理工类科研一等奖（社会应用类）数量	近三年举办高层次社科类学术会议数量	近三年举办高层次社科类学术会议参与人数	近三年举办高层次理工类学术会议数量
山东财经大学	450	449	2552. 45	303	244	2215. 12	26	8	3	200	0
山东交通学院	147	122	66. 6	121	62	812	0	0	0	0	3
潍坊学院	0	0	0	0	0	0	35	3	9	2770	4
山东工商学院	138	138	574. 7	120	120	1067. 2	14	0	6	435	4
山东工艺美院	59	0	97. 7	2	0	10. 6	2	0	5	480	0
山东体育学院	55	0	104. 55	34	0	322. 8	1	0	1	240	0
滨州医学院	196	183	218. 55	259	259	5653. 95	20	10	5	519	5
泰山学院	259	0	62. 3	168	38	936. 1	14	0	4	1441	1
枣庄学院	71	44	747600	64	35	3522000	6	21	9	929	3
烟台南山学院	24	21	20. 5	8	6	23	0	0	0	0	0
菏泽学院	59	57	68. 1	32	34	223. 1	9	2	0	0	0
山东女子学院	452	140	163. 2	35	35	200. 7	21	0	10	1510	0
潍坊医学院	145	120	85. 4	281	224	2290. 3	7	15	2	200	9
山东英才学院	158	158	1392000	30	30	1290000	15	0	10	2350	0
德州学院	206	179	137. 4	133	122	812. 6	40	3	2	145	3
滨州学院	140	25	126	205	64	740. 9	35	36	0	0	0
山东中医药大学	38	0	56. 6	245	0	11241. 4	1	16	0	0	2

表 3-1　山东省高校服务地方的基本数据（4）

高校名称	近三年举办高层次理工类学术会议参与人数	近三年高校社会服务经费预算情况——政府拨款总额（万元）	近三年高校社会服务经费预算情况——自筹总额（万元）	近三年高校社会服务经费预算情况——学校经费预算总额（万元）	近三年高校社会服务人才引进总人数	近三年高校服务于社区的文化设施总面积（平方米）	近三年高校服务于社区的文化设施开放面积（平方米）	近三年高校服务于社区的文化设施开放次数	近三年高校服务于社区的文化设施参观人次	近三年高校与政府合作的高层论坛次数	近三年高校与政府合作的高层论坛受益人数
山东大学	3715	151448.4	77017.58	220886	2041	355059.7	356053.7	0	70000	37	20500
中国海洋大学	1881	32705.11	232146.1	264851.2	281	239853	207144	3236	3992360	11	2320
青岛科技大学	0	17379	21778.72	29141.9	223	53122.6	1653.6	385	48500	4	11200
山东理工大学	7400	9015	10276	6010	182	175584	166484	3351	33549	12	42700
青岛大学	1906	19623.5	6927	88574	256	162000	117000	220	218000	10	109120
山东科技大学	3650	1991	41692	43683	220	45871	34464	2964	2761429	32	7630
中国石油大学	6038	0	0	0	209	272465	103790	721	27080	0	0
山东师范大学	0	558	495	473	259	0	0	0	0	56	89100
青岛农业大学	5810	0	11	22	243	24702	24702	4035	1511553	10	720
济南大学	820	3685.8	14220.1	13900	263	192000	192000	2190	378000	61	65120
山东建筑大学	3840	0	1455	0	3742	123986	75005	2839	269600	18	5540
齐鲁工业大学	7500	4257	8619	137522	0	109060	53116	630	8110	9	1020

续表

高校名称	近三年举办高层次理工类学术会议参与人数	近三年高校社会服务经费预算情况——政府拨款总额（万元）	近三年高校社会服务经费预算情况——自筹总额（万元）	近三年高校社会服务经费预算情况——学校经费预算总额（万元）	近三年高校社会服务人才引进总人数	近三年高校服务于社区的文化设施总面积（平方米）	近三年高校服务于社区的文化设施开放面积（平方米）	近三年高校服务于社区的文化设施开放次数	近三年高校服务于社区的文化设施参观人次	近三年高校与政府合作的高层论坛次数	近三年高校与政府合作的高层论坛受益人数
曲阜师范大学	1228	0	410.4	410.4	323	424400	333800	830	103700	4	400
临沂大学	3450	2990.99	3335.84	0	217	46673	43073	5273	529000	33	17772
聊城大学	730	112891	66550	179441	159	179700	110691	9105	4643984	11	1210
鲁东大学	1037	0	40.85	40.85	190	35000	20000	122	1020	26	63
青岛理工大学	2980	6219.52	0	0	128	31128.3	0	0	0	3	676
烟台大学	1020	4552.68	1848.18	6400.86	139	0	0	0	0	15	1185
山东财经大学	0	4732.5	0	527.608	5747	3000	1200	52	15500	1	800
山东交通学院	550	990	2863	3853	133	172200	151900	3520	4254816	4	1500
潍坊学院	1010	0	0	0	0	147816.6	117666.6	2979	1937447	21	6650
山东工商学院	312	1475.7	0	1475.7	46	59900	32064.5	900	750	3	144
山东工艺美院	0	1000	0	0	44	24971	21217	2362	377000	2	2000
山东体育学院	0	124.7819	0	57.80933	34	172668	159363	75	5740	2	700

续表

高校名称	近三年举办高层次理工类学术会议参与人数	近三年高校社会服务经费预算情况——政府拨款总额（万元）	近三年高校社会服务经费预算情况——自筹总额（万元）	近三年高校社会服务经费预算情况——学校经费预算总额（万元）	近三年高校社会服务人才引进总人数	近三年高校服务于社区的文化设施总面积（平方米）	近三年高校服务于社区的文化设施开放面积（平方米）	近三年高校服务于社区的文化设施开放次数	近三年高校服务于社区的文化设施参观人次	近三年高校与政府合作的高层论坛次数	近三年高校与政府合作的高层论坛受益人数
滨州医学院	650	5285. 43	3610. 81	8896. 24	162	62090	5070	65	25790	6	1527
泰山学院	160	0	0	0	87	0	0	0	0	5	920
枣庄学院	353	1071. 96	1155. 44	2227. 4	0	54450	53328	7876	463532	9	1002
烟台南山学院	0	0	0	0	273	0	0	0	0	0	0
菏泽学院	0	0	60	60	116	22575	22575	1734	6984	1	70
山东女子学院	0	304	324	628	498	15440	15440	2715	523000	8	2065
潍坊医学院	1200	97	55	101195. 9	66	75000	45000	1086	14445	0	0
山东英才学院	0	440	0	0	324	1650	1650	85	3300	1	100
德州学院	170	50	0	950	58	93660	74928	60	10139	8	7050
滨州学院	0	0	35	35	121	82500	24090	145	67600	3	4950
山东中医药大学	1500	0	0	0	0	0	0	0	0	2	1500

表 3-1 山东省高校服务地方的基本数据（5）

高校名称	近三年高校产学研——横向课题总量	近三年高校产学研——横向课题经费（万元）	近三年高校产学研——向企业提供的技术专利数量	近三年高校产学研——科技园区孵化企业数量	近三年高校产学研——科技园区孵化企业年产值（万元）	近三年高校产学研——校办企业数量	近三年高校产学研——校办企业年产值（万元）	近三年高校为企业提供教育培训情况——面训人数	近三年高校为企业提供教育培训情况——远程培训人数	近三年高校为企业提供决策咨询次数	近三年高校为企业提供决策咨询参与人数	近三年高校为企业提供决策咨询采纳次数
山东大学	3381	95649. 39	62	170	26506. 3	28	596612. 5	8760	0	11	43	5
中国海洋大学	2143	44475. 1	154	109	49506. 7	63	25308	13524	2900	48	64	41
青岛科技大学	876	29142	1069	256	27449. 2	44	5134	1350	1415	0	0	0
山东理工大学	533	12044	667	0	0	2	10061. 21	3274	0	869	1871	760
青岛大学	459	6984. 8	340	393	43973. 9	43	16525. 96	1106	0	10	32	8
山东科技大学	1487	41384. 49	12	150	39070	1	1329. 28	12547	20548	28	53	26
中国石油大学	3574	153616	12	74	230000	23	41872	8582	2153	0	0	0
山东师范大学	475	4604. 06	63	0	0	0	0	410	0	0	0	0
青岛农业大学	275	3399. 373	174	0	0	0	0	309	0	190	842	155
济南大学	686	15875. 1	55	11	625	1	1295	3998	0	896	2037	603
山东建筑大学	214	5071. 79	10	0	0	12	44658	35004	0	457	5210	185
齐鲁工业大学	560	11770. 95	483	0	0	0	0	268	0	63	116	63
曲阜师范大学	152	3847. 79	36	0	0	15	1980	971	268	185	308	144

续表

高校名称	近三年高校产学研——横向课题总量	近三年高校产学研——横向课题经费（万元）	近三年高校产学研——向企业提供的技术专利数量	近三年高校产学研——科技园区孵化企业数量	近三年高校产学研——科技园区孵化企业年产值（万元）	近三年高校产学研——校办企业数量	近三年高校产学研——校办企业年产值（万元）	近三年高校为企业提供教育培训情况——面训人数	近三年高校为企业提供教育培训情况——远程培训人数	近三年高校为企业提供决策咨询次数	近三年高校为企业提供决策咨询参与人数	近三年高校为企业提供决策咨询采纳次数
临沂大学	347	3055.82	0	0	0	0	0	32328	0	38	120	38
聊城大学	123	4250.6	17	0	0	12	5000	2111	0	40	48	21
鲁东大学	365	4324.69	5	0	0	0	0	593	0	226	657	198
青岛理工大学	1540	10858.5	514	0	0	24	26367	16385	0	23	38	23
烟台大学	313	7433.94	28	44	690	4	2220	2199	0	22	43	7
山东财经大学	157	3073.4	0	0	0	0	0	39190	1770	157	785	0
山东交通学院	529	4222	330	0	0	0	0	30278	2000	82	90	47
潍坊学院	64	2127.76	41	0	0	0	0	1663	0	13	175	13
山东工商学院	150	1681.385	7	0	0	13	7978.47	4084	0	12	18	11
山东工艺美院	14	894.8	0	10	105	1	178.0182	400	0	229	2165	188
山东体育学院	0	0	0	0	0	0	0	0	0	26	160	18
滨州医学院	24	2373.46	0	0	0	0	0	657	0	37	42	37
泰山学院	111	886.97	0	0	0	0	0	400	0	77	111	0

续表

高校名称	近三年高校产学研——横向课题总量	近三年高校产学研——横向课题经费（万元）	近三年高校产学研——向企业提供的技术专利数量	近三年高校产学研——科技园区孵化企业数量	近三年高校产学研——科技园区孵化企业年产值（万元）	近三年高校产学研——校办企业数量	近三年高校产学研——校办企业年产值（万元）	近三年高校为企业提供教育培训情况——面训人数	近三年高校为企业提供教育培训情况——远程培训人数	近三年高校为企业提供决策咨询次数	近三年高校为企业提供决策咨询参与人数	近三年高校为企业提供决策咨询采纳次数
枣庄学院	12	62.9	0	0	0	3	4840.92	790	0	35	116	17
烟台南山学院	1	0.35	0	0	0	0	0	14244	0	0	0	0
菏泽学院	1	5	8	0	0	0	0	4406	0	824	128	666
山东女子学院	15	149	1	0	0	3	1261	0	0	20	37	21
潍坊医学院	19	86.4	0	0	0	0	0	0	0	0	0	0
山东英才学院	29	340.9	0	0	0	2	0	349	0	100	729	100
德州学院	60	663.13	9	0	0	0	0	12236	0	35	146	29
滨州学院	77	430.99	19	0	0	0	0	13406	14805	17	82	15
山东中医药大学	30	383	30	0	0	3	0	0	0	0	0	0

数据来源：山东省教育厅综合改革处调研的“山东高校社会服务情况调查表”

高校的社会服务和地方服务工作现状，可以从基于地区社会经济需求的服务、基于高校职责的服务和高校对社会服务能力的培育三方面进行分析和总结。

3.1.1 基于地区社会需求的服务现状

山东省地方高校在进行社会服务和地方服务时十分重视地区社会经济的发展需求，此类服务主要包括服务于地方政府、服务于地方企业和服务于社区三个方面。

1. 山东省高校针对地方政府的服务情况

为政府提供社会服务和咨询服务是高校工作的重要组成部分，山东省各地方高校面向地方政府进行的各类服务工作具体表现为向政府提供政策咨询、为政府人员提供培训以及高校人员到地方政府挂职等方面。通过对山东省教育厅综合改革处调研的《山东高校社会服务情况调查表》的数据进行分析和总结，山东省地方高校针对政府提供的服务现状分析如下：

（1）为政府提供咨询的数量和咨询被采纳的次数增多。高校作为拥有着大量高质量人才的智库，知识资源丰富，基础设施完善，可以向政府提供更加全面、系统、科学的政策建议和咨询服务。地方高校作为地区知识和人才中心，为地方政府提供政策咨询服务，既可以解决高校教育和科研与实践脱节的问题，实现自身科研成果的转化，也可以让高校对于当地的社会和经济发展需求有更深刻的认识，更深入地了解政府的发展目标和面临的发展难题，进一步提升地方高校的人才培养和科研工作的实践性。

通过表 3-2 可以看出，2012—2014 年，山东省各高校向政府提供的政策咨询数量和被采纳次数均逐年增多，共提供决策咨询 4025 次，其中有 2593 次咨询意见被采纳，参与政府决策咨询的人员约为 7156 名。这种数量和质量逐年递增的趋势，反映出山东省地方高校对于政府需求的重视，这类社会服务和地方服务的意识和力度逐年提高。值得注意的是，山东省高校提供的政策咨询主要被省、市和县级政府机关采纳，相对而言，高校为国家和乡镇政府机关提供的咨询数量和被采纳数量均较少。这也说明山东省高校对于国家级政府机关决策的贡献度不足，咨询高度和基层决策关注度都需要进一步提升。

表 3-2 高校为政府提供咨询决策情况

类型＼时间	咨询决策次数				决策建议被采纳次数				参与咨询人数			
	2012	2013	2014	合计	2012	2013	2014	合计	2012	2013	2014	合计
国家政府机关	61	81	98	240	26	36	46	108	116	153	191	460
省级政府机关	192	224	266	682	131	151	194	476	670	1197	2980	4847
市级政府机关	373	528	545	1446	236	304	359	899	1107	1469	1955	5307
县区级政府机关	367	454	449	1270	211	255	264	730	2026	2149	1512	5687
乡镇和街道	111	129	147	387	108	126	146	380	344	519	606	1469
合计	1104	1416	1505	4025	712	872	1009	2593	4263	5487	7244	7156

（2）为政府提供现场培训的数量逐年增加，远程培训的水平和质量有待提高。为政府人员提供培训是高校进行社会服务和地方服务的重要方式，山东省各高校均组织过现场培训工作，但仅有少数高校提供过远程培训。从调研数据可以看出，2012—2014 年高校总共为各级政府提供了 80 余万人次的培训，大多数培训的形式是现场培训，每年参加培训的政府人员平均为 26269 人次，无论是培训规模还是培训质量都逐年提升。但是还需看到各高校提供的远程培训数量仍比较少，增长也较为缓慢。高校的远程培训是适应信息化社会和终身学习要求的十分有效的服务和学习方式，山东省地方高校在提供远程培训数量上和质量上的不足，说明地方高校对于远程培训的重视不够，不能充分利用科技和信息技术等先进方式为地方政府和社会提供全面、便捷的社会服务和地方服务。此外，山东省各级政府机关参加培训的人员数量存在着显著差异，其中市级政府机关参训的人数最多，其次是县区级政府机关、乡镇和街道，而省级政府机关和国家政府机关参训人员最少。①

① 王坦，张士俊．山东高校社会服务能力研究报告［R］．2016.

表 3-3　山东省高校为政府人员进行培训的情况

单位：人次

培训面向政府机构	现场培训			远程培训			合计
	2012	2013	2014	2012	2013	2014	
国家政府机关	1367	3340	2326	0	0	0	7033
省级政府机关	15369	18558	23700	68	71	76	57843
市级政府机关	149525	134949	164760	4545	1099	1223	456101
县区级政府机关	58114	59243	55037	16745	2232	2674	194045
乡镇和街道	30279	27337	44181	15948	16674	17582	152001
合计	254654	243427	290004	37306	20076	21555	867023

（3）高校人员主要挂职于地市级及以下机关，且以学生为主。总体来看，山东省各地方高校的人员到政府机关挂职的总体情况较好，发展平稳。三年中，山东各高校人员到政府机关挂职的数量和人员比例的变化较为平稳；高校人员选择进行挂职的政府机关主要集中于市级政府机关，去省级和国家政府挂职的人员数量较少。且不同身份的高校挂职人员之间的比例差异较大，管理干部和教师去政府挂职的人数占总人数的比例分别为 20%和 9%；而高校学生是参与挂职的主力军，约占挂职总人数的 71%，明显高于其他类型的高校人员。

2. 山东省高校针对企业的服务情况

高校与企业间的产学研合作，是高校针对企业提供社会服务的重要方式，也是高校长远发展的动力和支持。地方高校针对企业的社会服务和地方服务工作主要包括高校与企业合作的横向课题项目、高校支持和孵化的企业数量和质量，以及高校研发技术专利等方面，当然也包括高校为企业提供技能培训和技术支持等。通过调研可以看出，三年来山东省高校与企业之间的产学研合作水平并没有取得显著的提升，发展态势平缓，具体服务情况如下：

（1）横向课题数量、课题经费和专利数量增长较为缓慢。2012—2014 年，山东省地方高校的横向课题数量和经费数量总体持平，甚至略有下降。三年来，拥有横向课题的高校分别为 37 所、37 所和 36 所，拥有课题经费的高校分别为 36 所、36 所和 35 所，横向课题数量分别是 7561 个、7377 个和

6631 个。这说明山东省将近 1/3 的高校没有与企业合作的横向课题和经费，横向课题的数量和经费金额也有逐年下降的趋势。

专利代表着对自主知识产权的创造和应用，拥有专利的数量是高校社会服务水平的重要体现。三年来，山东省各地方高校拥有的专利总量为 5416 件，超过半数的山东省高校拥有自己的技术专利，分别为 55 所、53 所和 54 所，略有下降。

（2）高校孵化的企业和校办企业的数量增长缓慢。高校利用自身人才和科技优势，创办校办企业或孵化企业是高校进行地方服务的重要方式。2012 年，山东省高校中有 10 所成功孵化了企业，2013 年和 2014 年成功孵化企业的高校数量为 15 所和 17 所。三年中，山东省高校在孵化企业的数量方面增速缓慢。其中，2014 年高校孵化企业的产值总额高于前两年的总和，增速较为显著。三年来，山东省高校的校办企业数量分别为 204 家、217 家和 238 家，虽然在数量上有了缓慢增长，但是总体数量仍然较少，产值也需要进一步提升。

（3）高校为企业提供咨询服务的数量缓慢增长，认可度有待提高。从表 3-4 可以看出，2012—2014 年，山东省各高校共有 3 万多名人员为各类企业和公司提供咨询服务 11460 次，其中 7023 次被采纳，咨询服务的数量和被采纳的数量均有缓慢增长。通过数据分析可以看出，山东省高校为中小型企业提供决策的数量较多，大型企业和微型企业较少，而且咨询意见被认可和采纳的程度也有较大的提升空间。

表 3-4　山东省高校为企业提供咨询服务的情况

项目 / 时间 / 类型	提供咨询决策次数				咨询决策被采纳次数			
	2012	2013	2014	合计	2012	2013	2014	合计
大型企业	243	366	432	1041	140	225	270	635
中型企业	749	930	1087	2766	395	516	628	1539
小型企业	1042	1269	1475	3786	626	822	943	2391
微型企业	465	680	847	1992	320	384	605	1309
股份制公司	526	599	750	1875	311	360	478	1149
合计	3025	3844	4591	11460	1792	2307	2924	7023

3. 高校针对社区的服务情况

高校是一个地区社会和经济发展的核心，也是社会文化的中心。高校拥有着丰富的知识和资源，以及各类科学和文化设施。怎样充分利用这些资源为社会服务是高校的职责。为满足社会的需求，应将高校的教育和知识资源向社区开放，这样既能提高高校资源的利用率，也能提升社区居民的综合素质，是高校进行社会服务的有效途径。山东省各高校立足社区进行地方服务的具体情况如下：

（1）高校各类文化设施的开放力度逐年加大。为社区居民开放文化设施，提供服务是高校的显著特色和优势。山东省各高校针对社区开放的文化设施主要有博览文化设施、社会文化设施和历史文化设施等。其中，博览文化设施包括博物馆、美术馆和教育基地等；社会文化设施包括图书馆、体育馆和出版社等；而历史文化设施则包括学校的历史建筑、纪念馆和名人故居等。由表 3-5 可以看出，2012—2014 年，山东省各高校向社区开放的各类文化设施的面积和开放率逐年增大，开发的服务力度加大。

表 3-5　山东省高校各类文化设施的开放情况

单位：平方米

年度		2012	2013	2014	合计
博览文化设施	总面积	205662.31	242706.31	258849.31	235739.31
	开放面积	135990.41	156399.31	184160.31	158849.98
社会文化设施	总面积	28367.63	37650.58	37714.46	34577.56
	开放面积	21654.72	31432.96	31565.61	28217.10
历史文化设施	总面积	2383.81	2386.51	2481.28	2417.20
	开放面积	2165.67	1286.08	1372.00	1607.92

（2）高校参与社会服务的人数增加，开放课程数量增加。高校人员立足地方和社区需求参与社会服务的形式主要包括高校教师的志愿活动、大学生的公益活动、支教活动等。通过数据分析可以发现，三年来，山东省各高校人员参加公益活动和支教活动的教师和学生数量逐年增长，效果显著。而高校的开放课程是在终身学习背景下，为了满足人民群众的学习需求，由高校提供的面向社会开放的各类课程，既包括学校开设的课程，也包括网络课程。

三年来，山东省高校开放课程的数量和参与人数均有明显增长，说明山东省的高校越来越重视为社区提供学习资源和服务，这也成为山东省高校面向社会进行社会服务的重要渠道。

3.1.2 基于高校自身职责的服务现状

高校基于自身职责的地方服务和社会服务工作主要是指高校担负着为社会培养人才以及进行科学研究等工作，这类服务虽有别于基于社会需求的直接性的地方服务工作，但无论是人才培养还是科学研究都是大学的基本职能，在地区社会和经济的发展过程中起到了重要作用。随着高校与社会之间的联系越来越密切，山东省各高校基于自身职责的地方服务工作可以从教学、科研以及文化传承和创新等方面进行分析。①

1. 高校人才培养的数量和层次分析

高校的发展与一个地区经济社会的人才、科技、文化等因素联系密切，地方高校以其优越的地理位置、区位优势和人才支持，担负着为地方经济社会发展培养人才、提供科学技术支持等重任，这也是地方高校生存和发展的根本。山东省各高校在人才培养方面的具体情况分析如下：

（1）人才培养数量较大，但层次有待提高。山东省高校的培养层次涵盖了从高职、专科到本科再到硕士、博士的各个层次。根据调研数据，2012—2014 年，山东省各高校培养的学生数量逐年增加，平均每年培养的本科生数量最多，约为 83 万人；其次是高职生、专科生和硕士研究生；在各层次学生中培养人数最少的是博士研究生，这与山东省高校硕博士点数量少有关。到 2014 年，山东省共有 1905 个硕士点（包括一级和二级）、246 个二级博士点和 121 个一级博士点，高校硕士点和博士点平均数量较少，且分布极不均衡，少数几所高校集中了大部分的硕士点、博士点，间接说明了山东省高校间发展的不均衡，培养层次需要进一步提高。

通过分析高校每年毕业的学生人数，可以发现三年来，山东省高校每年的毕业生数量较为稳定；毕业生的层次还有较大提升空间，硕士和博士等高

---

① 王坦，张士俊．山东高校社会服务能力研究报告［R］．2016.

层次人才数量和本科生、高职类学生差距较大；而就业方面则是高职和博士毕业生就业率较高。这说明山东省各高校在人才培养数量方面较为稳定，培养层次和毕业生就业率有待提高。

（2）国家级学科平台的建设较缓慢。学科平台的数量和质量是高校专业教学和学科发展水平的直接体现，关系着高校人才培养层次和科研能力的提升。到2014年，山东省高校共有9个国家重点实验室、12个国家重点研究中心、78个国家一级学科、54个国家重点学科、436个省级重点学科、277个省级重点实验室和216个省级重点研究中心。[①] 可以看出，山东省学科建设和平台发展较为平稳，国家级研究实验室和学科建设还有较大的发展空间。但值得注意的是，山东省高校间实力差距较大，国家级学科和平台集中于少数几所学校，超过半数的高校甚至没有省级重点学科和实验室，总体科研实力仍需进一步提升。

（3）高校师资数量大，但缺少高层次人才仍较为紧缺。高校的师资力量一直是高校拥有的人才和智力优势，师资的数量和质量影响着高校为地方和社会服务能力的发挥。根据调研数据，山东省参与调查的111所高校共有教师78701名，师资数量较为充足；理工类和社科类教师人数分布较为平衡。从表3-6可以看出，山东省高校教师的职称结构和学历结构总体较为稳固，讲师职称和硕士学历占比例最多，高层次人才数量逐年递增，但仍较为紧缺。

表3-6 山东省高校的各类教师分布情况

单位：名

学历与职称	社科类教师				理工类教师				总计
	本科及以下	硕士	博士	合计	本科及以下	硕士	博士	合计	
教授	1343	801	1272	3416	1633	931	2830	5394	8810
副教授	4417	4233	1940	10590	5059	3813	3796	12668	23258
讲师	5167	11156	1781	18104	4334	8932	4132	17398	35502
助教	2608	3440	39	6087	2395	2504	145	5044	11131
合计	13535	19630	5032	38197	13421	16180	10903	40504	78701

① 王坦，张士俊．山东高校社会服务能力研究报告［R］．2016.

2. 高校科研项目和科研成果分析

高校利用人才和知识优势从事科学研究不仅有利于科学技术的创新，也有利于地区科技实力和综合实力的提升。科研项目的数量、科研经费的数目、科研成果的产出既是高校实力的重要表现，也是高校服务地方的动力之源。山东省高校科研能力和发展现状可以通过高校的科研项目、科研经费、科研成果等方面进行分析。

（1）科研项目数量逐年增加，国家级项目数量有所减少。科研项目层次不同，从高到低分别为国家重大和重点项目、国家一般项目、省部级重点项目、省部级一般项目、厅局级项目等。从表 3-7 可以看出，2012—2014 年山东省各高校申请的科研项目数量逐年增多，到 2014 年，理工类和社科类科研项目总计达到 9775 个，其中社科类项目的数量稳中有升，理工类项目的数量增加较为迅速。

表 3-7　山东高校科研项目情况

单位：个

项目类型	社科项目数量			理工项目数量			合计
	2012	2013	2014	2012	2013	2014	
国家重大重点	31	27	24	211	133	105	531
国家一般	193	218	208	1516	1508	1473	5116
省部级重点	74	50	69	93	140	126	552
省部级一般	1017	1214	1220	1017	1990	2295	8753
厅局级	1426	1541	1735	695	793	824	7014
市级	1008	1000	940	809	889	756	5402
合计	3749	4050	4196	4341	5453	5579	27368

此外，高校社会应用类项目占纵向研究项目的比例是衡量高校科研能力在社会应用中的重要指标。三年来，山东省高校社会应用类项目数量有显著提升，其中共有社科类项目 8081 项和理工类项目 9262 项属于社会应用类科研项目。这反映出山东省高校科研工作更加注重实际应用，也反映出高校与社会联系的日益密切。但是总体来看，山东省高校申请的国家级项目的数量有所下降，这说明山东省科研项目的在质量和层次方面发展缓慢，需要进一步加强。

（2）社科类科研经费稳步提升，理工类有所下降。科研经费是高校科研工作顺利进展的保障，也体现着国家和社会对高校科研工作的支持。通过表3-8可以看出，山东省各高校社科类科研经费明显少于理工类的科研经费。2012—2014年，山东省高校社科类科研经费的数量缓慢增长，值得关注的是，理工类科研经费却逐年下降，这与国家大力支持高校科研工作的举措不符，需要进一步分析，及时扭转这一下降趋势。

表3-8　山东省高校科研项目经费分析

单位：万元

项目类型	社科项目经费			理工项目经费			合计
	2012	2013	2014	2012	2013	2014	
国家重大重点	865	853	813	58286.63	35445	30818	127080.43
国家一般	3631.70	3671.15	4131	99507.00	85562	83201	5116.00
省部级重点	234.50	555	625.5	7811.80	8966.0	10400	28593.20
省部级一般	2989.20	3351.0	3819.64	28631.72	54234.92	46398	139424.67
厅局级	1038.93	1922.55	1865.16	4851.68	5005.1	6915.15	21598.52
市级	280.28	471.90	582.86	5655	6540	6079.72	19609.88
合计	9039.61	10824.60	11837.46	204743.76	195753.20	183811.94	616010.57

（3）科研成果数量缓慢增长。论文和著作是高校科研工作成果的展现，也是衡量高校科研实力的重要指标。尤其是应用类的科研论文和著作，直接反映着高校社会服务的能力。山东省高校应用型论文和著作的数量，除了社科类论文数量有所下降，总体呈增长趋势，尤其是理工类社会应用著作的数量有着显著提升。在学科方面，社科类成果明显少于理工类，这与学科的应用性有很大的关系。

（4）科研项目获奖数量逐年增加，高层次获奖较少。对优秀科研项目进行奖励是评价科研工作的水平和成果的重要方式，科研项目的获奖数量反映了一个学校的科技实力，也对下一步的科研工作产生着激励作用。从表3-9可以看出，2012—2014年，山东省高校的科研项目共获得各奖项10638次，各个级别的获奖数量均有增长，说明山东省高校科研水平获得了国家和社会的认可，科研工作进展顺利。从不同学科获奖情况来看，高层次的奖项中，理工类项目明显多于社科类项目；但在省级和市厅级的奖项中，理工类科研项目获奖数量明显低于社科类项目。

表 3-9 山东省高校科研获奖情况

单位：次

项目类别	社科类获奖			理工类获奖			合计
	2012	2013	2014	2012	2013	2014	
国际	5	0	3	45	51	126	230
国家	14	0	7	7	10	10	48
部级	32	61	55	83	83	131	445
省级	364	340	359	217	185	152	1617
市厅级	1972	1938	1871	867	870	780	8298
合计	2387	2339	2295	1219	1199	1199	10638

此外，文化传承与创新也是高校服务地方的重要方式。随着创新成为地区经济和社会发展的动力和源泉，作为知识创新、文化传承基地的高校，发挥着越来越重要的作用。到 2014 年，山东省的高校中，共拥有 93 处省级文化遗产、110 名省级文化遗产继承人和 127 个创意成果转换平台，其中 14 所学校的文化创意产业资产总值达到了 15316 万元，说明山东省高校在地方文化传承和创新中发挥着重要的推动作用。

3.1.3 高校社会服务和地方服务能力的培育情况

高校对自身服务能力的重视和培育也是高校服务社会和地方的方式，关乎着高校未来的社会服务潜力和发展方向，体现着高校对社会服务工作的重视和支持。高校对于自身服务的培育可以通过社会服务设计和服务平台建设等方面反映出来。要总结山东省各高校社会服务能力的培育状况，可以从高校社会服务人才引进、社会服务经费、高校社会服务规划与设计以及高校社会服务平台的建设与管理等方面具体分析。

1. 社会服务类人才引进数量逐年增长

高校的师资和各类人才一直是高校拥有的智力和知识优势，人才的数量和质量影响着高校为地方和社会服务能力的发挥。2012—2014 年，山东各高校各类社会服务人才引进情况总体良好，引进人才数量呈稳步增长趋势。高校在进行人才引进时，十分注意高层次人才的引进（见表3-10）。三年来，山东省各高校共引进教授4274名、博士6802名、学科领军人物216名、学科带头人1605名以及青年学术骨干1605名，其中引进博士人才的数量有着显著的提高，社科类和理工类服务人才引进数量较为均衡，这反映出山东省高校对于社会服务类人才引进的重视和对于高层次社会服务类人才的渴求。

表3-10　山东高校各类社会服务人才引进情况

单位：名

类别	社科类人才引进			理工类人才引进			合计
	2012	2013	2014	2012	2013	2014	
教授	466	541	581	838	926	922	4274
博士	776	843	901	1176	1446	1660	6802
硕士	2423	2479	2485	1448	1414	1467	11716
学科领军人物	17	27	10	35	80	47	216
学术带头人	92	92	91	431	438	461	1605
青年学术骨干	447	488	530	1107	1241	1422	5235
合计	4221	4470	4598	5035	5545	5979	29848

2. 社会服务经费预算总体增长，不同类别间存在差异

社会服务的经费是高校顺利进行社会服务和地方服务的基础保障，社会服务经费预算的多少也反映着高校对于社会服务和地方服务的重视程度。2012—2014年，山东省各高校超过半数拥有社会服务类经费，社会服务的经费预算总体呈增长趋势，理工类社会服务的经费预算增速明显，而社科类经费则有一定的下降。从经费来源来看，自筹经费数量逐年增加，但政府拨款的经费数目则有所下降，不同高校经费类别和经费来源存在差异。

表 3-11 山东高校社会服务经费预算情况

单位：万元

拨款情况			2012	2013	2014
类别	社科	总额	315583.59	723419.60	124684.11
		M1	2843.10	6517.29	1123.28
		M2	4930.99	10960.90	1889.15
	理工	总数	309328.05	464191.26	544148.34
		M1	2786.74	4181.90	4902.24
		M2	4548.94	6358.78	7255.31
性质	政府拨款	总数	435261.87	956004.13	435644.54
		M1	3921.28	8612.65	3924.73
		M2	8212.49	15672.20	6914.99
	自筹经费	总数	189649.77	231606.73	233187.91
		M1	1708.56	2086.55	2100.79
		M2	2495.39	3047.46	2951.75

3. 社会服务规划和设计能力提升

高校对自身社会服务和地方服务进行系统规划和设计既有利于各类服务工作的顺利开展，也有利于高校从全局角度统筹社会服务工作和学校的长远发展。通过高校对社会服务和地方服务工作的设计情况，可以了解高校开展社会服务的整体思路以及实施方法。

通过调研发现，山东省各高校在进行社会服务规划和设计时面向的地域存在着明显差异，将近半数的高校面向山东省的地方情况进行了社会服务规划和设计；其次是面向地市和全国的规划和设计；极少高校社会服务的定位是面向世界的，这也与山东省高校自身发展实力和定位相符合。在对高校社会服务进行设计时，山东省高校的途径主要是技术创新和转化。此外，山东省高校对于社会服务期限的设计多为长期和长远项目，短期项目占比较少，反映出山东省在进行服务规划和设计时注重长远成效，项目持续时间较长。

表 3-12　山东高校社会服务不同期限项目分布

项目类型	频次	比例（%）
短期	5	5.1
中期	21	21.2
长期	42	42.4
长远	31	31.3

4. 社会服务平台的建设与管理稳步发展

高校服务地方和社会需要有合理的管理制度的保障和服务平台的建设。随着山东省高校对于高校社会服务和地方服务重视程度的提高，服务平台和管理制度也日趋完善。从管理制度来看，山东省大部分高校的社会服务管理机构运行良好。需要注意的是，部分高校在进行社会服务和地方服务时缺少相应的保障机制和激励机制，教师对于社会服务和地方服务的重视程度不够，参与服务的热情和积极性没有得到充分调动和保障。有些高校还没有设置专门的社会服务机构和配套的管理制度，这都需要进一步的改善和提高。

在总结山东省高校地方服务和社会服务能力发展现状的同时，我们针对山东省35所典型高校，选取了高校的专业数量、一级硕士点、一级博士点、国家一级学科、国家重点学科、国家重点实验室、学生总数、教授总数、2014年管理干部挂职人数、2014年教师挂职人数、2014年学生挂职人数、近三年为政府提供决策咨询的次数（合计）、近三年决策咨询参与次数（合计）、近三年高校为政府提供教育培训——国家机关人数（合计）、近三年高校为政府提供教育培训——省级机关人数（合计）、近三年高校为政府提供教育培训——市级机关人数、近三年高校产学研——横向课题总量（合计）、近三年高校产学研——向企业提供的技术和专利数量（合计）、近三年高校产学研——科技园区孵化企业数量（合计）、近三年高校产学研——校办企业数量（合计）、近三年高校为企业提供决策咨询次数（合计）、近三年高校为企业提供决策咨询参与人数（合计）、近三年高校服务于社区的文化设施总面积、近三年高校人才培养情况——毕业生人数（合计）、近三年高校社科类（纵向）中社会应用类项目数量（合计）、近三年高校理工类（纵向）中社会应用类项目数量（合计）、近三年举办高层次社科类学术会议数量（合计）、近三年举办高层次理工类学术会议数量（合计）等共计28项指标进行分析，山东省地方高校服务地方大致呈现出如下特点。

（1）山东省地方本科院校服务地方的思路、方法较为趋同。服务地方经济是地方本科高校办学定位及特色的重要参考。因此，山东省地方本科院校应明确发展思路和服务对象，加强应用型人才的培养，最大限度地发挥地方本科高校的人才培养优势，为地方经济发展做贡献。① 在地方高校服务社会的过程中，由于各个地域高校的层次差别大，加上类型各异，导致其服务定位迥然。这一差别主要体现在服务层次、服务对象、地理区位方面。但是，通过对山东省地方高校服务地方现状的考察，我们发现山东地方本科院校从办学理念到学校发展规划很少提出与服务地方积极相关的思路，服务地方没有真正成为广大师生的战略共识，学校缺少积极探索构建与地方协同的新模式。因此，地方高校根据自身的特点，应建立起服务地方的基本思路，制定长远规划。面对巨大的服务空间，地方高校凭借错位竞争，发挥自身的竞争优势，在服务地方的同时为学校转型发展赢得新机遇。我们可以选择一些高校服务地方社会的具体指标进行分析。例如，高校为地方提供干部、教师、学生挂职的人数都较少，这与我们设想的理想状态有较大差距，相比其他经济发达省份高校的水平也相差甚远；山东省各高校为政府提供的建议数量也不多，被采纳的数量就更少。此外，国家级大学科技园建设脚步缓慢，承办高层次会议和论坛的数量也有限，这些情况都能反映出山东省高校服务地方的能力需要进一步提升。

（2）各地方本科院校服务地方的能力与学校综合办学实力密切相关。地方本科院校服务地方的能力与学校的办学实力明显相关，甚至与一些主流的大学排名呈现正相关。可以看到，在如今高校分层次管理和分类管理的大背景之下，高校的排名和综合实力直接表现为各高校所拥有的各种资源的差异

① 陈建国．立足区域优势，服务地方发展建设有特色的地方本科高校［J］．中国高等教育，2012（6）：22-24.

性，硬件方面（占地面积、人才引进政策、专业数量等）的差异直接影响着高校的软件实力（人才培养、博士点、硕士点申报等），从而导致地方本科院校在服务区域经济社会发展方面的能力也会有巨大差异。①

（3）各地方本科院校服务地方的能力各具特色。由于明显的地域因素特征和学校行业类型、性质的差异，山东省地方高校服务地方的能力存在较大的不同，服务能力各具特色。山东理工大学就是一个典型的案例。山东理工大学是山东省重点建设的以理工学科为主的多科综合性大学，驻淄博市高校中，综合实力较强的地方本科高校仅有山东理工大学一家，因此，“独生子女现象”使山东理工大学获得了淄博市地方政府的更大支持、更多的资源，在区域经济社会发展中起到了更大的作用，而更多的社会合作机会也促进了该校服务地方能力的不断增强。② 而济南大学则完全不同，因地处高校相对密集的山东省省会济南市，既有山东大学、山东师范大学等资历较老、底蕴深厚的高校，也有山东财经大学、山东建筑大学、山东交通学院、山东工艺美术学院等专业性较强的高校，还有一些实训条件好、产学研合作较好的高职类院校，因此，济南大学服务地方的定位就不能仅仅局限于济南市，而要立足济南，辐射山东，面向全国。借助其前身建筑材料工业学院的学科与专业优势，济南大学在做好服务济南区域经济发展的同时，与山东省内近 30 个区县建立了全面或科技合作关系，签署了一系列与省内外地级市、区县以及国内大型企业的全面战略合作协议，与济南市签订了服务对接工作协议，制订并大力实施《服务济南工作计划》，与德州、潍坊等 10 余个地市的百余家政府部门和大型企业签订了全面战略或科技合作协议，与中国建材集团、中国中材集团等企业建立了稳定的合作关系，为社会服务工作的有序开展奠定了良好的基础，有力助推了地方经济社会发展。

（4）地方本科院校服务地方面临“知识生产方式”的转型。“当前，高等教育现代化的重要转向之一体现在知识生产模式‘从内部导向变为外部导向’。”③ 不管是以工科见长的地方本科院校，还是社科类地方本科

① 杨晓玲．应用型本科院校服务地方建设研究［D］．西安：长安大学，2017，12.

② 山东理工大学网站［EB/OL］．https：//www. sdut. edu. cn/

③ 刘福才．大学智库文化的特质及其培育［J］．教育研究，2019（2）：94-103.

院校，在服务地方政府决策及地方经济社会发展方面，都面临着“知识生产方式”的转型，其中最为关键的是服务定位及服务方式的变革和转型。相对而言，工科院校服务地方的定位及方式较文科类院校更明显、更有优势。例如，山东理工大学、中国海洋大学、青岛科技大学等学校结合自身实际，依托学校工科专业优势开展了形式多样的社会服务活动，这与实际情况比较吻合。此外，工科类专业的产学研转化能力更强，因此服务社会的能力更强，理工科专业和企业接触得较多，横向课题也较多，在区域创新中发挥了重要作用。文科类高校更应该把服务地方的定位聚焦于利用自己的学科和专业优势来解决当地的社会实际问题，还可以利用师资、学生和文化积累等优势服务于地方的文化建设以及居民素养的提高。

知识生产模式Ⅱ理论是20世纪90年代由迈克尔·吉本斯提出的，旨在说明当代学术转型的理论。[①] 从知识生产转型的视角来看，按照英国学者等的观点，20世纪80年代中期以来，西方学术界经历了从知识生产模式Ⅰ向知识生产模式Ⅱ的学术转型的历史变革。模式Ⅰ是基于学科的，并且将所谓的“基础”和“应用”明确区分开来；模式Ⅱ的知识生产是跨学科的，其特点是“基础”和“应用”之间、理论和实践之间不断交互。模式Ⅱ从对研究取向的探索转移到了对情境性的成果探索中，即知识的开发和利用要求参与到知识的生产之中。当前处于社会转型时期，经济社会发展进入了新常态，无论是国家层面还是地方层面，如何发挥地方高校的智库优势，是人们日益关注的一个现实政策议题。[②] 智库的本质是一个知识生产组织。高校智库建设和发展的理论基础呈现出知识生产模式Ⅱ的基本特点，即跨学科、实用化、以解决问题（有效对接地方政府决策需求和区域经济社会需求）为导向。[③] 其中，山东省文科类高校如何充分利用自身的人才优势、学科建设特色和区域优势，将局限在某一学科认知情境

---

① 文东茅，沈文钦．知识生产的模式Ⅱ与教育研究［J］．北京大学教育评论，2010（4）．

② 周光礼，莫甲凤．高等教育智库及其学术研究风格——中国著名高等教育研究机构的学术转型［J］．高等工程教育研究，2014（6）：45-57．

③ 吴康宁．新型教育政策智库的基本特征［EB/OL］．http：//www.sinoss.net/2013/0922/47258.html.

中的研究，适时转化为在一个更广阔的、跨学科的、应用情境中的研究，处理好学科逻辑和智库逻辑之间的关系，主动提高面向政府和地方区域经济社会服务的意识和能力，实质性地提升自身智库功能，助力形成“定位明晰、特色鲜明、规模适度、布局合理的中国特色新型智库体系”，值得进一步研究和探索。

3.2 对山东省地方本科院校进行聚类分析的目的与过程

3.2.1 聚类分析的基本目的

聚类分析是一种比较理想的处理多变量的统计方法，也被称为群分析、点分析。[①] 此类方法是分析类似对象成为若干类别的划分过程，因为这类对象的特征相似甚至相同，它们在基础数据搜集上有某些共同的特点，本书正是基于这些特点，将数据源分到不同的簇中。聚类分析的输入是具体应用中的数据、样本集合的预处理，通过对不同数据的选取或者抽取，使样本所代表的空间具有一定的相似性，根据样本空间的相似性进行分组聚类。一般来说，聚类分析的过程是一个不断反馈循环的过程，通过这种不断的循环反馈不断地改善样本空间的相似性，最终得到聚类分析的样本簇（如图 3-1 所示）。

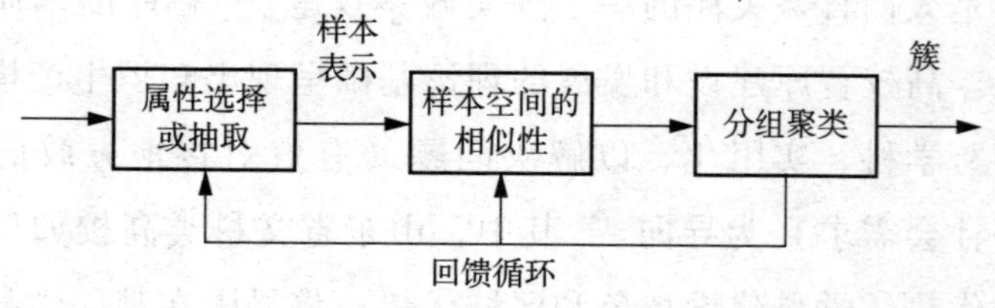

图 3-1 聚类的分析过程

目前在聚类分析方法的选择上，分为五大类：基于划分的方法、基于层

① 聚类分析法［EB/OL］. https：//wenku. baidu. com/view/f2ac74f8770bf78a6529548e. html.

次的方法、基于密度的方法、基于网格的方法、基于模型的方法。其中，基于划分的方法是指，在给定 n 个对象的数据库中，进行 k 个数据库划分，每一个划分代表一个聚类簇，理论上定义 k 不大于 n。划分的 k 个聚类簇具备以下特点：一方面，每组必包含至少一个样本；另一方面，每个样本必属于一个组。此分析方法是指对给定数据对象集合进行层次分解，故也称自下而上的方法，先将每一个对象都作为一个组，然后通过合并相近的对象或组，最后将所有组合合并为一个，即最上层。基于密度的方法是基于对象之间的距离进行的聚类划分。基于网格的方法是把对象空间最大化为有限数目的单元，形成了一个网格结构。基于模型的方法为每个簇假定了一个模型，寻找数据对给定模型的最佳拟合。基于层次的方法即层次聚类主要包括合并法、分解法、树状图，而非层次聚类主要包括划分聚类、谱聚类。聚类分析方法对样本进行分类有着直观、简单有效的特点，能够根据聚类一目了然地看到不同的划分结果。在此基础上，研究者可以根据自己研究的实际需要以及客观实际灵活进行划分，不必拘泥于一种或几种划分，进行分类的目的是更好地去研究客体本身，即使事物本身并不存在具体的分类，聚类分析也仍然可以得到分成若干类别的解。但是，研究者在运用聚类分析时，应注意对事物之间的因果关系进行分析，分类结果的解最终还是决定于所选择的聚类变量，因此，添加或者剔除几个聚类变量都会对最终的结果有一定的影响。在变量选择时，应遵循科学、全面的原则。

因此，本章中应用聚类分析的主要目的是根据地方本科院校服务地方的科学性、相关性、综合性、可操作性等原则，选取各个高校的横向课题数量、为企业提供决策次数、为政府提供教育培训数等 12 个关键指标以及占地面积、专业数量、硕士点、博士点等 10 个普通指标，共计 22 个指标（具体指标如图 3-2 所示），对山东省包括青岛大学、济南大学、山东理工大学在内的 35 所本科院校，运用基于层次的方法进行分组。

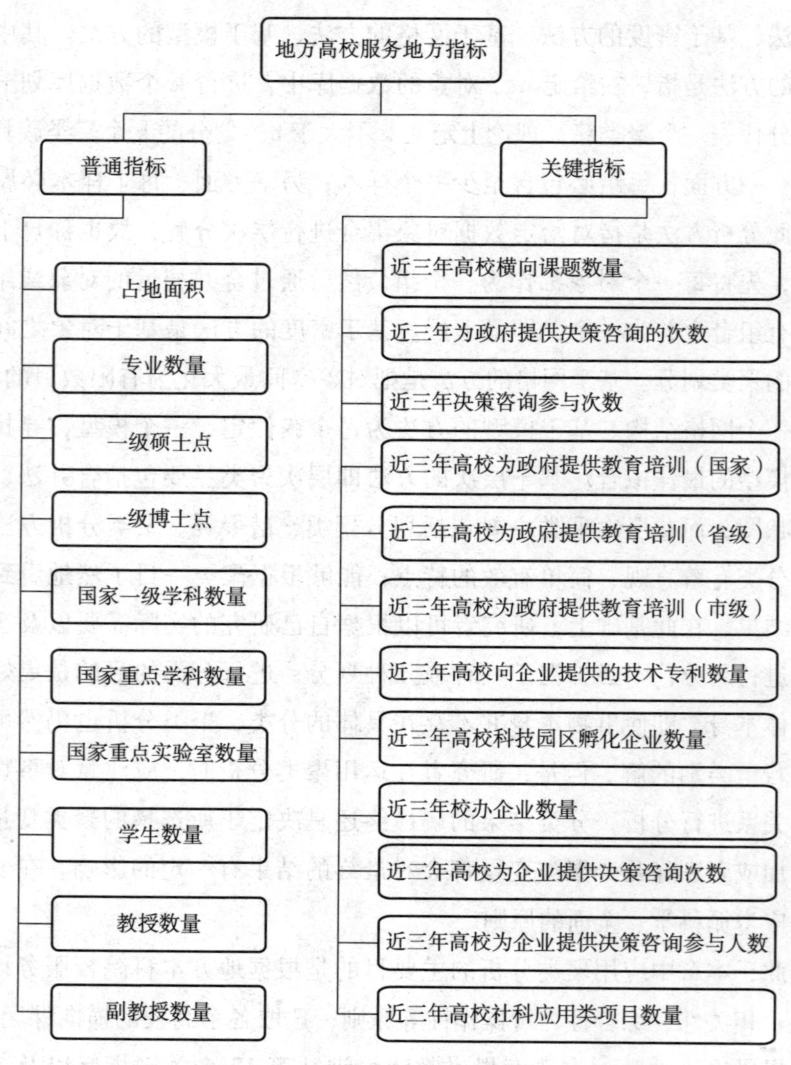

图 3-2　地方本科院校服务地方 22 个指标

3. 2. 2　聚类分析过程

在聚类分析过程中主要有以下几个步骤：第一，定义问题与选择分类变量，清楚明了研究问题以及如何选择分类变量；第二，聚类方法的选择，层次聚类还是非层次聚类；第三，确定群组数量，一般说来群组数量在 3~6 个，具体数量根据研究者的实际情况决定；第四，聚类结果的描述、解释。本书选取包括山东大学、青岛大学、济南大学、青岛科技大学、山东理工大学在内的35所山东省本科院校作为样本，对这些院校进行分组。

利用SPSS 19.0，在聚类分析过程中我们运用层次聚类，根据输出结果得到Ward连接的树状图（图3-3）。

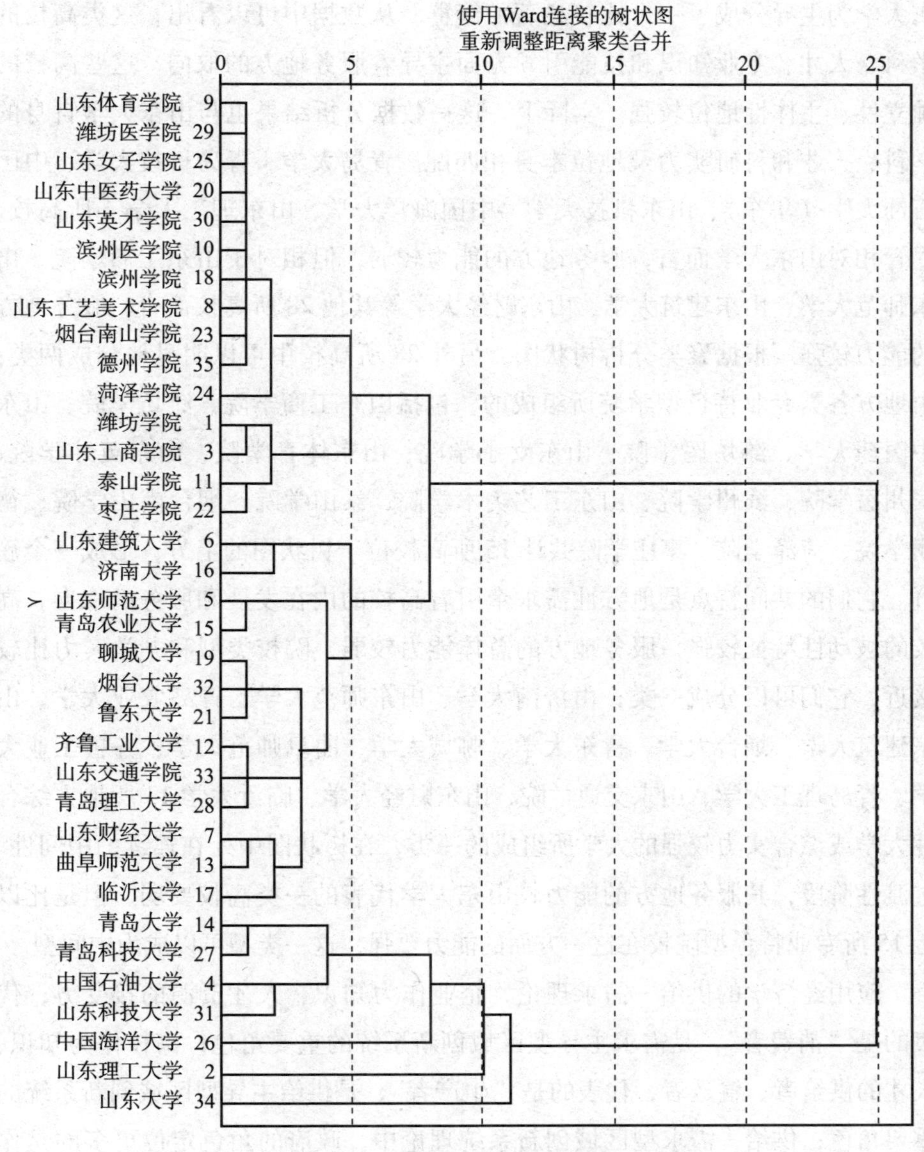

图3-3 使用Ward联接树状图

3.3 对山东省地方本科院校进行聚类分析的结果及其解释

从树状图中我们可以明显地看出，图形的下端以青岛大学为界限，以山东大学为主导分成了一个比较显著的簇群。从数据中可以看出，这类高校的学科、人才、专业知识和技能引领方面主导着服务地方的取向，这些高校的独立性、主体性地位较强。实际上，这一数据分析结果也与山东大学自身的学科、人才和科研实力及地位本身相匹配。青岛大学、青岛科技大学、中国石油大学（华东）、山东科技大学、中国海洋大学、山东理工大学 6 所高校，尽管相对山东大学而言，服务地方的能力较弱，但相对于山东工商学院、山东师范大学、山东建筑大学、山东财经大学等其他 28 所高校而言，服务地方的能力较强。根据聚类分析树状图，另外 28 所高校中可以明显地分成两类：由地方各类专业特色型学院所组成的，包括山东工商学院、潍坊学院、山东中医药大学、潍坊医学院、山东女子学院、山东体育学院、山东英才学院、滨州医学院、滨州学院、山东工艺美术学院、泰山学院、烟台南山学院、德州学院、菏泽学院、枣庄学院共计 15 所高校位于树状图的上方，形成一个簇群。它们的共同特点是地方性需求牵引着高校的内在发展和服务的取向，高校的被动性特征较强，服务地方的总体能力较弱，院校类型和办学实力比较接近，它们可以分成一类；由济南大学、山东师范大学、青岛农业大学、山东建筑大学、烟台大学、鲁东大学、聊城大学、曲阜师范大学、齐鲁工业大学、青岛理工大学、山东交通学院、山东财经大学、临沂大学 13 所地方综合性大学或综合实力较强的大学所组成的一类，在树状图中处在连续的中间性、过渡性阶段，其服务地方的能力较山东大学代表的一类高校要弱，但是比以上 15 所专业特色型院校在这一方面的能力要强，这一类型可以成为中间型。

应用经济学的供给—需求理论，企业作为知识、人才资源的接受方，代表的是“消费者”，是需求主导型区域创新系统的重要角色；高校作为知识、人才的供给者、输送者，代表的是“生产者”，是供给主导型区域创新系统的重要角色；供给—需求型区域创新系统理论中，政府的角色定位更多的是作为企业与高校的沟通者，通过牵线搭桥履行中间人的职责，大多体现为以需求促动的间接方式对高校施加影响。著名思想家马克思曾在其著作《资本论》中提出：没有需求就没有生产。① 在市场经济条件下，市场是经济活动的中心，企业所生产的产品与服务都需要通过市场来销售，生产者与消费者通过商品的流通密切联系在一起。在市场经济条件下，根据供给与需求之间的关系，可以将市场分为卖方市场与买方市场。在买方市场，社会所生产的劳动产品数量大大超过社会的需求，在市场上有大量商品由于没有充足的商品购买者而形成大量的积压；在商品的价格方面，由于消费者有更多的选择主动权来挑选自己偏好的商品，因此在众多厂商通过多种途径销售自己产品的情况下，包括降低价格，也就意味着消费者有着更多的价格主动权。

我们将市场经济下的商品供求关系演化到地方本科院校服务地方社会实践中，商品的生产者与商品的消费者角色发生了转变，地方企业在这一个过程中，不再担任生产商品的角色，所谓的商品更多的是以“人才、知识、服务”来流通，而人才、知识、服务的供给者已经成为高校。地方本科院校与地方之间的角色在不同的领域中有着不同的定位，没有一成不变的关系，供给与需求也会因时因地而变。考虑地方本科院校服务地方社会实践的实际情况，用买方市场与卖方市场来描述地方本科院校与地方企业之间的需求与供求之间的关系是一种理想化的形式。对于地方本科院校服务地方的特殊性而言，高层次人才是地方以及企业永远的需求，而普通型人才只能借助高校“推销”或者政府的“搭桥”去实现“商品”的价值。

表 3-13　35 所本科院校服务地方类型

高校类型	所属高校
供给主导型	山东大学、青岛大学、青岛科技大学、中国石油大学（华东）、山东科技大学、中国海洋大学、山东理工大学
供给—需求型	山东建筑大学、济南大学、聊城大学、山东师范大学、青岛农业大学、齐鲁工业大学、青岛理工大学、烟台大学、鲁东大学、山东交通学院、山东财经大学、曲阜师范大学、临沂大学
需求主导型	山东工商学院、山东中医药大学、潍坊学院、潍坊医学院、山东女子学院、山东英才学院、滨州医学院、滨州学院、山东工艺美术学院、山东体育学院、烟台南山学院、菏泽学院、泰山学院、德州学院、枣庄学院

① ［德］马克思著．资本论（全三册）［M］．郭大力，王亚南译．上海：上海三联书店，2009.

供给主导型高校综合实力强，人才培养能力也很强，毕业生就业率和待遇都较高，受到地方企业的青睐，因此，处于人才供求中的“卖方市场”。需求主导型高校综合实力较弱，毕业生就业较困难，为了生存和发展，必须尽力迎合市场需求，调整培养模式和专业，学校发展以市场需求为导向，因此处于人才供求中的“买方市场”。而供给—需求型高校处于二者的中间位置，既有自身的独立性和优势，也要通过市场的需求调整学校发展方向和人才培养方式。这三类高校定位和综合实力不同，在进行社会服务时的方式和能力也有所不同。

根据以上理论，按供给需求强弱进行划分，本书对聚类分析中划分的三个簇群进行分类（见表 3-16）：山东大学、青岛大学、青岛科技大学、中国石油大学（华东）、山东科技大学、中国海洋大学、山东理工大学 7 所高校供给主导型特征更加明显一些，我们把这一类高校统称为供给主导型高校；山东中医药大学、山东工商学院、潍坊学院、潍坊医学院、山东女子学院、山东体育学院、山东英才学院、滨州医学院、滨州学院、山东工艺美术学院、烟台南山学院、泰山学院、德州学院、菏泽学院、枣庄学院共 15 所需求牵引型高校属于需求主导型高校；济南大学、山东建筑大学、聊城大学、山东师范大学、青岛理工大学、齐鲁工业大学、青岛农业大学、烟台大学、鲁东大学、山东交通学院、山东财经大学、曲阜师范大学、临沂大学 13 所地方综合性大学或综合实力较强的大学这类中间类型称为供给—需求型高校。通过聚类分析，更方便我们明确山东各高校地方服务的整体水平和差异，发现高校社会服务中存在的问题，针对不同类型的高校有的放矢地提出意见和建议。

3.4 本章小结

进入 21 世纪以来，世界各国普遍进行了高等教育体系的重大调整和变革，各高校也不断进行着自身发展的转型。高校与地方经济社会发展之间的联系更加密切。不同类型、层次和形式的高等教育蓬勃发展起来，通过不同高校间的互相协调，促进着地方和国家的发展。我国的高等教育实现了跨越式发展，已经进入了大众化的发展阶段。[①] 高等教育在重视高水平大学发展、新兴学科建设以及创新人才的培养的同时，也对地方高校提出了新的要求。

本书借助山东省教育厅组织实施的全省高校 2012—2014 年社会服务情况调查结果，选取 12 个关键指标、10 个普通指标对样本数据进行了初步的描述性统计，对 35 所山东省本科高校进行基于层次的聚类分析。分析结果显示，这些高校明显分成三类，参考经济学的“供给—需求”理论，并结合高校在服务地方过程中所呈现出的社会实践特征，可将三类高校分别称供给主导型、需求主导型、供给—需求型地方本科高校。

① 陈永忠．浙江工业大学科研管理模式及其运行机制创新研究［D］．杭州：浙江大学，2009，4：12.

4 不同类型地方本科院校服务地方的差异分析——以山东省为例

为进一步验证聚类分析的结果，本书从高校横向课题情况、高校向企业提供技术和专利数量与科技园区孵化企业数量情况、科技园区孵化企业年产值和校办企业数量情况、高校政策咨询与决策建议情况、高校为政府提供教育培训情况，对供给主导型、供给—需求型、需求主导型三类高校服务地方基本数据进行了均值比较，进一步验证了聚类分析结果。最后，通过案例分析进一步验证总结了地方本科院校服务地方的三种类型的特点。

4.1 三种类型地方本科院校服务地方的比较分析

4.1.1 三类高校横向课题情况

高校的科研项目主要包括科研纵向课题和横向课题等。纵向科研课题主要是由国家、省或各厅局集中时间受理和组织的专项科研计划项目，是由国家或省市科技主管部门负责拨款支持的各类课题和项目，主要有国家五年科技计划项目、国家科技攻关项目、国家高技术项目、国家自然科学基金项目、社科基金项目和国家重点基础研究发展规划项目等，还包括各省、部委和市科研项目以及各类教育基金项目等。科研的横向课题就是高校与企业进行联系与合作的，主要用来解决生产和经济发展中的实际问题和技术困难的各类课题，横向项目和课题的经费主要来自企业和产业，是高校与地区、企事业单位进行合作，[①] 共同促进地方发展的项目。

高校产学研横向课题数量和经费是高校服务地方和服务区域经济社会发展的重要指标和参考数据。表 4-1、表 4-2 的统计数据显示，2012 年、2013 年、2014 年三种类型高校横向课题数量具有明显差异（p. <0. 01）。供给主导型高校的横向课题经费和数量均值远远大于供给—需求型和需求主导型高校。具体来看，2014 年，供给主导型高校的横向课题经费均值高达 16021. 9629 万元，供给—需求型高校经费直接降到了 1866. 1377 万元，而需求主导型高校仅为 212. 9983 万元，差距悬殊，值得我们思考。这说明供给主导型高校作为优势高校，其科研力量和科研经费来源广、数量多、经费足，主要任务是科学研究和人才培养；而作为需求主导型高校的“弱势”高校，其任务还是集中于人才培养。这种情况说明每一所地方本科院校都要明确自身定位，确立自身发展目标和发展特色，并形成自身的核心竞争力和比较优势，发展优势学科，为区域经济社会发展提供特色鲜明的社会服务，秉持“人无我有、人有我优”的理念，在某个行业、某个领域形成自己的学科特色。例如，临沂大学（其前身为临沂师范专科学校）的教育学科的优势，济南大学（其前身为山东建筑材料工业学院）的传统无机非金属材料领域、化学化工领域，青岛科技大学的化工制造（橡胶）领域，青岛理工大学（其前身为青岛建筑学院）、山东建筑大学的建筑学领域，齐鲁工业大学（其前身为山东轻工业学院）的轻工业领域等，都要立足优势，做好做强，避免高校同质，才能更好地服务地方社会和区域经济发展。这也使我们认识到，一定要注意高校发展可能会出现的“马太效应”，从高校发展和服务地方的领域来看，优势高校与“弱势”高校所拥有的资源、发展机会、发展平台、办学支持等相差甚远，直接影响或制约着不同类型高校的发展水平与速度。

---

① 陈永忠．浙江工业大学科研管理模式及其运行机制创新研究［D］．杭州：浙江大学，2009，4：6.

表 4-1 三类高校横向课题数量均值比较数据报告

		2012 年高校产学研——横向课题数量（个）	2013 年高校产学研——横向课题数量（个）	2014 年高校产学研——横向课题数量（个）	近三年高校产学研——横向课题总量（个）	2012 年高校产学研——横向课题经费（万元）	2013 年高校产学研——横向课题经费（万元）	2014 年高校产学研——横向课题经费（万元）	近三年高校产学研——横向课题经费（万元）
供给主导型	平均值	622.14	606.71	510.14	1779	19964.93	18769.64	16021.96	54756.54
	频数	7	7	7	7	7	7	7	7
	标准差	489.24	428.92	388.45	1298.49	19868.91	19079.04	13933.43	52428.59
供给—需求型	平均值	147.31	148.15	145.77	441.23	2306.56	2118.69	1866.14	6291.39
	频数	13	13	13	13	13	13	13	13
	标准差	110.43	132.92	141.73	358.01	1835.25	1381.12	1292.17	3881.38
需求主导型	平均值	10.40	14.27	15.8	40.47	176.80	282.61	213.00	672.40
	频数	15	15	15	15	15	15	15	15
	标准差	14.64	15.78	20.85	44.02	237.49	551.04	378.70	789.00
总体	平均值	191.60	182.49	162.94	537	4925.48	4661.99	3988.81	13576.28
	频数	35	35	35	35	35	35	35	35
	标准差	327.80	297.98	261.50	881.61	11402.48	10814.15	8528.31	30121.35

表 4-2 三类高校横向课题数量方差分析

		平方和	自由度	均方	组方差值	显著性
2012 年高校产学研——横向课题数量（个）	组间	2067879	3	1033939.59	20.868	0.00
	组内	1585479	32	49546.23		
	总体	3653358	34			
2013 年高校产学研——横向课题数量（个）	组间	1696577	2	849788.34	20.611	0.00
	组内	1319342	32	41229.44		
	总体	3018919	34			
2014 年高校产学研——横向课题数量（个）	组间	1E+009	2	643001635.2	17.336	0.00
	组内	1E+009	32	37090250.34		
	总体	2E+009	34			
近三年高校产学研——横向课题总量（个）	组间	14001695	2	7000847.72	18.191	0.00
	组内	12315315	32	384853.59		
	总体	26317010	34			
2012 年高校产学研——横向课题经费（万元）	组间	2E+009	2	1005354647	13.350	0.00
	组内	2E+009	32	75307807.46		
	总体	4E+009	34			

续表

		平方和	自由度	均方	组方差值	显著性
2013 年高校产学研——横向课题经费（万元）	组间	2E+009	2	882477804.1	12.771	0.00
	组内	2E+009	32	69100012.39		
	总体	4E+009	34			
2014 年高校产学研——横向课题经费（万元）	组间	1172434	2	586217.16	16.277	0.00
	组内	1152506	32	36015.80		
	总体	2324940	34			
近三年高校产学研——横向课题经费（万元）	组间	2E+010	2	7529192186	14.430	0.00
	组内	2E+010	32	521785870.8		
	总体	3E+010	34			

承担企事业的委托项目是高校服务地方的重要方式和途径。山东省地方高校从总体上看，服务地方经济、社会发展的能力逐年增强，项目研究的被采纳率也逐年提高，这反映出了山东省高校社会服务能力的总体提升。2011—2014年，企事业委托项目由 910 项增长到 1650 项，增长速度为 81.3%；企事业资金来源由 5143.7 万元增加到 8691.0 万元，增长速度为 67.0%，其中，2011—2012年的增长速度最快，为 50.5%；研究报告被采纳数量由 2011 年的 157 项增长到2013 年的 210 篇，增长速度为 33.8%，但是 2013—2014 年有小幅度下跌，由210 项减少到 169 项，减少幅度为 19.5%。具体如图 4-1 所示。

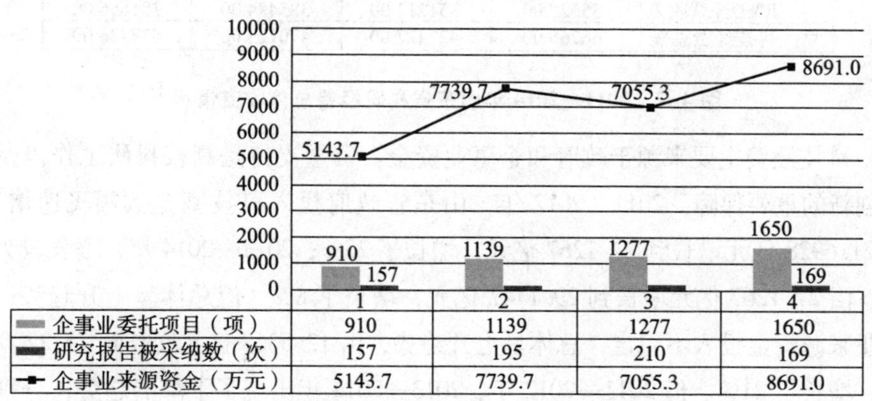

图 4-1　2011—2014 山东省社科服务社会情况①

科技经费总额代表科技活动的规模，象征科研活动的地位，保障了高校

① 山东省教育厅．山东省 2011—2014 年科技与人文发展报告［R］. 2015，6.

科研工作的顺利进行，体现着高校科研的实力，也带动着科研人员工作的积极性。在一定程度上，国家科学技术发展政策的变动影响着科技经费构成情况。2011—2014 年，山东科技活动经费呈明显增长趋势，科技经费总额从 36. 6765 亿元增长到 47. 7726 亿元，增长了 30%；R&D 经费收入增长速度也较快，从 25. 5527 亿元增长到 38. 1656 亿元，比 2011 年增长了 49%；2014 年科技经费总支出 44. 6605 亿元，比 2011 年增长了 40%；2014 年 R&D 经费支出为 30. 3944 亿元，比 2011 年增长了 33%。2011—2014 年科技经费收支情况如图 4-2 所示。经费的增长趋势代表着山东省对于高校科研工作的重视程度逐年提升，也是其高校科研实力逐年提高的表现。

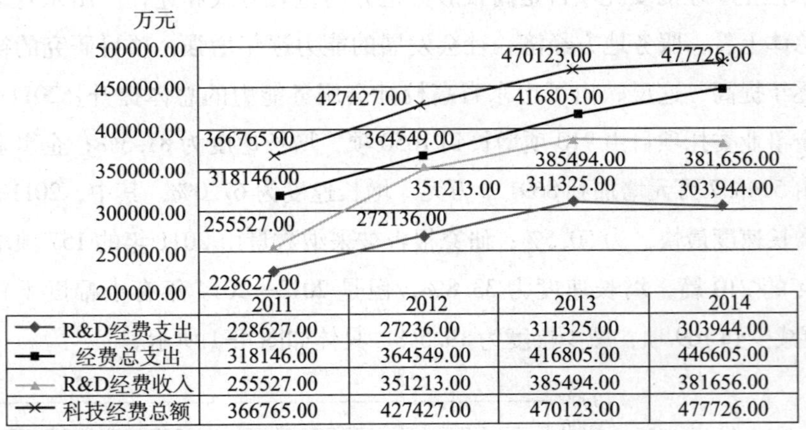

	2011	2012	2013	2014
R&D经费支出	228627.00	27236.00	311325.00	303944.00
经费总支出	318146.00	364549.00	416805.00	446605.00
R&D经费收入	255527.00	351213.00	385494.00	381656.00
科技经费总额	366765.00	427427.00	470123.00	477726.00

图 4-2　2011—2014 年山东省科研经费总体收支情况①

科技经费主要来源于政府和企事业资金。资金支持是高校科研工作以及区域创新的重要保障。2011—2012 年，山东省政府投入科技基金数额飞速增长，由 21. 6928 亿元增长到 27. 1267 亿元，增长了 25%；2012—2014 年，增长较为缓慢，由 27. 1267 亿元增长到 29. 1747 亿元，增长了 8%，但总体呈上升趋势；企事业来源资金投入不稳定，总体呈上升趋势，由 12. 5368 亿元增长到 15. 2200 亿元，增长了 21%。但 2011—2012 年、2013—2014 年出现了下降的趋势，分别由 12. 5368 亿元下降到 12. 4046 亿元，由 15. 5723 亿元下降到 15. 2200 亿元，各自下降了 1%、2%。具体如图 4-3 所示。

---

① 山东省教育厅. 山东省 2011—2014 年科技与人文发展报告 [R]. 2015, 6.

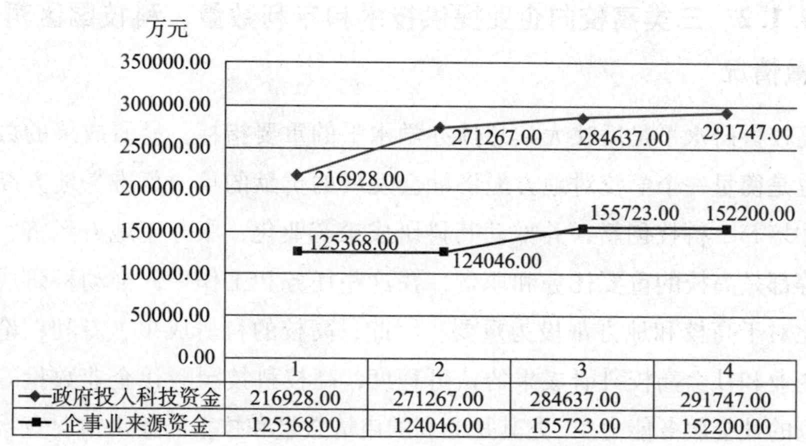

	1	2	3	4
政府投入科技资金	216928.00	271267.00	284637.00	291747.00
企事业来源资金	125368.00	124046.00	155723.00	152200.00

图 4-3 2011—2014 山东省科技经费投入情况①

目前，就山东省的高等教育财政拨款而言，主要根据高等学校分层，也就是我们常说的“985”高校、“211”高校、省重点院校、地方普通高校和高职高专等几个层次的划分来进行财政拨款。这种拨款模式的基本特点是高校所处层次与所获得财政拨款成正相关关系，是典型的以“身份”为标准的拨款模式。从过去的实践看，这种建立在“身份”基础上的财政拨款模式，对于激发高等学校间的质量竞争有一定的刺激作用，但其弊端重重，最突出的一点就是加重高校的“同质化”现象：各层次高校盲目跟风，过分追求“大而全”，忽视个性化高校特色建设；致力于“升格”、上层次，高职要升本科，本科想上硕士点，有了硕士点申请博士点，等等。显然，这种以“身份”为基础的财政拨款模式不利于各类型高校办学特色的形成，更不利于各类型高校在明确自身定位的基础上不断提升办学质量。目前，山东省正致力于高校的分类管理制度的建设，而这一制度建设的关键点就在于要改变以往以“高校分层”为基础的财政拨款模式，实施“先分类、再分层”的高等教育财政拨款模式。

① 同上.

4.1.2 三类高校向企业提供技术和专利数量、科技园区孵化企业数量情况

高校科研水平是反映大学总体办学水平的重要指标，科研成果的数量和质量也是衡量一个学校对地方经济社会发展的贡献的重要标准。地方高校进行人才培养、科技创新，并推动其科研成果产业化，服务于地方经济、社会发展等都是高校的重要任务和职责，在这些任务和工作中，推动科研成果的产业化对于高校和地方都极为重要。因此，高校的科研成果、专利、论文数量，企业和社会高校科研成果的认可程度，高校科技园孵化企业数量等反映着高校的社会服务能力。[①] 尤其是专利的申请数量和技术的输出情况直接反映了一个地区的科技创新能力，高校作为地方重要的科研机构和技术输出单位在地方经济发展和科技创新中承担着重要作用。对高校向企业提供的专利和技术以及孵化企业数量进行分析研究是评价和衡量地方高校社会服务能力的重要指标。

表4-3、表4-4的统计数据显示，山东省三种类型高校向企业提供的技术和专利的数量，以及科技园区的孵化企业数量存在着明显的差异（$p.<0.05$）。以2014年为例，供给主导型高校为企业提供的技术和专利数量为115项，供给—需求型高校为43.62个，而需求主导型高校直接下降到了3.53个，差距相当明显。2014年科技园区孵化企业的数量三者差距更大（$p.<0.001$），供给主导型高校为67.86个，供给—需求型高校直接下降到了2.54个，需求主导型高校仅仅为0.67个。

---

① 陈永忠．浙江工业大学科研管理模式及其运行机制创新研究［D］．杭州：浙江大学，2009，4：6.

表 4-3 三类高校提供的技术和专利的数量、科技园区孵化企业数量均值比较数据报告

		2012 年高校产学研——向企业提供的技术、专利数量（项）	2013 年高校产学研——向企业提供的技术、专利数量（项）	2014 年高校产学研——向企业提供的技术、专利数量（项）	近三年高校产学研——向企业提供的技术、专利数量（总计）（项）	2012 年高校产学研——科技园区孵化企业数量（个）	2013 年高校产学研——科技园区孵化企业数量（个）	2014 年高校产学研——科技园区孵化企业数量（个）	近三年高校产学研——科技园区孵化企业数量（总计）（个）
供给主导型	平均值	102.14	113.71	115.00	330.86	53.86	59.86	67.86	164.57
	频数	7	7	7	7	7	7	7	7
	标准差	119.65	140.11	141.93	371.26	50.31	42.54	45.60	128.55
供给—需求型	平均值	43.69	44.62	43.62	131.92	0.00	1.77	2.54	4.23
	频数	13	13	13	13	13	13	13	13
	标准差	73.05	61.37	60.81	187.06	0.00	5.51	6.91	12.33
需求主导型	平均值	1.80	2.33	3.53	7.67	0.00	0.00	0.67	0.67
	频数	15	15	15	15	15	15	15	15
	标准差	2.60	4.39	6.19	12.69	0.00	0.00	2.58	2.58
总体	平均值	37.43	40.31	40.71	118.46	10.77	12.63	14.80	34.77
	频数	35	35	35	35	35	35	35	35
	标准差	76.48	80.96	81.39	232.33	30.40	30.08	33.34	85.51

表 4-4 三类高校提供的技术和专利的数量、科技园区孵化企业数量方差分析

		平方和	自由度	均方	组方差值	显著性
2012 年高校产学研——向企业提供的技术、专利数量	组间	48866.55	2	24433.27	5.212	0.011
	组内	150016.0	32	4688.00		
	总体	198882.6	34			
2013 年高校产学研——向企业提供的技术、专利数量	组间	59591.70	2	29795.85	5.840	0.007
	组内	163253.8	32	5101.68		
	总体	222845.5	34			
2014 年高校产学研——向企业提供的技术、专利数量	组间	59474.33	2	29737.17	5.740	0.007
	组内	165768.8	32	5180.28		
	总体	225243.1	34			
近三年高校产学研——向企业提供的技术、专利数量（合计）	组间	374533.3	2	187266.64	6.034	0.006
	组内	993157.7	32	31036.18		
	总体	1367691	34			
2012 年高校产学研——科技园区孵化企业数量	组间	16243.314	2	8121.66	17.115	0.000
	组内	15184.86	32	474.53		
	总体	31428.17	34			

续表

		平方和	自由度	均方	组方差值	显著性
2013年高校产学研——科技园区孵化企业数量	组间	19539.01	2	9769.50	27.855	0.000
	组内	11223.17	32	350.72		
	总体	30762.17	34			
2014年高校产学研——科技园区孵化企业数量	组间	24656.18	2	12328.09	30.015	0.000
	组内	13143.42	32	410.73		
	总体	37799.60	34			
近三年高校产学研——科技园区孵化企业数量（合计）	组间	147508.8	2	73754.41	23.351	0.000
	组内	101073.4	32	3158.54		
	总体	248582.2	34			

高校聚集了丰富的人力资源和智力资源，作为传播知识的摇篮和科技创新的基地，为地方培养和聚集了大批的高科技人才。高校还拥有大量的仪器设备和先进的实验基地，国家和政府长期的财政和政策支持，使高校拥有技术和知识创新的优厚条件，并由此形成了一批国家级科研开发基地和技术推广中心。① 大学科技园是以具有较强科研实力的大学为依托，将大学的综合智力资源优势与其他社会优势资源相结合，为高等学校科技成果转化、高新技术企业孵化、创新创业人才培养、产学研结合提供支撑的平台和服务的机构。大学科技园是国家创新体系的重要组成部分，是大学自主创新的重要基地，是区域经济发展和行业技术进步，以及高新区二次创业的主要创新源泉之一，是高等学校产学研结合、服务社会、培养创新创业人才的重要平台。现在，山东省各地方高校正在积极地促进大学科技园的建设和发展，但在规模和层次上仍存在着显著差别。例如，山东大学等知名高校拥有国家级大学科技园，省属地方本科院校山东科技大学等院校也拥有较早的国家级大学科技园，济南大学目前也正在积极推进贵州和济南天桥区大学科技园建设，而山东省的需求主导型高校在大学科技园建设方面处于落后地位。

① 赵立龙．基于区域创新系统理论的大学科发展战略研究［D］．昆明：昆明理工大学．2004：1.

4.1.3 三类高校在科技园区孵化企业年产值和校办企业数量情况

高校拥有着先进的高新技术和充足的科研人才，因此，加强与地方企业的合作，把人力和科技资源提供给企业以及创办校办企业等方式已成为高校产学合作、服务地方的重要途径，同时，许多企业也为高校的科研投资带来了丰厚的回报。例如，与企业的合作可以使高校师生接触实际生产，有机会在新行业、新领域中进行科研工作，解决技术难题；这些企业还能为法学、经济学、工程学以及其他相关学科的学生提供大量实习和实训的机会；通过投资企业获得的经济回报，可以为高校办学和科研提供经费支持以及大量课题项目。此外，校企合作和校办企业的建立，为高校的毕业生提供了就业的机会和平台，提升了地方高校的口碑和社会认可度，进而为吸引生源和优秀教职工提供了有力的激励。

表 4-5、表 4-6 的统计数据显示，2012—2014 年，三类高校在科技园区孵化企业年产值和校办企业的数量指标上，存在着明显差异。可以看出，供给主导型高校横向项目较多，科研实力更为雄厚，校办企业相对就多一些。2012—2014 年，三类高校校办企业数量的均值分别为 29. 14、5. 23、1. 67，该数据比较符合实际。以山东省为例，山东大学拥有山大地纬、山大欧码、山大华特、山大华天、山大鲁能等多个校办企业，其中几家已经上市。供给主导型高校代表青岛科技大学因橡胶特色专业的带动，也已经有多家校办企业上市。而供给—需求型代表济南大学的校办企业目前只有山东济大科技发展有限公司，且正处在起步发展阶段。而需求型高校中更是有多所学校至今没有校办企业。

以技术转让与知识产权情况为例来分析，2011—2014 年，山东本科院校的技术转让成果数不断增加，合同总金额增长明显。其中，2014 年签订技术转让合同创新高，为 452 项，比 2011 年增加 36. 1%；成交的合同总金额由 2011 年的 5948 万元增加到 2014 年的 10396 万元，增长速度为 74. 8%；其中专利出售的数量由 2011 年的 86 项增加到 2012 年的 98 项，增长速度为 14. 0%。通过以上数据可以说明，山东高校的知识创新能力越来越强，并越来越重视自主知识产权的保护，具体如图 4-4 所示。

表 4-5　三类高校科技园区孵化企业年产值和校办企业数量均值比较数据

		2012 年高校产学研——科技园区孵化企业年产值（万元）	2013 年高校产学研——科技园区孵化企业年产值（万元）	2014 年高校产学研——科技园区孵化企业年产值（万元）	近三年高校产学研——科技园区孵化企业年产值（总计）（万元）	2012 年高校产学研——校办企业数量（个）	2013 年高校产学研——校办企业数量（个）	2014 年高校产学研——校办企业数量（个）	近三年高校产学研——校办企业数量（总计）（个）	2012 年高校产学研——校办企业年产值（万元）	2013 年高校产学研——校办企业年产值（万元）	2014 年高校产学研——校办企业年产值（万元）	近三年高校产学研——校办企业年产值（总计）（万元）
供给主导型	平均值	6425.03	20064.84	33011.00	59500.87	12.00	12.43	12.43	29.14	30888.13	32991.3	35669.58	99549.01
	频数	7	7	7	7	7	7	7	7	7	7	7	7
	标准差	4697.62	26931.28	52177.71	7690.24	8.49	8.60	8.60	22.83	63096.53	67375.12	72853.38	203319.93
供给—需求型	平均值	0.00	23.46	77.69	101.15	2.62	2.62	2.62	5.23	1678.54	2103.62	2488.62	6269.23
	频数	13	13	13	13	13	13	13	13	13	13	13	13
	标准差	0.000	77.39	193.57	247.27	3.84	3.84	3.84	7.91	8579.90	4657.59	6366.37	583.26
需求主导型	平均值	0.00	0.00	7.00	7.00	0.87	0.93	1.00	1.67	311.58	340.06	298.93	950.56
	频数	15	15	15	15	15	15	15	15	15	15	15	15
	标准差	0.000	0.000	27.11	27.11	1.36	1.39	1.56	3.37	769.23	838.72	710.03	317.00
总体	平均值	1285.01	4021.68	6634.06	11940.75	3.74	3.86	3.89	8.49	6934.62	7525.34	8186.37	22646.33
	频数	35	35	35	35	35	35	35	35	35	35	35	35
	标准差	3270.09	13936.8	25680.92	40321.38	6.07	6.21	6.21	15.20	31184.36	33317.63	36034.48	100529

表 4-6 三类高校在科技园区孵化企业年产值和校办企业数量方差分析

		平方和	自由度	均方	组方差值	显著性
2012 年高校产学研——科技园区孵化企业年产值	组间	2E+008	2	115586778.0	27.935	0.000
	组内	1E+008	32	4137677.38		
	总体	4E+008	34			
2013 年高校产学研——科技园区孵化企业年产值	组间	2E+009	2	1126052466	8.280	0.001
	组内	4E+009	32	135994790.4		
	总体	7E+009	34			
2014 年高校产学研——科技园区孵化企业年产值	组间	6E+009	2	3043893528	5.963	0.006
	组内	2E+010	32	510485598.8		
	总体	2E+010	34			
近三年高校产学研——科技园区孵化企年产值（合计）	组间	2E+010	2	9896130185	8.924	0.001
	组内	4E+010	32	1108918523		
	总体	6E+010	34			
2012 年高校产学研——校办企业数量	组间	617.88	2	308.94	15.573	0.000
	组内	634.81	32	19.84		
	总体	1252.69	34			
2013 年高校产学研——校办企业数量	组间	662.56	2	331.28	16.366	0.000
	组内	647.73	32	20.24		
	总体	1310.29	34			
2014 年高校产学研——校办企业数量	组间	656.75	2	328.38	16.048	0.000
	组内	654.79	32	20.46		
	总体	1311.54	34			
近三年高校产学研——校办企业数量（合计）	组间	3822.25	2	1911.12	15.151	0.000
	组内	4036.50	32	126.14		
	总体	7858.74	34			
2012 年高校产学研——校办企业年产值	组间	5E+009	2	2516753861	2.873	0.071
	组内	3E+010	32	875946041.5		
	总体	3E+010	34			
2013 年高校产学研——校办企业年产值	组间	6E+009	2	2848083677	2.844	0.073
	组内	3E+010	32	1001438050		
	总体	4E+010	34			
2014 年高校产学研——校办企业年产值	组间	7E+009	2	3321249972	2.834	0.074
	组内	4E+010	32	1172060574		
	总体	4E+010	34			
近三年高校产学研——校办企业年产值（合计）	组间	5E+009	2	2.288E+010	2.458	0.102
	组内	3E+011	32	9309893544		
	总体	3E+011	34			

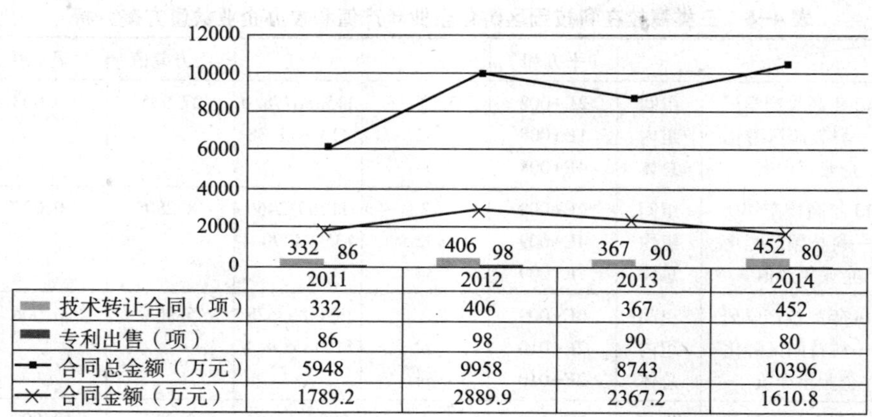

图 4-4　2011—2014 年山东省技术转让及专利出售情况①

改革开放以来，高等院校与产业之间的互动开始由过去政府行政调控的单一模式，逐步向多样化的产学合作模式转变，在产学合作方面创造出了许多独创性的模式与成果。这与我国政府和高校准确把握改革方向，致力于学习、参考其他国家先进的产学合作经验息息相关。从科技产业方面来说，进行合作的动机和优势主要有以下几个方面：一是吸引高素质的研发人员，及时获得高等院校的先进科研成果；二是节约研发成本，从高校取得科研成果的费用远低于企业自行开发的成本，而且能使企业拥有高校的师资团队作为其顾问，解决生产中的技术难题，从而提升企业竞争力；三是与高校互动，可以使用高校先进的设备，填补科技产业的设备资源与人才培养时的不足；四是运用高校的知名度和学术声誉，提升企业形象和国际竞争力。最后企业通过与高校进行产学合作，可以享受政府政策优惠，有利于企业争取国家科研项目、获得融资与投资等。②

从高校方面来看，进行产学合作的原因和优势有以下几方面：首先，产学合作可以增加学校与教师的收入，利用研发经费来改善学校的软件与硬件，提高学校实验室的科研水平。其次，产学合作，为学校师生提供了接触实务和了解生产中的实际问题的机会，使研究与应用结合起来。最后，产学研互

---

① 山东省教育厅．山东省 2011—2014 年科技与人文发展报告［R］．2015，6.

② 汤易兵．区域创新视角的我国政府—产业—大学关系研究［D］．杭州：浙江大学，2007，12：55-56.

动也是响应国家号召，提高高校的社会服务能力，促进高校毕业生整体素质的有效途径。

总体来看，2011—2014 年山东省高校已经与省内 80%以上的企业建立了产学研合作关系，形成了“一企一校”或“一企多校”的合作局面。据不完全统计，“目前全省高校与企业和地方政府共建科研生产联合体 382 个，其中共建工程技术研究中心 55 个，中试基地等 300 个，科研教学基地 270 个。开展了一系列校企合作人才培养和科研项目，产学研项目不断增多，成果转化加快，转化重要科研成果 2501 项，充分发挥了对区域经济社会发展的助推器作用”①。高校的科研实力和水平是高校产学研结合工作的开展基础。凭借人才、智力上的竞争力，山东省高校积极促进跨领域、全方位的校地、校企合作，使其更好地服务经济建设水平，从而推动高校科技成果的转化率，实现高新技术产业化。

4.1.4　三类高校政策咨询与决策建议情况

关于高校的决策咨询职能，教育部在《中国特色新型高校智库建设推进计划》明确提出，要整合优质资源，加强高等学校软科学研究基地建设，“以综合性大学现有的高水平战略研究机构为基础，培育一批面向国家和国际重大科技战略问题的国家级智库；培育、鼓励行业特色院校组建行业、产业科技发展战略研究中心，形成全面覆盖的行业、产业发展战略与政策研究支撑网络”。针对地方高校，特别提出，要“面向区域发展需要，在高校培育一批面向区域产业发展需要的特色政策咨询机构”。当前，承担智库功能的高校，由于具备学科门类齐全、人才优势、集教学与科研功能于一身等比较优势，有利于促进教育决策科学化、民主化，对于当前深化教育综合改革，推进教育事业科学发展，实现教育治理体系和治理能力现代化具有现实意义。

高校作为国家和地方政府的智库，其应用政策能力直接推动着校企合作、校校合作以及校政合作的实现，发挥着理论成果向实际转化的中介作用。当

① 山东省教育厅．立足培养应用型人才，全面深化本科教学工作综合改革．2014.

前，山东新旧动能转换综合试验区获批以来，全省上下形成了齐心协力推动新旧动能转换的大好局面。尤其是对于高等学校，要抓住新旧动能转换的新机遇，在实现山东省创新驱动、服务新旧动能转换能力方面有所作为，以更好地服务于“走在前列、全面开创”的总要求。以济南大学为例，学校关于社会服务工作做出创新调整：

学校党委专门成立了对外合作交流领导小组，下一步要坚持需求导向和产业化方向，由校领导分别牵头，组织相关学院、科研机构和团队，整合人才、科研方面的优势资源和成果，分头分类与省直部门和各地市组织实施的重大工程与平台对接，千方百计促合作、抓项目、建平台、聚资源，努力在新旧动能转换和经济社会发展中有所作为。

建立高效快捷的成果转化推进机制，修订细化成果转化管理实施细则，打通基础研究、应用开发、成果转化与产业化链条，全面融入“政产学研金服用”创新体系，推动学校科研成果转变为现实生产力，打造一批“拿得出”“叫得响”的成果转化项目。

紧紧抓住与济南市融合发展的新机遇、新势头，力争在推进市校深度融合、服务济南产业转型升级方面取得实质性成果，推动济南市建立支持学校改革发展的常态化机制。深化与市中区合作，以创新为导向，通过市场化方式，打造高水平的科技文化产业园，集中力量建设济南大学科技研发、聚集资源、协同创新、服务社会的大平台、新亮点。

抓好学校国际化办学实施方案的贯彻落实工作，以国际化办学为抓手，更加突出面向海内外延揽高层次科技创新人才，与济南市和各市（县）政府、园区、企业合作引进高水平人才，或以灵活方式来校工作，形成济南市乃至全省国际化人才集聚高地，借力推动特色学科高水平发展，并助力地方和企业新旧动能转换；更加突出借助世界高水平大学的平台和资源，根据山东省经济社会发展战略布局和行业企业关键技术攻关需求，建设一批国际合作实验室和研究中心，参与重大产业项目和产业科技研发，促进学校科技国际协同创新，提升服务经济社会发展的能力和水平。

高校为政府和各类组织机构提供政策咨询和建议，是高校研究成果的归宿，也是高校发挥其智库功能的主要路径之一。而高校作为智库所发挥的影响力大小，在很大程度上取决于高校提供的政策研究成果和决策咨询的效果和质量。在这一方面，尽管我国高校的研究成果数量众多，但每年仅有少数成果和建议被国家各部委以及地方各级人民政府参考和认可，最终能形成相关咨询报告和政策建议的数量就更少。同时，其中只有少数成果能够被省部级和以上政府机关借鉴采纳，或是得到中央领导的批示。由此可以认为，目前我国高校科研成果的实际转化率较低，政策建议和咨询报告转化为有效政府决策的能力也不足，两者均存在着较大的发展空间。这跟我国高校的学者和科研工作者理论和学术研究能力强，但在实际应用和联系实践上能力有所欠缺有关，导致了科研成果和决策建议的实际操作性和参考价值不高。因此，亟须提高高校的政策咨询能力，促进其研究成果的转化。①

高校在政策咨询和提供决策建议方面，应以解决经济社会发展面临的现实问题为导向，为各级政府、社会企事业单位提供政策建议，需要改进的地方还有很多，需要提升的空间和潜力还相当大。通过数据呈现，虽然看到三类高校在政策咨询和提供决策方面没有显著性差异，但是从数据可以看出，国家机关采纳供给主导型高校建议的次数多于供给—需求和需求主导型高校，而供给—需求型高校为省级和市级提供的建议采纳次数多于另外两类，这说明山东省高校服务政府的定位还是要以“立足地方，辐射周边”为主。

表4-7~表4-9的统计结果显示，2012—2014年，山东省高校（三种类型高校）在为政府提供决策咨询的次数（国家级、省级、市级）和决策咨询参与次数（国家级、省级、市级），以及政策建议被采纳的次数（国家机关、省级机关、区县级机关）三个方面差异均不是很明显。数据显示，山东省高校在政策咨询与决策建议服务地方能力上还有待提高。

① 夏美武，徐月红．地方本科高校联盟的理论、问题与对策分析［J］. 中国高教研究，2016（5）：81-85.

表 4-7　三类高校为政府机关提供决策咨询次数方差分析

		平方和	自由度	均方	组方差值	显著性
2012 年为政府提供决策咨询的次数——国家机关	组间	103. 15	2	51. 575	3. 572	0. 040
	组内	461. 99	32	14. 437		
	总体	565. 14	34			
2013 年为政府提供决策咨询的次数——国家机关	组间	199. 34	2	99. 670	3. 030	0. 062
	组内	1052. 55	32	32. 892		
	总体	1251. 89	34			
2014 年为政府提供决策咨询的次数——国家机关	组间	308. 32	2	154. 160	3. 403	0. 046
	组内	1449. 57	32	45. 299		
	总体	1757. 89	34			
2012 年为政府提供决策咨询的次数——省级机关	组间	31. 82	2	15. 909	0. 692	0. 508
	组内	735. 73	32	22. 991		
	总体	767. 54	34			
2013 年为政府提供决策咨询的次数——省级机关	组间	84. 88	2	42. 440	1. 613	0. 215
	组内	842. 09	32	26. 315		
	总体	926. 97	34			
2014 年为政府提供决策咨询的次数——省级机关	组间	68. 53	2	34. 265	1. 244	0. 302
	组内	881. 64	32	27. 551		
	总体	950. 17	34			
2012 年为政府提供决策咨询的次数——市级机关	组间	26. 84	2	13. 419	0. 132	0. 876
	组内	3241. 45	32	101. 295		
	总体	3268. 29	34			
2013 年为政府提供决策咨询的次数——市级机关	组间	590. 09	2	295. 043	1. 768	0. 187
	组内	5340. 09	32	166. 878		
	总体	5930. 17	34			
2014 年为政府提供决策咨询的次数——市级机关	组间	226. 19	2	113. 092	0. 644	0. 532
	组内	5622. 22	32	175. 694		
	总体	5848. 40	34			
2012 年为政府提供决策咨询的次数——区（县）级机关	组间	267. 75	2	133. 873	1. 083	0. 351
	组内	3953. 80	32	123. 556		
	总体	4221. 54	34			
2013 年为政府提供决策咨询的次数——区（县）级机关	组间	634. 91	2	317. 453	0. 982	0. 385
	组内	10340. 64	32	323. 145		
	总体	10975. 54	34			

续表

		平方和	自由度	均方	组方差值	显著性
2014 年为政府提供决策咨询的次数——区（县）级机关	组间	560.01	2	280.006	0.937	0.402
	组内	9566.96	32	298.967		
	总体	10126.97	34			
2012 年为政府提供决策咨询的次数——乡镇街道	组间	0.530	2	0.265	0.143	0.867
	组内	59.36	32	1.855		
	总体	59.89	34			
2013 年为政府提供决策咨询的次数——乡镇街道	组间	2.48	2	1.240	0.375	0.690
	组内	105.81	32	3.306		
	总体	108.29	34			
2014 年为政府提供决策咨询的次数——乡镇街道	组间	7.15	2	3.575	0.411	0.666
	组内	278.40	32	8.700		
	总体	285.54	34			
近三年为政府提供决策咨询的次数（次数）	组间	6966.10	2	3483.052	0.465	0.632
	组内	239449.4	32	7482.795		
	总体	246415.5	34			

表 4-8 三类高校决策咨询参与次数方差分析

		平方和	自由度	均方	组方差值	显著性
2012 年决策咨询参与次数——国家机关	组间	109.22	2	54.61	1.649	0.208
	组内	1059.52	32	33.11		
	总体	1168.74	34			
2013 年决策咨询参与次数——国家机关	组间	195.57	2	97.79	1.229	0.306
	组内	2546.71	32	79.59		
	总体	2751.29	34			
2014 年决策咨询参与次数——国家机关	组间	406.10	2	203.05	2.148	0.133
	组内	3025.44	32	94.55		
	总体	3431.54	34			
2012 年决策咨询参与次数——省级机关	组间	125.30	2	62.65	0.139	0.871
	组内	14403.67	32	450.12		
	总体	14528.97	34			
2013 年决策咨询参与次数——省级机关	组间	137.61	2	68.81	0.163	0.851
	组内	13535.36	32	422.98		
	总体	13672.97	34			

续表

		平方和	自由度	均方	组方差值	显著性
2014 年决策咨询参与次数——市级机关	组间	214. 33	2	107. 17	0. 182	0. 834
	组内	18831. 84	32	588. 50		
	总体	19046. 17	34			
2012 年决策咨询参与次数——市级机关	组间	3299. 01	2	1649. 51	0. 845	0. 439
	组内	62501. 67	32	1953. 18		
	总体	65800. 69	34			
2013 年决策咨询参与次数——市级机关	组间	8586. 12	2	4293. 06	1. 209	0. 312
	组内	113590. 3	32	3549. 70		
	总体	122176. 4	34			
2014 年决策咨询参与次数——区（县）级机关	组间	22748. 75	2	11374. 38	1. 428	0. 255
	组内	254837. 8	32	7963. 68		
	总体	277586. 6	34			
2012 年决策咨询参与次数——区（县）级机关	组间	8114. 44	2	4057. 22	2. 024	0. 149
	组内	64141. 45	32	2004. 42		
	总体	72255. 89	34			
2013 年决策咨询参与次数——区（县）级机关	组间	6797. 68	2	3398. 84	1. 465	0. 246
	组内	74229. 01	32	2319. 66		
	总体	81026. 69	34			
2014 年决策咨询参与次数——乡镇街道	组间	32515. 86	2	16257. 93	1. 891	0. 167
	组内	275102. 5	32	8596. 96		
	总体	307618. 4	34			
2012 年决策咨询参与次数——乡镇街道	组间	276. 70	2	138. 35	0. 647	0. 530
	组内	6839. 20	32	213. 73		
	总体	7115. 89	34			
2013 年决策咨询参与次数——乡镇街道	组间	866. 29	2	433. 15	0. 619	0. 545
	组内	22374. 40	32	699. 20		
	总体	23240. 69	34			
2014 年决策咨询参与次数——乡镇街道	组间	319. 99	2	160. 00	0. 662	0. 523
	组内	7732. 75	32	241. 65		
	总体	8052. 74	34			
近三年决策咨询参与次数（合计）	组间	414930. 6	2	207465. 29	1. 439	0. 252
	组内	4613328	32	144166. 51		
	总体	5028259	34			

表 4–9　三类高校决策建议采纳次数方差分析

		平方和	自由度	均方	组方差值	显著性
2012 年建议采纳次数——国家机关	组间	3. 72	2	1. 861	1. 083	0. 351
	组内	54. 96	32	1. 718		
	总体	58. 69	34			
2013 年建议采纳次数——国家机关	组间	4. 35	2	2. 176	1. 441	0. 252
	组内	48. 33	32	1. 510		
	总体	52. 69	34			
2014 年建议采纳次数——国家机关	组间	16. 64	2	8. 320	2. 409	0. 106
	组内	110. 50	32	3. 453		
	总体	127. 14	34			
2012 年建议采纳次数——省级机关	组间	51. 55	2	25. 729	0. 618	0. 546
	组内	1333. 29	32	41. 665		
	总体	1384. 74	34			
2013 年建议采纳次数——省级机关	组间	64. 06	2	32. 030	0. 888	0. 421
	组内	1154. 34	32	36. 073		
	总体	1218. 40	34			
2014 年建议采纳次数——省级机关	组间	60. 20	2	30. 099	0. 724	0. 492
	组内	1329. 69	32	41.553		
	总体	1389. 89	34			
2012 年建议采纳次数——市级机关	组间	53. 57	2	26. 787	0. 570	0. 571
	组内	1503. 17	32	46. 974		
	总体	1556. 74	34			
2013 年建议采纳次数——市级机关	组间	32. 99	2	16. 497	0. 303	0. 740
	组内	1740. 55	32	54. 392		
	总体	1773. 54	34			
2014 年建议采纳次数——市级机关	组间	69. 73	2	34. 865	0. 310	0. 736
	组内	3600. 96	32	112. 530		
	总体	3670. 69	34			
2012 年建议采纳次数——区（县）级机关	组间	45. 05	2	22. 522	0. 571	0. 570
	组内	1261. 24	32	39. 414		
	总体	1306. 29	34			
2013 年建议采纳次数——区（县）级机关	组间	98. 98	2	49. 489	0. 850	0. 437
	组内	1862. 16	32	58. 193		
	总体	1961. 14	34			
2014 年建议采纳次数——区（县）级机关	组间	103. 21	2	51. 606	0. 710	0. 499
	组内	2325. 93	32	72. 685		
	总体	2429. 14	34			

续表

		平方和	自由度	均方	组方差值	显著性
2012 年建议采纳次数——乡镇街道	组间	5. 34	2	2. 668	0. 457	0. 637
	组内	186. 95	32	5. 842		
	总体	192. 29	34			
2013 年建议采纳次数——乡镇街道	组间	7. 78	2	3. 892	0. 463	0. 634
	组内	268. 96	32	8. 405		
	总体	276. 74	34			
2014 年建议采纳次数——乡镇街道	组间	12. 14	2	6. 070	0. 494	0. 614
	组内	392. 83	32	12. 276		
	总体	404. 97	34			
近三年建议采纳次数（合计）	组间	2782. 35	2	1391. 175	0. 399	0. 674
	组内	111512. 4	32	3484. 762		
	总体	114294. 7	34			

4. 1. 5　三类高校为政府提供教育培训情况

高校服务地方的能力除了体现在为政府提供政策咨询和建议方面，还体现在为政府机关工作人员提供教育培训，提升其综合素质和办事能力等方面。表 4-10~表 4-13 的统计数据显示，三类高校为政府提供教育培训的差异性均不显著，但是频次分析从这三类高校的次数和人数来看，各类高校都在立足本地的基础上开展了一些为政府或企业培训的服务地方活动。市级层面上，供给主导型高校培训人数一般会高于供给—需求型和需求主导型高校；而且地域差异较为明显，有的甚至出现了反向数据，其中，反映有关为政府提供乡镇街道干部培训情况的数值，供给—需求型的高校和需求主导型的高校都远远高于供给主导型的高校。例如，临沂市只有临沂大学一所本科院校，临沂大学发挥培训职能的机会就会大大增加，而济南市、青岛市作为高校比较集中的政治文化和经济中心城市，各高校争夺地市县级层面培训的机会时就会比较激烈，所以出现类似这样的数据分布也就不足为奇了。

表 4-10　三类高校为政府（省级）提供教育培训均值比较数据报告

单位：人

		2012 年高校为政府提供教育培训——面训——省级机关人数	2013 年高校为政府提供教育培训——面训——省级机关人数	2014 年高校为政府提供教育培训——面训——省级机关人数	2012 年高校为政府提供教育培训——远程教育——省级机关人数	2013 年高校为政府提供教育培训——远程教育——省级机关人数	2014 年高校为政府提供教育培训——远程教育——省级机关人数	近三年高校为政府提供教育培训——省级机关人数（合计）
供给主导型	平均值	462.86	263.57	342.14	0.00	0.00	0.00	1068.57
	频数	7	7	7	7	7	7	7
	标准差	583.86	478.72	505.68	0.00	0.00	0.00	1520.16
供给—需求型	平均值	486.77	526.08	646.54	0.00	0.00	0.00	1659.38
	频数	13	13	13	13	13	7	13
	标准差	718.61	833.27	1075.39	0.00	0.00	0.00	2530.29
需求主导型	平均值	42.20	65.00	92.20	0.00	0.00	0.00	199.40
	频数	15	15	15	15	15	15	15
	标准差	93.61	173.22	209.116	0.00	0.00	0.00	466.10
总体	平均值	291.46	275.97	348.09	0.00	0.00	0.00	915.51
	频数	35	35	35	35	35	35	35
	标准差	542.29	584.33	730.92	0.00	0.00	0.00	1788.73

表 4-11　三类高校为政府（省级）提供教育培训方差分析

		平方和	自由度	均方	组方差值	显著性
2012 年高校为政府提供教育培训——面训——省级机关人数	组间	1633491	2	816745.56	3.124	0.058
	组内	8364978	32	261405.55		
	总体	9998469	34			
2014 年高校为政府提供教育培训——面训——省级机关人数	组间	1481896	2	740948.17	2.341	0.112
	组内	10127067	32	3164710.83		
	总体	11608963	34			
2014 年高校为政府提供教育培训——面训——省级机关人数	组间	2140372	2	1070186.13	2.137	0.135
	组内	16023990	32	500749.70		
	总体	18164363	34			
2012 年高校为政府提供教育培训——远程培训——省级机关人数	组间	0.00	2	0.00		
	组内	0.00	32	0.00		
	总体	0.00	34	0.00		

续表

		平方和	自由度	均方	组方差值	显著性
2013年高校为政府提供教育培训——远程培训——省级机关人数	组间	0.00	2	0.00		
	组内	0.00	32	0.00		
	总体	0.00	34	0.00		
2014年高校为政府提供教育培训——远程培训——乡镇街道人数	组间	0.00	2	0.00		
	组内	0.00	32	0.00		
	总体	0.00	34	0.00		
近三高校为政府提供教育培训——省级机关人数（合计）	组间	1549740	2	7524870.18	2.569	0.092
	组内	93734908	32	2929215.89		
	总体	1E+008	34			

表4-12　三类高校为政府（乡镇街道）提供教育培训均值比较数据报告

		2012年高校为政府提供教育培训——面试——乡镇街道人数	2013年高校为政府提供教育培训——面试——乡镇街道人数	2014年高校为政府提供教育培训——面试——乡镇街道人数	2012年高校为政府提供教育培训——远程培训——乡镇街道人数	2013年高校为政府提供教育培训——远程培训——乡镇街道人数	2014年高校为政府提供教育培训——远程培训——乡镇街道人数	近三年高校为政府提供教育培训——乡镇街道人数（合计）
供给主导型	平均值	19.29	20.00	54.14	0.00	0.00	0.00	93.43
	频数	7	7	7	7	7	7	7
	标准差	49.72	37.81	104.61	0.00	0.00	0.00	171.76
供给—需求型	平均值	14.77	165.38	539.46	0.00	0.00	0.00	719.62
	频数	13	13	13	13	13	13	13
	标准差	35.72	552.58	1941.15	0.00	0.00	0.00	2488.70
需求主导型	平均值	107.07	115.67	149.27	24.67	25.67	26.00	448.33
	频数	15	15	15	15	15	15	15
	标准差	259.47	267.63	285.65	95.53	99.41	100.70	966.10
总体	平均值	55.23	115.00	275.17	10.57	11.00	11.14	478.11
	频数	35	35	35	35	35	35	35
	标准差	175.17	374.63	1187.10	62.54	65.08	65.92	1621.32

表 4-13 三类高校为政府（乡镇街道）提供教育培训方差分析

		平方和	自由度	均方	组方差值	显著性
2012 年高校为政府提供教育培训——面训——乡镇街道人数	组间	70631. 50	2	35315. 75	1. 162	0. 326
	组内	972664. 7	32	30395. 77		
	总体	1043296	34			
2014 年高校为政府提供教育培训——面训——乡镇街道人数	组间	96183. 59	2	48091. 80	0. 329	0. 722
	组内	4675464	32	146108. 26		
	总体	4771648	34			
2014 年高校为政府提供教育培训——面训——乡镇街道人数	组间	1487796	2	743897. 98	0. 513	0. 604
	组内	46424951	32	1450779. 72		
	总体	47912747	34			
2012 年高校为政府提供教育培训——远程培训——乡镇街道人数	组间	5215. 24	2	2607. 62	0. 653	0. 527
	组内	12777. 3	32	3992. 92		
	总体	132988. 6	34			
2013 年高校为政府提供教育培训——远程培训——乡镇街道人数	组间	5646. 67	2	2823. 33	0. 653	0. 527
	组内	138343. 3	32	4323. 23		
	总体	143990. 0	34			
2014 年高校为政府提供教育培训——远程培训——乡镇街道人数	组间	5794. 29	2	2897. 14	0. 653	0. 527
	组内	141960. 0	32	4436. 25		
	总体	147754. 3	34			
近三年高校为政府提供教育培训——乡镇街道人数（合计）	组间	1807381	2	903690. 71	0. 330	0. 721
	组内	87567622	32	2736488. 19		
	总体	89375004	34			

此外，值得一提的是，山东省大部分高校目前考核教师的标准，更多依据的是教师发表论文的数量、纵向课题的数量，获得国家、省级基金的数额、专利数量等，一定程度上忽视了教学成果和教学量。随着社会快速发展和现代高校的职能转变，考核教师应将教师服务社会的部分指标和数据考虑在内，现在许多教师缺少服务地方的动力，就是因为服务地方工作对于教师工作量的核定以及职称评审的作用没有特别凸显，部分学校甚至都没有体现，因此如何激发高校教师服务区域经济社会发展的内生动力值得各个学校重视。高校相关部门要适时改革评价教师的指标体系，在传统指标体系的基础上考虑服务地方工作的数字指标和能力，以服务地方工作促进科研，在做好科研的同时更好地指导社会服务工作，形成双方互动良性的循环。高校对教师的认可和评估要改变以往“一刀切”的局面，引入多方面的评价指标体系。同时，

要加强激励机制建设，激发高校服务地方的创新活力。在创新质量和贡献的引导下，构建科研评价机制和激励机制，完善人才评价标准，使其科学合理，避免错误的创新导向。改革薪酬制度，通过用人制度加大实现分类管理教师岗位，引导和明确高校将技术创新和成果转化纳入绩效评价范围。社会服务评价体系改革要与学校综合改革，特别是人事分配制度改革相协调。优化现代高校社会服务管理新机制，建立以科研成果创造性、实用性以及科研对人才培养贡献为导向的评价激励机制。不断深化高校社会服务激励机制改革，创新组织形式，加强以应用和产业化为导向的评价考核，深入推进管办评分离，引导科研活动更好地面向区域经济社会的实际需求。

4.2 三种类型地方本科院校服务地方的个案分析

根据本章聚类分析的结果，在对供给主导型、供给—需求型、需求主导型三类高校服务地方基本数据进行均值比较的基础上，按照每一类型高校服务地方的类型特点，选取6所典型的地方本科院校，结合6所院校服务地方的办学实践，进行描述性案例分析，以此验证地方本科院校服务地方的三种类型的特点。

4.2.1 需求指导型地方本科院校服务地方实践个案列举

近年来，山东省的需求指导型院校服务地方的总体水平和质量得到了明显提升，大多数高校可以根据自身发展情况和优势，立足地方特色，调整服务内容和服务模式，但仍存在整体实力较弱、服务效果欠缺等问题。在地方服务的实践中，以下学校代表性较强。

1. *潍坊学院*

潍坊学院是山东省属全日制综合性本科院校，省应用型人才培养特色名校立项建设单位、省硕士学位授予立项建设A类单位。学校占地面积1543余亩，68个本科专业，涵盖文、理、工、史等10个学科门类。学校现有1963名教职工中有专任教师1390人，占教职工的70.8%。高级职称670人，有博士生导师、硕士生导师82人。有国家高层次人才特殊支持计划入选人员、享受国务院政府特殊津贴专家、教育部教学指导委员会委员、全国优秀教师、泰山产业领军人才、省有突出贡献的中青年专家等50余人。学校共有2.5万余名全日制在校学生。[①]

潍坊学院坚持开放办学，以服务社会为己任，主动对接“蓝黄”国家发展战略和山东新旧动能转换重大工程，深入开展服务潍坊行动，紧紧围绕地方需求，提供科技服务和决策咨询。近年来，先后承担国家级项目80余项，省部级项目810余项；教职工取得授权专利196余项。

寿光市作为潍坊市辖县级市，因其生产优质的蔬菜被誉为“中国蔬菜之乡”，潍坊学院正是以寿光的蔬菜技术需求为导向，增设针对蔬菜技术发展相关专业，设立生物科学、生物技术、设施农业科学与工程、园林、种子科学与工程、制药工程等学科，培养农学方面的人才。针对企业需求，潍坊学院成立蔬菜研究专业实验室，对甜椒、花药的蔬菜培养进行技术攻关；针对潍坊特产潍县萝卜，在寒亭、临朐、昌乐等县市区示范和推广“三层精肥节水”栽培技术。

潍坊学院开展面向地方经济社会发展中重大现实问题的战略研究，以项目（课题）为纽带为地方政府、企业提供高质量、多层次的服务。与滨海经济技术开发区合作建设“海水化学资源综合利用重点实验室”，在溴素系列制药、苦卤综合利用、无机新材料的研发与制备等领域开展高端合作，在海洋化工研究上有新突破；与潍坊汇力达钢管制品有限公司合作成立潍坊学院汇力达自动化装备研究所，与企业联合进行现有生产设备的自动化与智能化改造；联合进行自动化加工设备的研究开发；培训企业技术人员10人次；研制完成电热水器封头旋压机；研制完成数控托克斯铆接机床。

2. 济宁学院

济宁学院地处孔孟之乡、儒家文化的发源地山东省济宁市，1951年建校，是一所普通全日制本科高校。学校占地1613亩，现有48个本科、23个专科专业。专业涵盖了经济学、文学等9个学科门类，无硕士点。现有教职工

① 潍坊学院网站［EB/OL］. http：//www. wfu. edu. cn/.

1190人中专任教师883人，占教师职工74.2%。其中高级职称386人，具有博士学位的教师107人。现有全日制普通在校生22000余人。[①]

济宁学院开展的社会服务活动，基本上以当地的儒学文化需求为依据，推动科技成果市场化程度，时刻与地方政府、大型企业、科研院所进行科技合作与交流。承担国家级科研项目19项、省部级59项、市厅级106项，获市厅级以上科研成果奖励105项，获授权专利48项。

济宁学院高度重视产学研合作育人工作，与中兴、英谷等企业共建专业方向27个，在160多个企事业单位建立了实践教学基地。学校积极开展科学研究，“十二五”以来，承担国家级科研项目30项、省部级139项、市厅级281项，发表论文1900余篇，其中核心期刊900余篇，SCI、EI收录500余篇，出版著作90余部；获山东省青年科技奖1项、市厅级以上科研成果奖励181项；获授权专利333件。

济宁学院调整适合当地文化发展的办学模式，突出人文科学的地位与作用，把学科建设纳入济宁文化大发展大繁荣整体战略中。2010年，济宁学院与曲阜市人民政府建立曲阜国际级文化产业示范人才培养基地、中国曲阜儒文化产业研究中心，积极承担关于文化保护方面的科研专题，在儒学文化、水浒文化、运河文化研究方面形成地域特色；为了促进济宁文化产业的传播以及旅游资源的开发，2012年济宁学院完成《邹城市田黄镇十八盘生态旅游规划》，促进了对邹城市田黄镇旅游资源的开发。

济宁学院以企业需求为导向，全面推进校企间的深度合作。例如，2019年5月，济宁学院与山东赛德丽漆业集团联合建立产学研合作基地，针对赛德丽漆业的市场需求进行技术创新及新产品开发，并开展企业人才培养与培训等工作；材料领域研发团队和济宁市利特纳米团队、三生新材料团队、泛谱检测团队、达瑞化学科技有限公司等多家企业进行“面对面”研讨交流，深入探讨校企合作，切实开展协同创新，有针对性地解决企业的技术难题。

① 济宁学院网站［EB/OL］. http：//www.jnxy.edu.cn/html/xxgk/xxjj/1.html.

4.2.2 供给指导型地方本科院校服务地方实践个案例举

供给指导型院校是山东省综合实力较强的地方院校，其社会服务和地方服务能力明显强于其他两类地方院校，值得其他学校学习借鉴。

1. 青岛大学

青岛大学是山东省与青岛市共建的省属重点综合性大学，已成立100多年。学校占地2655亩，现有本科专业101个。一级学科博士点13个，8个博士后流动站；一级学科硕士点37个，涵盖了文学等11个学科门类。国家重点学科2个，国家重点实验室培育基地1个。中央与地方共建高校基础实验室与特色优势学科实验室17个。省部级重点实验室与工程技术研究中心9个。山东省首批高校协同创新中心5个。

青岛大学3900名教职工中有专任教师2595余人，占教职工的66.53%。教师中具有博士、硕士以上学位的1978人，高级职称1164人。拥有一大批两院院士、中组部"千人计划"入选者、国家百千万人才工程人选、新世纪百千万人才工程国家级人选、国家有突出贡献的中青年专家、长江学者等专家教授。在校生4.6万余人。①

青岛大学在服务地方的工作中，更多以自己本校为导向，借助本校的优势在地方上寻找高校与企业、高校与政府之间合作的契机。《青岛大学事业发展规划（2011—2015）》提出，在学科建设带头下，不断提升优势学科竞争力，同时结合自身培育特色学科，形成一批新兴学科，密切学科建设与区域经济社会发展的联系，要以重大现实问题为主攻方向，努力产出产业一线急需的高水平成果。要坚持以服务经济社会发展为导向，紧紧围绕加快转变经济发展方式这条主线，加快科技成果转化和产业化步伐，力争成为经济结构调整和战略性新兴产业发展的促进者，成为区域发展的助推器、高水平智囊团和思想库。

2013年，青岛大学向社会推介技术转移和成果转化项目共计130项，其

① 青岛大学网站［EB/OL］. http://www.qdu.edu.cn/content/xuexiaogaikuang/20141015/4503_2.html.

中新材料类 14 项、化工产品类 7 项、先进制造产业类 17 项、新能源及高效节能环保产业类 9 项、生物医学类 26 项、电子信息产业类 35 项、管理以及社会服务类 36 项，涉及青岛大学各个优势学科。2014 年 6 月 12 日，青岛大学与安顺学院签订对口帮扶协议，积极开展对口帮扶工作，充分利用青岛大学的优势资源，在学校专业建设、科学研究、师资培训交流、合作办学、人才培养等方面开展帮扶，开展全方位、多层次、宽领域的交流与合作。2006 年，青岛大学与潍坊高密市政府签署合作协议，在协议框架内，青岛大学为高密市进行人才培养、在职研究生培养、企事业单位人才培训工作，借助高密市企业，完成青岛大学科研成果转换，青岛大学与高密市的长效合作机制促进当地经济又好又快发展。2012 年，青岛大学与环山集团签署了校企联合办学项目协议，使得环山集团充分有效利用青岛大学的教育资源，系统地提升团队的管理能力、决策能力与组织能力。青岛大学为环山集团未来几年的发展提供源源不断的人才支持，青岛大学与企业的校企联合办学是推动当地实体经济发展的重大战略。

2. 青岛科技大学

青岛科技大学建校已有 69 年历史，是山东省属重点建设的大学。学校占地 3254 亩，设有 76 个本科专业，拥有一级学科博士点 5 个、二级学科博士点 22 个、博士后科研流动站 5 个、一级学科硕士点 22 个、专业学位硕士类别 7 个，形成了以材料科学与工程、化学工程与技术、动力工程及工程热物理等为代表的多个优势特色学科群，其中化学、材料科学、工程学 3 个学科进入了全球 ESI 学科排名前 1%，入选山东省重点建设的“一流学科”行列，数量和影响力居省属高校前列。在全国第四轮学科评估中，学校有 9 个学科进入前 70%，其中化学工程与技术为 B+，为省属工科高校唯一。

青岛科技大学 2600 名教职工中有专职教师 1680 人，占教职工的 64.61%。其中具有高级专业技术职称 900 余人，拥有一批工程院院士、外专千人计划专家、国家特支计划百千万人才（教学名师）人选、国家级教学名师，百千万人才工程国家级第一、二层次人选，新世纪百千万人才工程国家人选等专家教授。在校生4.1万余人。①

学校坚持科研兴校，科技创新能力不断提升，先后获得15项国家技术发明奖、国家科技进步奖、杜邦科技创新奖，2011年以来科研经费连续7年过亿元，累计达到13.6亿元。科技创新平台建设成绩显著，现有1个国家工程实验室，1个国家工程技术研究中心，1个国家重点实验室培育基地，3个教育部重点实验室、工程研究中心，1个科技部国际科技合作基地，1个国家级大学科技园，国家层面创新平台数达到8个，数量位居山东省属高校前列。拥有3个省级协同创新中心，35个省级重点学科、重点实验室、工程技术研究中心。②

学校始终坚持走政产学研融合之路不动摇，科研成果运用到实际生产中已产生了巨大的经济效益，通过科研成果转化或提供核心技术支撑而上市的公司已经达到了7家，分别是软控股份有限公司、万华化学集团股份有限公司、赛轮股份有限公司、青岛金王集团、青岛海力威新材料科技股份有限公司、青岛旭域土工材料股份有限公司、青岛高校信息产业股份有限公司。与海尔集团、山东玲珑橡胶、三角集团、中国化工橡胶总公司、烟台万华、日本三菱化学、瑞士舒乐国际等150多家国内外知名企业签订了科技合作协议，构筑校企对接平台。学校的产学研合作模式，得到社会的广泛认可，被赞誉为“青岛科技大学现象”“科大模式”。

学校连续两次被评为“山东省产学研合作创新突出贡献高校”，“青科大模式”广受赞誉，并被国务院研究室《决策参考》、中央电视台《新闻联播》《焦点访谈》等以典型经验和做法进行深度报道。

橡塑材料与工程教育部重点实验室暨山东省橡塑材料与工程重点实验室是依托青岛科技大学高分子材料与工程学科建设的省部共建重点实验室。近年来先后与中国石油化工股份公司、中国石油天然气股份有限公司、杭州中策橡胶有限公司、青岛海尔、德国朗盛公司、德国大陆集团、法国道达尔—哈金森公司等10多家国内外知名企业实现了密切的科技合作，将重点实验室

① 青岛科技大学网站［EB/OL］. http：//www. qust. edu. cn/info. aspx？ categoryId = 37.

② 青岛科技大学．国防科技工业［J］. 2018（11）：42.

与朗盛公司在橡胶领域的科学研究、人才培养、信息交流等各方面的合作不断向前推进。

生态化工国家重点实验室培育基地，注重科技成果向生产力的转化，先后与 80 多家省内外企业合作，承担国家重大科研任务和工程项目及工业合作项目共 160 余项。“一种地沟油的快速检测技术”等 10 多项科研成果在青岛技术交易市场挂牌交易成功。单体合成气的高效净化和催化剂的及时回床充分利用相关技术已申请发明专利 12 项，其中已经授权 9 项，推广应用在 4 家有机硅工厂中，每年直接创造产值达 4.3 亿元。这些成果为山东省乃至全国的经济、社会可持续发展提供了技术支持。

与市北区合作在老校区周边启动了青岛科技大学都市科技园建设，全力打造“大学校区、科技园区、现代服务业集聚区”三位一体的区域经济中心——青岛科技大学国家大学科技园。规划入驻企业 500 家以上，入孵企业 300 家以上，年技工贸总收入 50 亿元以上，年利税总额 10 亿元以上。

4.2.3 供给—需求型地方本科院校服务地方实践个案列举

供给—需求型地方高校处于中间地位，在服务地方时也形成了自己的特色，在下一步发展和转型中，应明确自身定位，寻找和探索科学、有效的地方服务方式，在促进地方经济发展中做出更大的贡献。

1. 济南大学

济南大学已经建校 71 年，是山东省人民政府和教育部共建的综合性大学。学校占地 2500 亩，拥有 2 个博士后科研流动站、5 个一级学科博士学位授权点和 36 个二级学科博士学位授权点，25 个一级学科硕士学位授权点、156 个二级学科硕士学位授权点，12 个硕士专业学位培养类别，93 个本科专业。学科专业涵盖经济学等 10 个门类，省部级以上重点学科及研究平台 78 个。同时拥有一大批教育部工程研究中心、省级重点学科、省级重点实验室、“十三五”省高校重点实验室等。

学校 2600 名教职工中有专任教师 2117 人，占教职工的 81.42%。其中高级职称 1065 人，具有博士学位的 1140 人，拥有一批中国工程院院士、国家万人计划、国家百千万人才工程、国家教学名师、泰山学者攀登计划、泰山学者特聘教授等专家教授，在校生37500余人。①

济南大学立足地方经济社会发展和行业需求，积极推进产学研合作和社会服务。按照“建平台、育团队、出成果、创效益”的思路，围绕“以大学科技园建设、技术转移中心建设来推动科技成果转化，推动服务社会，推动横向科技；以标志性项目、成果和高水平平台的培育来提升科技工作的水平与层次”两条主线，以不断提升学校科研和社会服务实力为目标开展工作。学校先后建立了济南大学贵州生态科技园和天桥科技园，建立了济南大学（武城）技术转移中心、济南大学（淮安）技术转移中心。

扎实开展服务济南工作。2010年，济南市人民政府下发了《济南市人民政府办公厅关于对接济南大学服务济南行动计划的意见》，济南大学与济南市高新技术开发区签订了全面科技合作协议。根据协议，济南市高新技术开发区借助济南大学科技创新平台和创新资源优势，对高新区产业在电子信息、节能环保、新材料等方面遇到的瓶颈进行攻关，济南大学在济南市高新区高新技术产业研发方面提供必要的科技与人才支持；成立了济南大学专家智库，专家智库由济南大学116名教授、副教授组成，共涉及与社会经济发展建设相关58个专业，专家智库就济南市的社会热点问题进行解读，充分发挥济南大学在济南市经济发展中的教育智力优势，充分显示了济南大学立足济南、服务济南、建设济南的主动性与积极性。

校地及校企合作卓有成效。学校先后与莒县、潍坊经济技术开发区、宁津县、菏泽市经济开发区、山西黎城县、冠县等30多个区县、150多个部门和大型企业签订了全面战略或科技合作协议。在与莒县的合作中，学校先后有10余个学院参与，签订合作协议20余项，涉及教育培训、政策咨询、科技服务等多个领域，取得了很好的社会效果，形成了济南大学特色的县域合作“莒县模式”。与中国建材集团、中国中材集团、冀东发展集团、深圳招商港湾集团等50余家企业建立了稳定的合作关系。开展诸如技术合作、人才共同培养、教育培训、学生招聘、捐资助学等多方面合作。

---

① 济南大学网站［EB/OL］. http：//www. ujn. edu. cn/main. php？c1 = 0.

探索省际区域合作经济发展新模式。由济南大学发起的晋、冀、鲁、豫四省（县）一校“区域合作·自主创新”合作框架协议顺利签约，致力于探索省际区域合作经济发展新模式。济南大学发挥高校的人才和智力优势，加快科技成果转化，推动大批拔尖创新人才的培养，搭建创新型行业产业共性技术研发平台，在区域经济创新发展体系建设中发挥重要作用。近日，围绕人才团队培育建设，学校内部以提高层次为目标，深入推进大项目大团队大成果培育：

立足学校的长远发展、实际需要和能力支撑，按照“质量第一、效率优先”原则，突出重点、集聚资源、精英领军、团队协同、强化保障，推进大项目、大团队、大成果培育，做到不求数量、不盲目铺摊子，量力而行、精益求精。组建大团队，创新人才管理模式，改革和完善人才评价机制和引进标准，严把人才引进的入口关、质量关、品行关，不求数量、重在质量；鼓励学院和独立运行科研机构优化人才队伍结构，通过岗位聘用、技术聘用、项目聘用、任务聘用等形式，灵活多样地引进紧缺高层次创新型人才，加强创新团队建设；调动引进人才和自有人才两个方面的积极性，做到引得来、留得住、用得好，努力创造条件为现有人才提供培养上升的通道和机会。争取大项目，面向国家战略和经济社会发展需求，集中优势资源，遴选、推荐基础好、水平高的项目申报国家级高层次科研计划项目和山东省重点研发计划项目；同时建立以创新质量和贡献为导向的科研项目考核、评价和奖励制度，全面调动科研人员和团队的积极性。培育大成果，加快标志性成果培育计划实施力度，启动标志性成果培育计划；通过科学规划和力量整合，提升建设水平，力争实现国家级科研平台、国际合作科研平台的再突破，社会合作科研平台的新突破。

2. 齐鲁工业大学

齐鲁工业大学是山东省重点建设的省属普通本科高校，是国家“产教融合”项目首批建设高校、山东省首批应用型人才培养特色名校、山东省高校协同创新中心首批立项建设单位。学校占地 2300 亩，拥有本科专业 75 个，14 个硕士学位授权一级学科、93 个硕士学位授权二级学科，涵盖工、理等 8 个学科门类。现有部分教育部重点实验室、省级重点实验室、省级重点学科及研究基地、行业中心等。

齐鲁工业大学2400余名教职工中有专任教师2016余人，占教师职工比例84%。其中具有博士、硕士以上学位的1400余人，具有高级专业技术职务人员1018余人。学校拥有部分双聘院士、“泰山学者”岗位特聘教授、新世纪百千万人才工程国家级人选、享受国务院政府特殊津贴专家等专家教授。在校生3.7万余人。①

齐鲁工业大学一直积极通过产学研合作开展社会服务工作，通过技术转让、技术入股等不同形式，与社会各界建立了广泛的合作关系，成效显著，齐鲁工业大学技术转移中心被认定为“国家技术转移示范机构”，学校为“山东省产学研合作创新突出贡献”单位。

2015年6月，齐鲁工业大学联合济南创新谷管理中心、济南市食品工业协会召开第七届济南市食品行业产学研合作会议暨食品产业创新、合作、发展论坛。6年来，建成省级企业技术中心和工程研究中心8家、市级技术中心和工程研究中心10家，产学研成果转化的价值已突破20亿元；2015年7月，齐鲁工业大学—长清区产学研融合发展校企对接协议签署，逐渐形成了点线面相结合、形式多样的产学研合作模式。为了提升学校服务经济社会的能力，为区域经济的发展提供了人才与智力支持，为一批企业的创新转型提供了原生动力。

齐鲁工业大学“轻工生物基产品清洁生产与炼制协同创新中心”由齐鲁工业大学牵头，协同山东大学、华南理工大学制浆造纸工程国家重点实验室、山东省造纸工业研究设计院、晨鸣集团、华泰集团、太阳纸业、泉林纸业、龙力生物、青岛明月集团等10家单位共同组建，为科技创新、技术开发、中试试验、人才培养等提供良好条件，加快协同创新中心建设和科技成果转化。中心已获得国家支撑计划、“863计划”在内的30多项国家级项目，取得国家技术发明二等奖1项、省技术发明一等奖1项、省科技进步一等奖1项等重要标志性成果。

制浆造纸科学与技术实验室是目前我国轻工造纸领域唯一的教育部重点

① 齐鲁工业大学网站［EB/OL］. http：//www.qlu.edu.cn/

实验室。近5年来共承担项目125项，其中，纵向项目62项，横向合作项目63项。曾获国家科技进步二等奖3项，教育部自然科学二等奖、教育部技术发明二等奖和教育部科技进步二等奖各1项，山东省科技进步一等奖3项。此外，实验室还与国内外著名企业和行业龙头企业建立了产学研合作关系，在提高企业核心竞争力和抵抗金融危机的影响方面发挥了重要作用。本实验室已经成为我国制浆造纸科学研究、人才培养和高水平学术交流的重要基地。

4.3 本章小结

通过本章实证而进行的差异性分析，对山东高校服务地方的现状有了更为深刻的清晰呈现和认识，对高校服务地方工作的开展有了更多的启示。总体来说，本科院校服务地方的实践内容全面但是实践深度不够，尝试的范围较多，但是大多数项目都是浅尝辄止，缺乏深度的调研分析，缺乏解决问题的系统性和全面性。注重校企合作或校企联盟，多方位地培养人才，进行技术转让，这种合作形式有待于规范和加强，为地方经济、政治、文化、教育、社会事业发展提供咨询、做好参谋传承。地方本科院校服务地方往往带有地方特色、高校特色，和地方的特色产业紧密相连。针对山东省高校服务地方中存在的问题，我们提出以下建议。

4.3.1 注重办学规模的扩张与学术总量的积累

中国高校服务地方是以强大的办学规模以及学术总量为依托。办学规模的强大体现在高校的占地面积、在校学生数量上；而学术水平雄厚体现在高校的教职工数量、博士生数量以及拥有教授、副教授职称的教职工数量上。高校在拥有更多面积的基础上加强高校基础设施建设，设施完备程度则成为吸引学生求学的偏好，高校学生数量的增加就水到渠成。① 如此相辅相成的逻辑关系使得高校逐渐形成一种外部性的存在——高校名气，高校规模上的扩

① 李欣旖，刘晶晶，闫志立，王景瑞．地方本科高校转型过程中提升社会服务能力研究［J］．职教通讯，2018（3）：6.

张也成为高校服务地方行动的外化。一所高校所拥有的师资能力往往会体现在科研能力、学术能力上，从研究型大学到教学型大学金字塔状的结构，令地方本科院校有着潜在的目标，这种学术能力体现在服务地方的实践中成就了高校的创新能力、科研能力，这与政府所倡导乃至所追求的创新、发展、研究思路不谋而合，企业与政府、高校所倡导的内容毫无疑问都有着积极的指导意义，在对接环节释义为高校以强大的办学规模以及学术总量的积累来增强服务地方的能力。

研究表明，地方高校的学科发展与科研方向和地区支柱产业的发展方向基本一致，对本地区相关产业的发展起到了引领作用。在基本满足本地区产业和经济发展需求的基础上，能够促进知识网络的构建以及知识协同创新绩效的提升。因此，地方高校应提升其学科建设和科研水平，适当围绕地区产业发展方向及时地调整学科和科研方向。[①] 学术论文是高校科学研究活动的重要产出，地方高校学术能力和科研能力的提升对于地方科技创新、经济发展有着积极影响。山东省高校总体学术总量还有较大的提升空间，三类高校之间的差距也较大，这都是下一步高校改革发展应当面对的问题。

4.3.2 “全面性”服务地方的社会实践

科学发展观的提出是在中国各个行业、各个领域发展的新阶段，其重要性不言而喻，但对其在实施过程中是否存在偏颇这个问题，各行业“行情”不同。中国高校在服务地方的全面性上更多受指导思想科学发展观的影响，从整体上讲，中国高校服务社会的实践内容几乎包含了国外高校服务地方的所有内容，区别在于内容的深度以及对地方上的影响程度。随着知识经济时代的来临，从大学与经济、社会、环境互动发展的角度来看，现代的大学在进行人才培养的同时，需要保持其知识生产和创新的中心地位，也应该不断努力，充分发挥社会服务职能，真正成为地区社会、经济发展的“知识中

① 王凯．区域创新生态系统情景下产学知识协同创新机制研究［D］．杭州：浙江大学，2016，1：217.

枢”，引领和推动区域的内生发展和创新能力的提升。①

(1) 主动调整学科设置，培养地方需要的专业化人才。地方本科院校大都是由多所院校合并建设而成，具有一定的研究培养人才能力。人才是教育的核心，也是地方本科院校与其他单位不同的根本，地方本科院校服务地方发展最根本、最直接、最有效的方式就是为地方输送其需要的专门型人才。②为此，地方本科院校需要从硬性的知识灌输中解放出来，通过校企双向交流的方式来达到人才的培养目标，将适用性看作人才培养的着力点，无论是济宁学院，还是临沂大学，都已经注重适用性人才的培养。在表现出利好的一面的同时，课程调整是否是高校单方面的行为，专业化人才在多大程度上为地方所用，都是有待检验的问题。

(2) 注重校企联盟建设，助力地方企业实现科研攻关。地方本科院校是当地科技资源的集中地，而科技创新是企业实现跨越式发展、跳跃式发展的杠杆，也恰恰是地方企业发展的“瓶颈”所在。地方本科院校所掌握的高新技术，在一个不为商业所经营的单位中，无法将本校的新技术资源运用到实业中，校企之间的“联姻”成为双方寻找的途径。地方本科院校、地方企业之间的这种需求是整个社会发展的必然，不会因为地方本科院校缺乏主动性而致使这种现象消失，查看中国各地的本科院校，几乎没有高校独立于企业之外。地方高校由于立足地方实际，对地区经济、社会发展的需求有着深入了解，经过长期发展，许多地方高校都建立了与地区社会、经济相融合的科研团队和教师队伍，并在某些优势领域形成了自身发展的特色，也具备了一定的服务地方的能力。地方高校在服务地方时不仅可以依托其科研实力，利用科研优势为地方企业、产业服务和提供技术支持，还可以通过为企业培训员工、提高劳动者综合素质，以及培养和输送人才等方式为企业提供丰富的人力资源和智力资源。③

---

① 王凯．区域创新生态系统情景下产学知识协同创新机制研究［D］．杭州：浙江大学，2016，1：3.

② 徐同文．区域大学的使命［M］．北京：教育科学出版社，2004.

③ 程肇基．地方高校服务区域经济建设研究——以江西为例［D］．武汉：武汉大学，2015，11：63.

（3）完成科研成果转化，给当地中小企业注入活力。企业是为商业利益而存在，科研创新工作又是一个长期的过程，地方中小企业不能与全国性的大企业相比，不能在有限的企业生涯中倾注于成果创新，也没有足够的经济实力、新技术去完成，所以不得不停留在急功近利的层面。地方本科院校将本校科研成果带到企业，在不违背中心企业“急功近利”的原则下，给中心企业注入新的活力，而地方本科院校也在这一过程中完成科研成果的转化，校企之间科研成果的转化是双赢的过程。

（4）为地方社会事业发展提供咨询、做好参谋智囊。地方本科院校大都是综合性大学，专业性大学现已经也朝着综合性方向发展，地方的发展涉及经济、政治、文化、教育等方方面面，都需要地方政府协调安排与规划。地方政府的人才智库不能与地方本科院校相比较，地方政府所需的理论指导来自地方高校及科研院所，地方本科院校需在社会事业的发展上提供各方面的咨询，充当好政府、各事业单位的参谋、智囊团。

4.3.3 部分高校服务地方提供特色服务

地方高校在进行社会服务和地方服务时，要正确处理经济效益与社会效益之间的关系，努力将高校社会服务的社会效益置于追求经济效益之前；要使高校的社会服务和地方服务工作与当地的社会和经济结构相统一，切实立足于本地区的发展需求，设置和调整学校的学科、专业、培养模式以及科研方向等；努力引导学校的教师、学生和科研人员针对地区的社会、经济和技术发展难题，进行应用性的研究和实践工作；同时，还应提高地方高校为政府提供咨询和服务的质量和成效，最大限度地保障和促使高校自身发展建设和社会服务工作与地区社会、经济的发展方向相协调。

一方面，地方高校为地方特色产业服务。特色产业并非与生俱来，也不能凭借人的意志随意产生、增加，而是在地域长期发展的过程中所形成的产业积淀，地方政府、企业以及高校只能在此基础上加以整理、改造、发扬、发展。地方高校在服务地方产业过程中具有得天独厚的优势，将本地特色产业蒙上一层文化面纱，增强产业文化底蕴，进而增强产业的感染力以及宣传力，服务特色产业发展。例如，济宁学院的“儒家文化”“水浒文化”“运河文化”，潍坊学院的“蔬菜之乡”“潍县萝卜”，枣庄学院的“台儿庄古城文化”都是高校服务地方的典型案例。特色产业已经成为高校致力于服务的重要因素，没有比“特色”更能凸显产业的差异化战略或道路。另一方面，地方高校为地方提供特色专业服务。高校特色服务的第二方面体现在高校的特色专业上，几乎所有地方高校都有自己的特色专业或者称为“王牌专业”，但这种称呼更多地局限于本校之内。例如，山东农业大学以其专业的农学知识主要服务于与农产品相关的行业，潍坊医学院以其擅长的医学研究主要服务于社会上的医疗、卫生行业。如何将地方高校特色专业服务于更大范围、辐射于更广区域是摆在地方高校面前的难题，只有全国甚至更大范围内的特色专业才能成为“特色专业”。

4.3.4 给予高校服务地方的相关政策支持

要保障地方高校在本地区社会和经济发展中的重要作用的实现，促进地方社会和经济发展从落后模式向利用劳动者素质提高和技术创新促进经济发展的新模式转型，需要地方政府不断加强对地方高校地方服务和社会服务工作的指导与支持，政府可以通过经济杠杆和财政政策等方式对地方高校的社会服务工作进行引导和保障。

(1) 政府加强与地方高校的合作与配合。政府、各类社会机构与地方高校进行合作互动，对于提高地方高校社会服务工作的水平和质量有着重要的影响作用。为此，地方政府可以从政策上支持和推动地方高校与产业进行联合。例如，在政府的牵线和鼓励下，支持地方高校与各企业或科研单位一同建立产学研合作基地、高新科技园区等；地方政府可以帮助地方高校搭建社会服务的平台；政府还可以通过召开科技成果推介会、宣传会等活动，帮助高校完成科研成果的顺利转化。此外，地方政府还应提高地方企业对高校智力和技术的依赖和信任，对校企合作给予制度上和经济上的保障。例如，鼓励企业员工进入地方高校接受继续教育和技能培训，建立高校科技服务基金，对校企联合的项目和产品，适当降低税率，或给予技术改造的补贴等。

(2) 树立正确的服务地方和协同创新的理念。首先，要提高地方高校服务地方的积极性和主动性，地方高校应主动邀请相关利益主体参与学校内部的科技创新和产学合作等相关政策的制定以及修正工作。其次，及时贯彻落实政府的科技创新政策，协调好国家、地区和学校层面的具体政策，并注意政策间的横向和纵向的协同效应。从理念和源头上重视高校的地方服务职能，真正为地方社会经济发展做出贡献。

（3）实行高校人事管理制度的改革，鼓励教师和学生进行技术转移与知识协同创新的活动。首先，可以根据教师的不同专业特长、能力与科研兴趣，将校内工作岗位分为"教学型""研究型""教学科研并重型"以及"推广型"等不同类型，为高校教师提供适合自身发展的职业通道与晋升平台，并实行相应的考核管理体系、薪酬与激励体系。同时，改革僵化的岗位体系，使教师能够在各类岗位之间灵活流动。其次，变革发明人和发明团队的科技成果转让、转化等管理办法，在法律许可的范围内，根据高校发展的实际情况，尽可能地提高教师获得创新发明类相关收益，提升学校教师的科研积极性。①

（4）引导并鼓励教师参与公益性科技创新活动。可以通过资金补贴和职称（职务）晋升优先等措施，激励高校教师参与到地方政府的公益性科技创新服务和活动中去，并在全校师生中宣传和表扬参与地方公益性科技创新服务和活动的先进个人和团体，从而使高校通过科技性的公益活动，促进地方科技发展和创新。

① 王凯．区域创新生态系统情景下产学知识协同创新机制研究［D］．杭州：浙江大学，2016，1：222-223.

5 国外本科高校服务地方的途径及启示

国外各大学由于教育体制、学校历史、管理体制、文化传统以及服务定位等方面的差异，在进行地方服务的实践中也各具特色。本章将在分析美国、英国、德国、日本、韩国5国本科高校服务地方途径的基础上，借鉴和学习发达国家的先进经验，对我国高校服务地方的实践情况进行反思和总结，尝试为我国高校服务地方能力的提升提供参考意见和建议。

5.1 美国高校服务地方的途径及启示

5.1.1 美国本科高校服务地方的途径分析

从19世纪下半叶开始，美国高校在“赠地运动”的推动下，掀起了向社会开放的风潮。越来越多的高校开始认识到，单纯的学术研究、传播知识，只会使学校的发展与社会发展相分离。于是美国各高校纷纷开始注重与社会的联系，为经济和社会的发展服务。① 20世纪初期，威斯康星大学作为全美最顶尖的十所研究型大学之一，社会服务的理念在此产生。经过百年的发展和完善，高校社会服务的理念和实践已在美国高校中广为流传，并得到了广泛的认同。美国高校进行社会服务的方式和途径也更加丰富和完善。② 根据美国州立大学与学院协会（AASCU）的一项调查研究发现，高

① 杨莹．美国高校服务区域经济发展的实现途径和保障措施——以波士顿地区八所高校和加州州立大学为例［D］．武汉：武汉工程大学．2013，5：13.

② 吴韵兰．二战后康奈尔大学社会服务职能发展研究［D］．沈阳：沈阳师范大学，2018，5.

达98%的美国高校已经意识到并开始重视高校在地方经济、社会发展中的重要作用和地位；约有97%的美国高校已经开始立足于服务地方经济，并在学校发展规划中制订了相应的服务计划；而将近37%的美国高校已经将服务地方经济和社会发展作为学校的重要使命。① 美国高校服务地方的途径多样，大体可以归纳为以下几种：

（1）培养人才、提供技术转让和专利支持

在2018年的全球大学排行榜中，美国的名校占据着半壁江山，前十中美国大学共占7席，分别是加州理工学院、斯坦福大学、麻省理工学院、哈佛大学及普林斯顿大学，毫无悬念，美国大学依然以绝对优势霸占世界大学榜单。美国名校主要聚集在马萨诸塞州（麻省）、加利福尼亚州（加州）、纽约州、得克萨斯州（得州）四大州，在美国院校数量中，这四大州占据了七成，将名校悉数收入囊中。

美国大学一般可以分为教学型大学、研究型大学和社区学院，不同类型大学服务地方的方式有所不同。教学型的大学更加注重人才培养和输出，在为当地经济和社会发展提供人才、技术支持上发挥了重要作用。以美国加利福尼亚州立大学（加州州立大学）为例，学校教学为主要任务，包括本科生教育和研究生教育，为当地经济发展培养了大量人才。美国的研究型大学则更加注重学校科研方面的发展，在为当地企业提供技术支持与指导、技术转让以及专利共享等方面发挥的作用较大。例如，哈佛大学、麻省理工学院、波士顿大学等高校，它们在完成学校的专业教育和研究生教育的基础上，努力为新型知识的积累以及新科学技术的发展做出应有的贡献，十分重视科研能力和创新能力的提升，科研实力雄厚。美国的社区学院已有百年历史，旨在为社区内的高中生提供廉价、方便而全面的大学教育，也担负着为社区居民提供高等教育、职业教育和成人教育的职责。我们主要以教学型和科研型两类高校为例，具体来看：

---

① 杨莹．美国高校服务区域经济发展的实现途径和保障措施——以波士顿地区八所高校和加州州立大学为例［D］．湖北：武汉工程大学，2013，5.

①教学主导型服务模式

美国的加州州立大学被誉为“世界第一大学”，截至2016年秋季学期，学生总数约47.8万人（包括42.3万本科学生和5.5万硕士和博士），拥有着23个校区以及7个校外研究中心。加州州立大学，作为美国最大的人力资源和技术中心，每年向社会输送着大量的优秀毕业生，在地方经济和社会发展中起到了举足轻重的作用，为地方发展提供了大量的人力和智力资源。

表5-1　美国部分州的高等院校分布情况

单位：所

州名	总计	排名	大学	社区学院
加利福尼亚州	300	1	154	146
纽约州	206	2	158	48
得克萨斯州	182	3	110	72
宾夕法尼亚州	168	4	146	22
伊利诺伊州	163	5	107	56
俄亥俄州	134	6	97	37
北卡罗来纳州	115	7	54	61
马萨诸塞州	112	8	93	19
乔治亚州	91	9	60	31
佛罗里达州	89	10	79	10

注：社区大学主要是为14年级以下的学生提供教学服务，教授四年制学院学习课程或者进行专业的技术教育。

美国的加利福尼亚州有着大量知识密集型、技术密集型的产业，对劳动力数量和质量要求较高，每年可以提供大约50万个就业岗位，而加州州立大学的毕业生就可以填补其50%的人才空缺。加州州立大学服务地方的能力从它每年应届生在当地的就业比例和就业情况得到了充分体现和证明。通过图5-1，我们可以清楚地看出，在商业、农业、旅游餐饮等行业中，有50%以上的从业人员是来自于加州州立大学的，而在工程、医药、媒体等行业中，加州州立大学也起到了不可替代的作用。①

图 5-1　加州州立大学应届毕业生所占全加利福尼亚州各行业的百分比

数据来源：加利福尼亚州高等教育委员会

②科研主导型服务模式

早在20世纪中期，美国高校的技术转让和专利支持等工作就已经颇具规模。1964年，美国许多高校成立了自己的“大学专利公司”，专门从事专利和许可证等相关工作。有些高校还设立了专门的许可证办公室，负责办理购买高校商业性技术许可证的工作。以当时美国的麻省理工学院为例，该学校每年在商业性技术许可证买卖上，已经可以获得上百万美元的收入。到了20世纪末，美国高校与地方企业之间的合作更加密切，更加重视二者在技术及专利方面的长期合作。例如，美国的埃克森公司为了赞助麻省理工学院进行液体煤和重原油的研究和探索，每年向麻省理工学院提供近千万美元的资金资助，而且，在其他的高效能源研发方面，双方也进行着密切的合作。② 作为对公司资助的回报，麻省理工学院向埃克森公司提供了开发研究的专利权免费的许可证。不仅如此，麻省理工学院与其他公司进行合作的专利产品，也可以与埃克森公司进行分享。

美国的波士顿既是一个国际化的大都市和美国经济金融的中心，在教育方面也以其强大的竞争优势和综合实力起着代表和模范的作用。在经济危机

---

① Ashburn, Elyse. College Makes New Connections With Service-Learning Program [J]. Chronicle of Higher Education, 2009

② Learn and Serve America's National Service-Learning Clearinghouse. http: //www. serviceleaming. org/what-service-Iearning, 2010-3-26.

的背景下，20世纪90年代初，美国全国普遍遭受着经济衰退带来的影响，但波士顿地区的经济仍然保持着稳定而持续的发展状态，这与波士顿以知识密集型为基础的经济发展模式密不可分，波士顿当之无愧地成为区域经济发展的中心。波士顿拥有8所著名的高校，如哈佛大学、麻省理工学院、波士顿大学和东北大学等，波士顿地区的繁荣发展与本地区高等院校的作用息息相关。这些高等学校的建设与发展为波士顿社会和经济发展提供着智力支撑、文化支撑和科技支撑，尤其是高校的技术转移与专利支持。根据相关研究统计，尽管波士顿地区的高校有70%以上的生源来自美国的其他地区，但有相当一部分的毕业生留在了该地区，实现就业、创业和个人发展。波士顿以其数量繁多的知识密集型的产业而闻名，而这类技术密集型产业的快速发展，需要大量高素质、高水平的专业技术人才以及不断更新的产业技术。在波士顿，不仅可以通过地区内各高校毕业生和他们自带的专业知识和技术技能来获得企业人才和专业技术，[①] 而且波士顿的高校大都开设有继续教育学院，专门面向当地已获得专业学位的人才、有专业技术学习愿望的居民以及企业的员工提供继续教育，提升其专业素质和技术水平。

美国的本科高校与企业之间进行的技术转移和专利支持的实践，在很大程度上促进了地方区域科学技术产业的发展，也加快了高新技术的产业化进程。对于高校来说，与企业进行的专利和技术方面的合作，一方面可以解决高校技术产品市场化的问题；另一方面，也为高校进行下一步的技术研究和开发寻找到了资金支持。

（2）调整教学内容和专业结构以适应当地经济发展

美国各高校十分重视宏观领域的教学内容以及专业结构的调整。受到美国式价值观的深刻影响，从根本上说，鼓励大学进行社会服务的“威斯康星思想”是从“利己主义”向“利他主义”的一种价值观的转变。利他主义源自对社会中弱势群体的同情和关注，该理念强调个人与社会之间的共生关系。在利他主义的影响下，高校学生不再过分关注“我学习到了多少东西”，转而

① Community Service - Learning. http：//www.sustainability.umd.edu/content/community/CSL.php，2011-3-29.

注重“我所拥有的理想、信念和知识是否能对周围环境和社会产生影响，以及引起了多大的效应”。这种强调同情和关注的价值观念在美国社会发展过程中不断演化，利他主义也逐渐地被阐释为个人和社会二者或多者之间相互依赖、相互帮助、相互依存的关系。在这种观念的影响下，美国一些本科高校进行了课程和专业方面的调整，这既是高校与社会之间互动合作、相互帮助和依存的结果；也是高校服从于当地经济和社会发展的需要，根据当地实际情况开设相应专业的结果。高校进行一门课程的调整，相对来说是比较简单的，但是整个学校的专业宏观调整，稍有不慎就会给学校发展带来巨大损失。因此，进行宏观领域的教学内容以及专业结构的调整，需要高校领导拥有远见卓识和巨大魄力。例如，南北战争之后，美国实现了社会的第二次变革，瓦解了奴隶制度，农业经济发展迅猛。这一时期，美国政府意识到农业领域专业人才的缺乏，在其倡议下，美国各地大力兴办农业学校。鼓励新型农业学校的建设与发展，成为当时美国高等教育发展的重要趋势。在这样的社会背景下，许多赠地学院蓬勃发展起来。赠地学院旨在为农业经济服务，因此纷纷根据当时和当地的农业发展情况进行专业设置和调整，开办了各种各样的农业相关学科。① 到了20世纪四五十年代，美国的经济发展进入了全新的阶段。为适应此经济和社会背景，美国大部分本科高校调整学科和专业的重要方向，致力于服务工业经济和现代科技的发展。而21世纪以来，第四次科技革命蓬勃开展起来，这次革命以信息技术为核心，美国社会发展也随之发生了巨大改变，知识经济逐渐取代了原来的工业经济。与此同时，全球化进程也愈加激烈，为应对这次社会和经济变革，美国各高校依然坚持着自己的职责，即以地方为中心，为地方社会发展而服务。② 在新时期，美国各高校，尤其是为农业发展服务的赠地学院，都及时地调整了学校的学科和专业结构，设立了一系列的计算机、信息技术、国际贸易和金融等相关的专业，以促进地方经济的快速、健康发展。

高等教育对于教学内容以及专业结构的调整不仅体现在宏观领域，在微

① 徐树成．美国高等学校社会服务职能之历史探析［D］．西安：陕西师范大学，2003，4.

② Service - learning Spotlight：Introduction to Public istory［EB/OL］．http：//studentafFairs. stanford. edu/haas/courses/spotlight2010-5-12

观领域，美国的各高校也做出了相当尝试。例如，美国有一条河，叫萨斯奎汉纳河，它是美国北部的重要河流，美国政府在该河上修筑了水坝用于发电。由于河流流经许多居住区，受到居民生活的影响，该水坝上漂浮着大量的废弃物，这些废弃的漂浮物影响了河流水质，在污染居民用水的同时，也影响了水坝电力公司的发电工作，电力公司采取了各种措施，但大都收效甚微。当地的拉法叶学院为解决河流废弃漂浮物的问题，专门开设了漂浮物处理的课程，为萨斯奎汉纳河水坝漂浮物的成功处理做出了巨大贡献。还有位于美国弗吉尼亚州的乔治·马森大学，在 20 世纪末就发起了大学如何更好地服务弗吉尼亚州的讨论。乔治·约翰作为当时的校长，根据当地经济和社会发展的需要，决定学校将重点突出和优先发展三个方向，分别是表演艺术、公共政策和高新技术。为了更好地促进和突出这三个方向，乔治·马森大学不惜去掉了原有的多个专业，使这所大学在很大程度上推动了当地的经济、社会、文化发展。

（3）立足区域，围绕区域特色，服务地方发展

高校对于地方经济和社会的发展起到了生力军的作用。20 世纪 80 年代以来，美国各高校主动参与高校与社会互动机制的探索与建设，立足地区特色，促进高校与区域的良性互动。例如，美国加州州立大学为其所在的加利福尼亚州培养了一大批优秀的毕业生，这是加州大学对地区经济社会做出的最直观的贡献，但并不是它唯一的贡献。除此之外，加州州立大学所进行的一系列应用型研究还为当地的支柱产业和企业提供了源源不断的发展动力和支持，使其拥有了持久的生命力和强大的竞争力。加利福尼亚州是美国重要的农业产区，农产品生产和食品加工业是其重要的支柱产业，在其农业经济发展中占据着较大的比重。加州州立大学对加利福尼亚州农业经济的发展做出了重要贡献。[①] 为推动高校与地方的联系与合作，1989 年，美国州立大学协会成立了“经济与社区发展中心”，致力于促进高校社会服务水平和能力的提升，为地区经济、社会的发展贡献力量。2007 年以来，加利福尼亚州一半以上的

① http：//www. spelman. edu/students/current/eommimity/community% 20patner% 20Maunal. pdf, Community Partner's Handbook2011-4-26.

学士毕业生和 1/3 以上的硕士毕业生都毕业于加州州立大学，为当地经济，尤其是农业经济贡献着自己的力量。加州州立大学各个分校都设有与农业相关的专业。例如，弗雷斯诺分校开设有葡萄与酿酒专业，为当地葡萄种植和葡萄酒酿造培养了大批专业技术型人才，该专业的学生毕业后有许多都进入了加利福尼亚州的商业酿酒厂工作；奇科分校开设了农田灌溉专业，并建立了专门的农业教学和研究中心，学校利用专业知识为加利福尼亚州水利建设以及灌溉设备的发展提供了许多建议。此外，奇科分校还为当地农业有关的公共政策提供咨询服务，学校以其先进的农业技术，大大提高了加利福尼亚州的水利运输、农田灌溉的效率，促进了当地农业经济的发展。

众所周知，美国的好莱坞是世界的影视中心，每年都有众多高质量的影视大片产生于此。加州州立大学对于好莱坞影视产业的发展和好莱坞声誉的维系起着十分重要的作用。由于加州州立大学的几所分校与好莱坞相邻，因此，在利用地域优势以及结合自身条件的前提下，加州州立大学的许多分校纷纷根据自己的发展定位和特色，开设了新闻学、艺术、广播电视、广告传媒等与影视产业相关的特色专业，每年加州州立大学有 70%~80%广告传媒、电视广播专业毕业生进入周围的影视行业当中。

加利福尼亚州大学是美国加州另一所著名高校，它也围绕着好莱坞影视产业设立了自己的特色专业，其东湾分校开设了音乐和艺术专业，为当地培养了许多的艺术家和音乐家。在好莱坞的影响下，加利福尼亚州大学的富尔顿分校与华纳兄弟、迪士尼公司等大型影视公司也有着紧密的联系。一方面，每年从富尔顿分校毕业的许多对演艺事业有着热切追求的学生们，能够如愿以偿地进入这些影视公司，从事演艺和艺术事业；另一方面，华纳兄弟、迪士尼等影视公司事业的发展也离不开当地高校艺术类的优秀毕业生。高校与产业合作密切，二者相互合作、相互依存，共同促进了当地经济和社会的繁荣发展。

（4）为企业、政府提供技术、政策咨询

为政府和企业提供技术方面、政策方面的咨询服务是高校与政府、企业进行合作的基本形式之一，也是校企、校政进行更高层次合作的基础，正是因为有了这类最简单的合作，才会有以后校办企业、产学研结合等新型合作形式的出现与发展。20世纪中期开始，美国本科高校就开始较大范围地向政府提供政策咨询类的服务，开始承担起政府决策当中顾问的角色，其咨询服务的领域几乎涉及社会发展的方方面面。咨询服务成为美国高校最基本和常见的社会服务形式，它不仅是高校教师的重要工作，也是对教师的业绩进行考核的重要内容。例如，克利夫兰州立大学从成立之初就担负着当地城市研究的重任。为了更好地进行研究，克利夫兰州立大学专门成立了城市事务学院，并与市长办公室保持着紧密的联系。在克利夫兰，大部分与城市相关的问题的决策都受到克利夫兰州立大学的政策建议的影响。克利夫兰州立大学还担负着为政府官员和行政工作人员进行培训的职责。除此之外，为了提高政府决策的正确性和可靠性，学校还专门建立了克利夫兰经济、金融、劳动力等方面的数据库。克利夫兰州立大学在为当地政府提供政策咨询服务的同时，还注重保持自己研究的独立性，尽量保证学校科研成果不受外界环境的干扰。这所大学由于在众多问题的观点和态度上坚持了自己自由独立的研究结论，赢得了当地政府和人民的认可和好评。

除了克利夫兰大学，东俄勒冈州立学院在美国本科高校中也十分具有代表性。该学校在发展过程中，曾差点由于其服务地方能力不足而被当地教育主管部门关闭。为了应对这一危机，东俄勒冈州立学院经过反复的探讨和研究，重新明确了自身的定位和使命，成立了地区服务研究所。这一研究所由东俄勒冈州立学院的研究人员与当地政府的工作人员一起，围绕着地方发展中的问题开展合作研究，很快成为学院周围区域里解决地区问题的研究中心。政府的认可和学校社会公信力的提升，使得东俄勒冈州立学院的发展逐渐稳中有进，获得的政府财政拨款的数额也逐年增加，实现了高校与地区发展的双赢。

美国高校除了为企业和产业提供技术和人才，为政府提供政策咨询服务以外，还能利用自身的优势为当地企业发展服务。高校利用其丰富的人才和知识资源，逐渐成为企业发展的智囊，企业许多的管理和技术问题的解决越来越依赖于高校为其提供建议。在美国，高校人事管理更加自由，一般的美国本科高校都允许学校教师拿出每周一天的时间，从事政府或者企业的咨询工作。在美国，从事各类咨询工作的高校教师占美国高校教师总数的1/3以上，尤其是工程、经济和商业等相关的学科和科研领域，从事咨询服务的高校教师数量占总数的一半以上。[①] 美国历史上，作为亚拉巴马历史悠久的高等学府——亚拉巴马大学，就曾经在全校范围内，通过师生的共同努力，挽救了当地一些濒临倒闭的企业，为企业和地区的发展贡献了巨大力量。

(5) 坚持产学研结合，建立校企、校地合作平台

高校将产学研作为切入点，建立校企、校校、校地合作，不仅能够促进高校的人才培养、科技创新和学科建设，使学校发展水平更上一个台阶；还能实现高校的人才培养和科研工作与当地经济社会发展的需求紧密结合，完成高校发展的使命与职责。除此之外，地方企业在参与校企、校地合作的过程中，还能够更加充分地利用高校的人力资源和科学技术资源，争取政府的政策优惠，更快地实现企业的技术优化升级，提高自身的竞争力。[②]

美国本科高校对于校企、校地合作平台的建立以及产学研合作的坚持有着浓厚的兴趣。一方面，在政府的引领下，高校与地方企业实现了联合办学；另一方面，在政府与企业的帮助下，高校积极建立校办企业，实行企业化的文化管理。美国高校与企业之间的联合办学不仅局限于联合创办双方感兴趣的专业或课程，还鼓励高校教师作为企业的雇员，深入企业进行授课。[③] 近年来，美国高校与企业之间的联合办学又有了新发展，随着信息时代的来临，高校与企业之间开始采用多媒体等高科技手段进行互动，广播电视教学等新教学形式的出现，使企业能够与高校的教学实现同步。在硅谷，有上百家企业可以实时接收斯坦福大学教学实况转播，为企业员工的继续教育提供方便；同时，斯坦福大学也可以利用本校的教学录像获得额外收入，促进学校建设和发展。美国的另一所高校麻省理工学院，拥有人文艺术和社会科学学院、建筑规划学院、工程学院等5个学院以及60余个跨学科的研究中心。该院所在的马萨诸塞州曾是美国工业革命的前沿中心，“二战”后，在美国政府的资

---

① 李广平，苏敏．美国教师教育中的服务学习［J］．外国教育研究，2006，33（6）．

② 贺继明，蒋家胜，范华亮．借鉴/服务学习0理念，加强实践教学环节，提高教学实效性［J］．成都大学学报，2007（21）．

③ 万秀兰．美国社区学院的改革与发展［M］．北京：人民教育出版社，2003.

助下又兴起了以精密仪器制造和电子机械为主的新兴产业，地区的经济较为发达，到了20世纪70年代，该地区经济走入低谷。近年来，在麻省理工学院的带动和帮助下，地区经济开始了全面复苏，医药和生物技术等新产业迅速发展，成为美国新经济最成功的地区之一。① 麻省理工学院的校长和理事会委员共同筹划了基于大学的区域经济发展前景，把来自政府、企业和高校的要素整合为混成的组织，以便于更为有效地利用学术资源和资本，为新型技术企业提供资金和技能支持。现在的麻省理工学院已经被大量的研究所和企业环绕，周边地区已成为支持创业活动和新技术衍生企业发展的孵化器。② 学院的周围形成了许多高新技术产业工业园，麻省理工学院的发展和学校附近高新技术工业园的建设，也在很大程度上带动了学校周围经济、社会、环境的发展。

从某种意义上来说，高校可以看作一种特殊的企业，但是校办企业与社会企业之间存在着显著差别。在美国，对于高校是否可以创办企业一直存在着争议，在进行这些讨论和争议的主体中不乏哈佛大学、斯坦福大学这些世界顶级学府的身影。讨论空间的存在也意味着合理性的存在，虽然在此问题上，众多高校和学者并未达成共识，但是美国的许多高校，如斯坦福大学，在创办校办企业方面依然保持着很高的积极性。在企业的支持和帮助下，斯坦福大学与加州大学伯克利分校合作成立了一家生物技术公司，这家公司的财产被斯坦福大学和加州大学伯克利分校、企业与基金会三方共同拥有，这三方分别占有这家公司1/3的财产。在美国，许多科技园的建立都是以高校为依托的，例如，著名的美国硅谷就是以斯坦福大学为依托而建立的。目前，硅谷附近已经集结了近万家企业，硅谷的高新技术产业甚至与美国的军事产业有着密切联系，科研实力与综合实力雄厚。

（6）广泛开展社区公共服务

随着经济和社会的发展，高校在社会服务、地方发展中扮演着越来越重

---

① 王凯．区域创新生态系统情景下产学知识协同创新机制研究［D］．杭州：浙江大学，2016，1：89-90.

② 王凯．区域创新生态系统情景下产学知识协同创新机制研究［D］．杭州：浙江大学，2016，1：91.

要的角色，大学生作为社区服务的重要力量，能够为当地提供科技、卫生、保健、教育、讲座、展览等方面的社会服务。美国高校历来十分重视社区服务工作，遍布美国各州的社区学院为社会和地方经济发展、社会进步提供着重要的知识源泉。20 世纪末，美国有 75 所高校联合成立了一个全国性的参与社区公共服务的组织。在美国，积极参与社会服务的高校数不胜数，耶鲁大学就是典型案例。耶鲁大学有自己的社区服务中心，每年都会安排上千名学生，深入纽黑文地区参与当地的社区服务工作，社区服务的活动更多地集中在医疗和教育相关领域。美国的卡内基教学促进基金会曾向美国教育部门提出倡议，鼓励高校将学生的社区服务实践以学分的形式列入高校日常的教育中，使参与社区服务工作成为高校学生必不可少的一项学习和工作任务。

此外，美国加州州立大学成立的“社区参与中心”，是美国第一个设有社区服务设备和设施的高等教育体系。在加州州立大学，超过一半的学生参与过社区服务的工作。2008—2011 年，加州州立大学参与社区服务的教师和学生每年可以累计贡献超过 30 万小时的社区服务，为加利福尼亚州带来了将近 7 亿美元的年经济收入。加州大学在社会服务方面的成绩离不开当地政府的鼓励与支持。加州州立大学积极参与社区服务的举措与州政府有着紧密的联系，加利福尼亚州半数以上的行政领导者和决策者曾在加州州立大学进行过学习或工作，这为加州州立大学获得社会服务资源提供了便利。借助当地政府部门的帮助和支持，加州州立大学比其他高校更容易联系或寻找到合适的社区服务资源。加州州立大学作为加利福尼亚州各所高校的引领者，在加利福尼亚州有 23 个校区，综合实力雄厚，在参与当地社区环境教育以及促进地区可持续发展等方面也走在了其他高校的前列。2009 年，洪堡大学在加利福尼亚州的社区举办了“可持续发展领导协会”会议，在世界范围内产生了巨大影响，会议主旨在于引导和促进高校学生思考如何做好社区环境的保护工作，逐步提高学生和居民的环境保护意识，使其积极参与到社区环境的保护行动中来。美国社区工作的顺利开展和各项社区活动取得的成果，离不开当地高校积极开展社区公共服务工作，鼓励师生参与社区建设的实践。

5.1.2 美国样板对中国地方本科高校服务地方的启示

美国的各类本科高校历史悠久、实力雄厚，无论是研究型高校、教学型高校还是社区学院，其进行社会服务和服务地方的历史都已经有 200 多年，以其成熟的社会服务途径和丰富多样的服务形式，在全世界都处于领先地位。现如今，几乎所有高校都将服务社会和服务地方作为自己的职责和使命，也在进行社会服务和地方服务的同时不断探索着自身发展的道路。在服务地方的实践中，我国高校同美国有着很大的共性，都十分注重与地方的联合办学、联合培养，建立校企、校地合作平台；注重技术的转移、科研成果的转换，以及培养地方所需要的专业型人才；还十分注重为地方社会经济事业的发展提供咨询和服务等。但与美国相比，我国的高校进行地方服务的实践还处于起步阶段，在进行社会服务和服务地方实践中仍存在着不足。在为地方服务的思想理念、法律和政策支持、课程与专业调整以及政府宏观调控等方面，美国高校服务地方的成功经验，可以为推动中国地方高校社会服务的进一步发展提供有益借鉴。

（1）树立正确的为地方服务的思想观念

纵观美国发展的历史，实用主义思想和共和主义思想对美国民众的影响较大。首先，实用主义已成为美国近百年来的主流思想，是支撑美国物质生活和精神消费的思想基础。美国在高等教育上也深受实用主义思想的影响，刻画出了美国高校求真务实的精神实质。其次，共和主义思想倡导公平、民主、自由理念，对美国民众的影响主要表现在两个方面：一方面，美国的从政人员是由各州公民选举产生，政府必须对地方的发展负责、对公民负责，高校的发展也要对公民负责、对地方负责；另一方面，共和主义的观念对于高校服务地方各方面的合作产生着积极影响。[①] 与之相比，中国在高校服务地方的思想观念上显得相对狭隘和落后，部分高校将服务地方等同于为地方经济而服务，更多的高校在此基础上将高校的社会服务延伸为获得更多经济利益的工作。我国高校发展的理念是高校要对政府负责，政府要对人民群众负

① 冯军霞．美国高校公民教育中的服务性学习研究［D］．武汉：华中科技大学，2007.

责，因此，高校要对人民群众负责。这在逻辑上合理，但在运行实践中，部分高校已经脱离了原来的方向。

中国地方本科高校树立正确的服务地方的理念，首先要破除陈旧落后的思想观念。大学作为思想文化的集散中心和社会文化最为活跃的场所，辩证的思想不仅存在于高校的内部，也要向高校的外部拓展。外部的力量对高校来说应起到指导、借鉴和监督的作用，而不应该成为阻碍和束缚高校进行地方服务的力量。一直以来，我国高校服务地方的实践过多地依赖政府，总是将自己摆在一个“等、靠、要”的位置上，忽视自身创新能力、探索精神的发挥，在服务地方时存在畏难情绪。要想发挥出高校社会服务应有的潜能，必须使高校脱离政府的“怀抱”，提高高校服务地方的积极性和主动性。地方高校应主动邀请相关利益主体参与学校内部的科技创新和产学合作等相关政策的制定以及修正工作，增强高校之间的竞争性。这不是主张高校与政府分离，而是强调政府给予高校的帮助，应从完善教育法律、法规着手，使高校服务地方的实践活动有理可据、有法可依，而不是全盘接管。其次，服务地方的实践活动涉及教育学、经济学、心理学、管理学和社会学等各类学科和专业知识，因此，需要建立强大而科学的理论体系。这就需要中国教育界、学界和政府部门等领域的共同合作，引导高校服务地方的理论建设，在结合我国国情的前提下借鉴国外先进的社会服务理念，以便学生、高校、企业、政府等多方利益相关者更好地理解高校服务地方的内涵。最后，中国高校服务地方的思想路线亟须调整，过多地依靠拉课题并不会对地方发展有多大的收益，也妨碍了参与主体主观能动性的发挥以及理念的真正贯彻实施。

（2）强化法律法规政策的支持

美国是世界上第一个以法律形式保障高校社会服务职能顺利开展的国家。其高校服务地方实践的开展与联邦的政策、州政策、学校立法以及相关法规条文的保障是分不开的。在美国，高校社会服务的相关法律法规众多，从 19 世纪中期的《莫里尔法案》到《亚当斯法案》，到 1993 年《国家和社区服务信托法案》，再到 21 世纪初的《公民服务法案的原则与改革》等，都十分具有代表性。[①] 美国立法体系的不断完善为高校服务地方工作的开展提供了法律依据，高校也由此合法地获得州政府不菲的财政拨款。与之相比，我国的教育立法体系仍不够健全，更多地流于形式，在实际操作中存在许多欠缺。因此，应当借鉴美国在教育立法上的成功经验。

要加强法律法规对于高校服务地方的支持，首先，要从宏观上建立起高校服务地方的相关教育法律框架，并在法律框架下，明确高校的法人地位，利用其强制性的特点，建立起规范有序的高校服务地方的运行机制。法律框架有利于明确各个权利主体间的责任与义务，保证教育改革得到稳定有序的推行，并由此建立健全高校的宏观管理体系。其次，各地方政府应根据当地的实际情况，因地立法。全国性的教育法律框架是一个宏观性、基础性的架构，无法兼顾每一地区和地方高校的特殊情况，因此就需要地方进行教育立法，结合当地的实际情况，在与国家教育法律框架原则一致性的前提下，充分发挥能动性的作用，为地方高校服务地方社会、经济发展做出贡献。国家应当将服务地方的权力交到地方政府手中，从宏观上进行调控，而不是将发展教育的大权集于中央，更不需要面面俱到。最后，要提高我国教育立法的可操作性。地方教育立法应当简单、清晰、明确，尽量避免运用空洞的词语泛泛而谈，立法的模糊会导致执行中的困难，给人可乘之机，应努力提高立法的操作性。美国各州在教育立法上，明确指出要以资助为核心，以更多的篇幅来叙述教育资助的范围、重点以及额度。在教育立法可操作性上，美国为我国提供了有益借鉴，在中国教育立法当中，根本就不会提及资助额度，内容过于空洞。立法可操作性的实施要警惕地方政府管得过严，影响地方高校办学的自主权。高校应在法律的保障下，及时贯彻落实政府的科技创新政策，协调好国家、地区和学校层面的具体政策，并注意政策间横向和纵向的协同效应。从理念和源头上重视高校的地方服务职能，真正为地方社会经济发展做出贡献。

---

① 魏署光．美国大学社会服务职能的历史演变及其机制［J］．高等工程教育研究，2008（6）：194-200.

(3) 设置地方发展需要的课程与专业

在高校专业设置和调整方面，要做到以下三点：一是调整专业设置比例。地方高校存在与发展的主要目的就是为地方发展而服务。美国高度重视地区发展与地方高校学科、专业之间的联系。地方产业和经济的发展增加了对专业人才的需求，地方高校应肩负起为地方培养人才的责任。例如，美国的赠地学院就为当地农业和工业发展设立了极具地方特色的专业课程。在我国，部分高校也开始加强学科、专业设置与地方发展之间的联系。但从整体来看，我国地方高校的专业课设置与地方产业发展的结构仍非常不平衡。如果将中国高校的专业设置也分为三个产业，即以农、林为代表的第一产业，以工业为代表的第二产业和以服务业为代表的第三产业，通过分析高校的专业与中国产业结构的比例可以看出，高校专业与地方产业之间存在失衡。例如，2012 年我国高校设置的一、二、三类产业的专业占比为 2：36：62，而同年我国产业结构中三大产业占比分别为 10：45：45。二者比例的不平衡也导致了高校毕业生的就业困难和企业招不到相关的专业人才。我国高校的专业设置更倾向于以服务业为代表的第三产业，第一产业的专业占比仅为 2%。因此必须从整体上调整高校专业设置的比例，设置与地方发展相关的学科与专业。

二是剔除重复设置的专业。我国高校专业设置同质化现象较为严重，据统计，2009 年我国具有本科招生资格的共有 1088 所高等院校（包含独立学院），其中设置英语专业的高校有 876 所，设置计算机专业的高校有 823 所，分别占本科招生院校总数的 80. 5%和 75. 6%，专业同质化严重。这主要有两点原因：首先，为了竞争到更多的生源以及满足广大学子兴趣的多样性，高校的专业与课程设置更像一个商品市场，在追求综合性、全面性的道路上越走越远；其次，每年高校综合实力排名和综合性的指标让专业型的高校处于不利地位，迫使专业型大学向综合性大学转型。但专业设置雷同以及过分追求学科的综合与全面，不仅不能体现出高校自身的特色，还会导致高校在服务地方时存在人才与市场的配比失调。这也是中国高等教育下一步发展必须面对的一个亟待解决的问题。因此，地方高校应适当剔除部分同质性高的专业，更努力建设和发展特色专业，使专业设置不仅仅是装饰，还应结合地方产业条件和自身学科优势，满足地方需求。

三是专业设置要具备前瞻性。专业设置的前瞻性问题是制约我国地方高校发展的重要因素。我国高校在专业设置上更多地将眼光投向了短期市场，不具备长远的发展眼光。原因在于高校设置特色专业的成本较高，相对而言，设置管理、教育、经济、英语等专业成本较低，且不需要投入过多的设备资金和科研资金，因此此类专业更受地方高校的青睐。然而，短期市场的获利是以学生和高校自身的长远发展为代价的，更确切地说是以学生的狂热追求所导致的失业以及高校未来发展动力不足为代价的。高校应十分清楚所设置专业的未来前景，专业设置中短期逐利的心态，不仅仅是对学生的不负责，而且是对高校自身发展的不负责，更是对地方发展甚至是国家发展的不负责。因此，高校在进行专业设置和专业结构调整时应具备长远眼光和大局观念，引进竞争机制或者淘汰机制，制定高校的发展规划，在地方范围内甚至是全国范围内，对于专业发展潜力小、贡献程度不足的专业以及不能满足地方发展的专业进行剔除，有前瞻性地设置特色专业。这样不仅有利于高校内部资源的有效整合，而且对于高校长期的发展以及形象的维护具有重要作用。

（4）充分发挥政府的宏观调控作用

为了保证地方高校服务地方的延续性，政府应对高校在专业设置上的稳定性进行保障。如上文所说，美国的本科高校主要分为研究型大学、教学型大学和社区学院三类。我国的高校也可以分为三类：研究型大学、普通本科教学型高校和高等职业院校。研究型大学主要是以“211”“985”为代表的部属高等院校，此类院校综合实力雄厚，主要以学术研究为教育目标；普通本科教学型院校主要是省属或者市属的本科院校，此类高校实力稍弱，更多地以教学和培养产业人才为目标，在完成教学任务的同时也进行一定的学术研究；第三类高等职业院校实力明显低于前两类高校，主要以应用技术型教育、专业职业教育为目标，培养实用性技术人才。与美国本科高校不同的是，我国高校在层次上具有不稳定性。第一类“211”“985”的高校在数量上较为稳定，不会增加或减少，但是不少专科和高职院校则以升本为目标，费尽心思地想摆脱“高职”的帽子。在高职院校里，大专升本科的现象普遍存在。而这种以“升级”为目标的高校在地方服务上缺乏稳定性，没有发挥好自身的特色和优势，切实履行好自己培养应用型人才的职责。这一点，我们应该借鉴美国的经验，美国本科高校规定，大学或者学院不得擅自改变自己的定位，这也在宏观上对各类高校的发展进行了统筹与调控。因此，我国政府应正确引导高校进行定位，禁止随意改变自己定位的行为，从源头上解决高校盲目发展的问题。其实这种逻辑之间是相通的，我国高校之所以改变自己的定位，主要是由于本校在专业设置上没有特色，因而在地方和全国范围内不具有竞争优势，因此将院校升级作为提升本校特色的途径和学校得以在地方立足的途径。但随意改变发展定位，盲目追求升级并不是解决这一困境的办法，诚然这种“升级”或许对于高校立足本地是有帮助的，但是不会比专业设置紧扣地方需求与发展更为有效。① 这就需要政府从宏观上进行调控，引导高校设置符合地方发展和自身定位的学科和专业。

到 2012 年末，我国的教育经费支出已经达到了 22236. 23 亿元，占当年国民生产总值的 4. 28%，超额完成了《教育规划纲要》提出的在 2012 年达到 4%的目标，这也是我国教育经费支出首次实现达标。这一成绩值得肯定，但还应看到我国与西方发达国家之间的差距，如美国的教育经费支出在 2001 年就已经完成了 4%的目标，甚至古巴、哥伦比亚等中低收入国家在 2001 年教育经费支出已经占到 5. 6%。除此之外，我国教育资源的配置情况仍不够理想，教育市场的融资严重不足，教育投资机制不健全。目前，我国的教育投资更多是来自于政府的财政支出，缺乏其他融资渠道。我国的高校更倾向把大型企业作为谋取利益的对象，而在美国，许多成功人士、大型企业对高等教育存在着浓厚的兴趣，愿意为其提供大量资金和设备帮助。从经费到位的情况来看，我国还存在高达 15%的高校经费不能够到账的问题。如何将教育经费的比例在短时间内提到一个更高的水平，如何解决教育经费来源单一以及经费拖延等问题，是下一步高校发展需要面对和解决的现实问题。因此，我国政府应加强高等教育融资平台的建设，改变过去仅仅依靠财政支出维持教育开支的情况，发挥社会和个人的多方力量来提高教育投资；同时，政府还应加强教育经费的监督与监管能力，确保每一笔教育经费都用到“刀刃”

① 柯长青. 美国高校区域经济职能的实现模式及其借鉴意义［D］. 武汉：华中师范大学，2002.

上，确保每一笔教育经费的使用都做到为纳税人负责。[①]

5.2 英国本科高校服务地方的途径及启示

在2018年的全球大学排行榜中，前10名英国占据3席，虽总体数量上不如美国，但牛津大学、剑桥大学分别位列第一名、第二名。英国高校有着悠久的历史，如牛津大学、剑桥大学建立于中世纪，在庄严古老的校园中，以自由开放的气息去感染每个学子，为英国的政治、经济、社会的发展贡献出了许多知识财富。在英国，不同的历史时期和社会背景下产生了不同类型的大学，在历史上发挥着不同作用，这些大学在面对知识经济的到来和国内改革的挑战时，都面临着重新审视、调整自身办学定位和服务方向的问题。许多大学在人才培养、科学研究的同时，把眼光投向了服务地方这个领域，希望在服务地方的同时寻求学校发展的机遇。英国的高校十分重视与地方和企业的联系，总结英国高等教育发展的成功经验，对我国高校未来发展和服务地方的实践有启示和借鉴作用。[②]

5.2.1 英国本科高校服务地方的途径分析

16世纪末以来，随着资本主义的迅速发展，英国逐渐成为世界强国，实用性教育和实用性高校逐渐突破传统大学体制的束缚，蓬勃发展起来。为适应工业和经济发展的需要，具有地方性特色的大学在英国各大工业城市逐步兴起。[③] 1851年，曼彻斯特欧文斯学院创立，英国开始了著名的“城市大学”运动。[④] 这些新型大学效仿苏格兰的大学模式，注重以市场需求为驱动，具有收费低廉、入学要求低、拒绝宗教教育、注重实用知识等特征。新型大学的

① 张宏海．高校集群促进人才培养创新与区域经济发展研究［D］．武汉：武汉大学，2015，5.

② 王艳文．走出“象牙塔”服务区域发展——英国高等教育发展的启示［J］．教学研究，2014（5）：4-7.

③ 程肇基．地方高校服务区域经济建设研究——以江西为例［D］．武汉：武汉大学，2015：32.

④ 王艳文．走出“象牙塔”服务区域发展——英国高等教育发展的启示［J］．教学研究，2014（5）：4-7.

出现对英国的高等教育产生了非常重大的影响，使英国由传统单一的“牛桥”教育，发展成为多样化的教育体系。大量城市大学的兴起，使英国进入了高等教育发展的新纪元。这些大学大多位于英国的工业中心，学校注重科技教育和实用教育，为当地的企业源源不断地输送人才。大学通过服务地方，推动了地区和国家的繁荣发展。19 世纪 60 年代，技术学院的建立更加体现了英国本科高校服务地方的特性。英国本科高校服务地方的方式多样，主要可以归纳为以下几种。

（1）将地区视为重要的合作伙伴，服务地方经济发展

英国不仅是世界上经济比较发达的国家，其高等教育在全世界范围内也处于领先地位。英国发表的《珀西报告》和《巴罗报告》，大力改革、发展高等科技教育，其改革重点是对高等教育的结构进行调整，建立起了培养不同层次科技人才的体系。此后，随着 20 世纪 50 年代《技术教育白皮书》和 60 年代《罗宾斯报告》先后出台，英国扩大了高等教育的规模，并将高级技术学院升级为大学，终于为高等科技教育的发展铺平了道路。因此，英国的高等学校不仅以研究为主，而且侧重于对人力资源的支持，并建立了一个完整的专业技术教育体系，将科学研究成果应用于生活中，从而达到其服务地方的目的。

英国地区的高等院校分布不均，英格兰占据总数的近 80%，剑桥大学、牛津大学、伦敦帝国学院等都在该区，见表 5-1。曾经，英国政府每隔 7 年左右就会组织进行一次关于大学科研水平评估（Research Assessment Exercise，RAE）的排名活动，作为英国最具权威的大学排名，RAE 在很大程度上反映了一所大学的综合实力和贡献。英国于 2014 年 12 月发布了新的行动计划——研究卓越框架（Research Excellence Framework，REF），取代了原来的科研水平评估（RAE）。REF 作为英国政府资助的一个新的评估和行动计划，可以用来评价英国高等院校科学研究项目的效果和质量，其评估的重点是高校科学研究项目的产出、影响以及环境三个要素。[①]

---

① 刘兴凯，左小娟．科研卓越框架（REF）：英国高校科研评估的改革及价值取向［J］．中国高等教育，2015（24）：53-55.

表 5-2 英国地区的高等院校分布情况

单位：所

郡名	总计	排名
英格兰	129	1
苏格兰	15	2
北爱尔兰	12	3
威尔士	10	4

剑桥大学以其高素质的教学和研究水准而闻名，2014 年 REF 科研水平综合排名第一。目前剑桥大学有 31 所学院，以及超过 150 所科系和研究机构。学生人数约为 18000 人，其中研究生 6000 人，海外留学生占 13%。剑桥的优秀毕业生从高高的“象牙塔”缓缓地走下来，根据地方发展的需求，将自己的科技知识不断地转化为生产力，将自己的科研成果转化为产业导向，使得地方/企业与高校进行合作，从而达到产生经济效益和社会效益的目的，成功地服务地方经济。① 剑桥地区拥有许多优秀的大学，而这些大学为了当地经济发展与企业间不断地进行合作。最后，大量的高科技企业和公司在剑桥附近开花结果，出现了一大片的繁荣景象，这就是人们所称的“剑桥现象”。而此时，牛津大学与许多企业进行合作，“牛津大学科学园”也诞生了，而且做出了巨大的贡献，现在的科学园内有几十家高科技公司。

威尔士的斯旺西大学对通信和医疗等产业的新发展前景抱有巨大的期望，并由此开始对这一领域进行研究。学校投入了大量的合作科研经费，仅 2008 年的科研经费就高达 4000 万英镑，学校将其科研和专利的成果输出转移给当地的中小企业，带来的产值已超过 1 亿英镑。英国的布莱顿大学位于发达的东南地区，在校企合作方面，学校经常将自己的科研和实验设施等资源向企业开放，十分重视与本地企业进行合作，并努力寻找一些可以合作的共同方向和项目，在合作经费投入方面也十分慷慨，例如 2009 年，其合作经费就已经达到了 1230 万英镑。同时，布莱顿大学提供不同需要的继续教育，促进其周围社区社会文明的提升，改善风气，被誉为英国“第一所将社会、经济与

① 王艳文．走出“象牙塔”服务区域发展——英国高等教育发展的启示［J］．教学研究，2014，（5）：4-7.

大学相联系的大学”，在国际上也产生了一定的影响。①

大学在地方区域经济发展过程中，不仅是知识、创新以及智力的提供者，也为政府经济发展提供政策建议。大学积极参与区域开发建设和多种重要经济活动，包括城市规划、区域发展战略制定以及重大建设项目招投标等。在有些区域，一些大学校长是区域发展办公室的重要成员，他们甚至是办公室的负责人。例如，伯明翰市政府近年来提出了名为“科学城市”的发展规划，伯明翰大学为了承担自己的责任，负责了相关的部分规划和建设项目，将目光聚在医疗卫生和高端制造等领域，将大量的资金投入其中。同样，曼彻斯特大学为了满足当地工业界对技术的需要，建立区域工业发展中心，探讨对企业进行技术革新、对企业的机械设备进行转移、对市场和新产品进行开发等问题。②

（2）提高地方劳动力素质和人才技能，调整专业结构

英国高等教育有着悠久的历史积淀，在 24.41 万平方千米（包括内陆水域）的国土上就拥有 100 多所高等院校。英国的各类高校发展方向和定位较为明确，一般都拥有自己的特色专业，在平衡地区发展、明确人才培养目标以及适应当地社会需求、促进区域发展方面表现突出。③ 现在，英国的高等院校在世界教育中占有越来越重要的位置，这在于英国高校的时效性。英国高校能够通过地方政治、经济和文化的发展来开拓新的领域，同时根据当地产业结构和人才需求合理地调整学科、专业和课程设置。由此，英国大学利用地方资源获得了独具特色的办学模式，也获得了强盛的竞争力。

12 世纪开始，英国在城市中建立了大学，城市的发展与大学也就息息相关。大学是一个城市的品牌，因此就需要来自大学的人才与科研的支持，也就形成了高校服务地区和城市发展的模式。例如，牛津镇的牛津大学、剑桥镇的剑桥大学，大伦敦市的名片伦敦大学、帝国理工大学，还有以城市命名的世界著名大学——利兹大学、诺丁汉大学和爱丁堡大学等。将不同类型的

① 张宏海．高校集群促进人才培养创新与区域经济发展研究［D］．武汉：武汉大学，2015，05.

② 王艳文．走出“象牙塔”服务区域发展——英国高等教育发展的启示［J］．教学研究，2014，(5)：4-7.

③ 张宏海．高校集群促进人才培养创新与区域经济发展研究［D］．武汉：武汉大学，2015，05.

大学分别建立在不同地区，不仅有利于该区域社会经济的发展，而且有助于当地经济和社会的重塑。例如，伦敦市作为国际金融市场之一，以英格兰银行为中心，聚集了众多历史悠久、实力雄厚的金融机构，市场规模堪称世界第一。同时，伦敦还拥有着完备的金融组织结构以及完善的金融市场管理体系，金融类服务性设施发达完备。从 14 世纪起，依靠金融市场逐渐发展起来的“伦敦城”周围的大学，设置了大量金融、经济类相关的课程和专业，培养相关人才，为伦敦周围的金融、银行、保险等行业提供人才，服务大都市。

英国是全球重要的农业生产国之一，而农业人口占总人口不到1%。20 世纪 80 年代后期，虽然劳动生产力持续增长，但土地生产力基本保持不变，农业全要素生产力增长率开始逐渐降低。[①] 为了改变这一现状，英国调整了农业政策，提出了“英国农业科技战略”，直接促进了大学与企业深度的科研合作。英国环境、食品和农村事务大臣戈夫此前提出，以哈珀当斯大学等一流大学为先导，探索将自动化技术和机器学习技术投入农业生产，耕种、收割、采摘和包装方面实现全流程自动化。为了给农户提供精确的耕作信息，百事公司与剑桥大学进行合作，开发了一款作物管理工具，为农户的需求提供服务，这是剑桥大学承担社会责任的模式。

沃里克大学成立于 1965 年，短短几十年间，已经发展成为英国名列前茅的大学之一。沃里克大学坐落在英国重要的工业城市——考文垂市，当地的工业和其他产业对科学技术和科学管理的需要较为强烈。沃里克大学敏锐地意识到为地方工商界服务的必要性，于是果断地成立了工商管理学院与工程系，以达到服务地方的目的。1984 年，沃里克大学也建立起了大学科学园，该科学园成为继剑桥大学科技园后的英国第二家大学科学园，其宗旨有：一是培育、孵化新型企业；二是服务那些具有创新精神和创新能力的中小型企业；三是为大学生提供创业机会；四是希望通过科技创新来服务地方。

英国也是世界文化创意产业大国，目前，文化创意产业的经济贡献仅次于金融，已成为英国的第二大产业，其增长速度更是在全球排名第一。[②]

① 龚雅婷，孙立新，毛世平．英国农业科技政策及对我国的启示［J］．农业现代化研究，2018-07-15.

② 童慧．中英高校文化产业人才培养的比较研究［D］．长沙：湖南师范大学，2014，05.

英国政府要想获得文化产业的飞跃式发展，就必须得到高校的帮助。于是，英国高校所开设的专业不仅广泛，而且与文化创意相关，包括纯戏剧、经济管理类、设计以及音乐等方面。高校还开设研究生教育，专注于细小方向的研究。如创意艺术大学学院开设了创意产业管理的 MBA 学位，提高他们的管理水平；金斯顿大学主要专注的是研究生教育，培养他们的艺术创造能力；考文垂大学的硕士教育以招收工程师为主，希望他们成为职业经理人和创业者，锻炼他们商业管理方面的知识和技能，而且考文垂大学与本地的企业拥有紧密的合作关系，培育了大量的优秀毕业生，输送到各行各业，如艺术、商业、工业等。同时，高校不断地提高创新能力，以达到繁荣经济和服务地方的宗旨。

作为现代旅游业发展最早的国家之一，英国是当今全球十分重要的旅游客源区和入境目的地。在英国几十年的发展中，旅游业始终保持着长盛不衰的地位，其中一个重要原因就在于英国高校增设的旅馆、餐饮类的本科专业，为英国旅游业培养了大量专业人才。正如萨里大学的教授梅德利克（Medlik）所说，大学设置旅馆和餐饮本科专业的目的和任务就是满足学生的个人发展需求和行业的人才需求。旅游业是英国最大的产业之一，为此，萨里大学对学生的职业和未来在此行业内的发展潜力进行明确定位，并使那些将成为未来旅游业的领导者和管理者的人有机会接受大学教育，接受不同的创意思潮，锻炼他们的个人能力。所以，英国的旅游高等教育不仅为学生提供多样、高质量的旅游教育，也为经济的繁荣发展做出了巨大贡献。

(3) 加强与企业、政府的联系，为区域发展服务

高校并不是一个简单的个体，也不仅仅是教书育人的机构，还担负着为企业提供技术帮助和指导，为政府提供政策咨询和服务等职责，这也是高校与企业、高校和政府之间进行合作的基本形式，更是促进高校与企业、高校与政府进行更高层次合作的基础。

20 世纪 60 年代，剑桥大学就开始重视高校的社会服务工作，重视与企业和科研机构的合作与联合办学。剑桥大学成立的科技工业园以及周边不断涌现的高科技企业就是校企合作的典型成功案例。高校与企业间的合作不仅为当地经济发展提供了人才、科技和知识支持，当地企业也积极为剑

桥大学的学生提供广泛的实习和就业机会。2003 年，英国财政部委托剑桥大学校长兰伯特试着去解决大学与企业在合作过程中产生的知识产权归属的问题。因此，兰伯特特意对英国高校与企业界的关系进行考察。经过半年的走访调研，兰伯特发现了在治理、管理与领导等方面，英国许多高校确实存在着一些问题。2003 年 12 月，兰伯特在完成的《兰伯特企业与大学关系评价报告》中，不仅评估了英国高校与企业的合作促进国家创新能力的做法，更多的还是针对高校与企业的合作而产生的知识产权问题提出了若干建议。根据这些建议，英国高校建立了兰伯特协议模式，主要用来解决 5 个因英国企业与高校合作而产生的知识产权问题。从此以后，不仅极大地提高了双方合作中知识产权谈判与签署的效率，也大大地降低了因高校与企业之间的合作成果而产生的产权纠纷风险，减少了所消耗的人力、物力。4 年后，这种协议模式得到了葛兰素史克公司的赞同，其更是签署了 27 项相关的兰伯特模式协议，尤其是与 Hertfordshire 大学的合作，知识产权协议的谈判与签署仅用 2 天就完成了，很快地建立了两者之间的信任基础，并极大地提高了合作效率。①

英国高校通常会为地方经济社会的发展提供咨询服务。东伦敦大学位于英国最具经济活力的东伦敦地区，是一所为区域经济和社会发展服务的新兴服务性大学。它既对地方政府进行区域规划，又为中小企业的发展和大学生的创新活动提供咨询服务，还通过设立科技成果孵化机构进行科技成果转化，积极地为东伦敦地区经济复苏和社区发展做出贡献。②

英国高校也为企业提供技术与知识支持，一般通过以下途径进行：一是开展继续教育、终身教育。在英国，大学针对企业所需，对于在公司就职而本身缺乏企业所需技能的年轻大学毕业生进行培训。英国大学可以利用本身的教学资源，提供企业所需要的人才，从而达到提高公司管理水平的目的。二是企业员工和英国高校可以进行互动交流。英国企业和高校之间可以互派人员进行交流，如企业可以聘请高校教师将科技成果进行转化，此时企业几

---

① 江山，张杰军，赵捷．中英高校知识产权政策与技术转让比较研究［J］．科技管理研究，2011（12）：141-145.

② 杨艳红．区校合作拓展慈善公益事业的探索［J］．思想理论教育，2010（21）：89-92.

乎不增加过多的成本，反而为企业增添了新的发展动力和发展机会；高校也可以聘请一些企业中的技术带头人担任导师，这些人具有丰富的实践经验，可以为学生提供一些宝贵的经验指导，也能培养学生新的技能，从而提高人才质量。[①] 此外，英国的开放式大学提供的多样化教育服务和课程，也为业余学习和远程学习提供了可能，对英国民众职业技能和综合素质的提升起到了促进作用，进而为地方经济和社会发展做出了贡献。

（4）重视学生实践，建立合作平台

高等院校对所在地区经济发展的促进作用，主要源自学生的就业和实践。高校是知识和创新的源泉。企业作为地区经济发展的引擎，十分需要知识技能的创新。因此，加强高校与企业、高校与政府之间的联系十分重要。地方政府可以因势利导，制定相关的保护政策和优惠措施，促进校企合作、校地合作，共同服务于地方社会和经济的发展。在地方政府、高等院校和企业的密切合作中，许多高校不仅将眼光汇聚在区域经济和地方建设上，还能为自己获得进一步发展的机会。随着英国高校服务地方经济的势头增强，到 19 世纪，英国高等院校的数量和大学生的规模明显增加。因此，英国高校通过主动地参与区域经济和社会的发展，巩固了自身在地方经济发展中的角色定位，加强了对地方产业、企业的支持，而英国政府也提供了大量的政策、资金援助，这大大促进了英国地方经济和社会发展。[②] 英国高校十分重视与地方的紧密联系，许多大学都将学生分派到地方企业中进行实习，这不仅锻炼了学生的实践能力，也成为英国高校服务地方的重要途径。

到了今天，大学的核心价值不再局限于学术研究，还在于能够更多地参与地方产业转型升级与促进城市经济增长。如利兹大学与约克郡地区通过商业以及工业的合作，关系更加紧密。利兹大学经过 100 多年的发展，已经成为英国名声在外的高等学府之一，同时也成为英国最大的以研究为主的重点高校。2010 年全球高校专业排名时，利兹大学位于前 100 位的专业有 27 个。在建校之初，利兹大学就探究科学技术知识与地方产业之间的联系。为了更

---

① 周社育，黄晶．网络治理视野下美英高校社会服务途径研究与启示［J］．宁波工程学院学报，2016（2）：78-83.

② 张宏海．高校集群促进人才培养创新与区域经济发展研究［D］．武汉：武汉大学，2015，05.

好地服务利兹市的发展，利兹大学积极地将科研成果应用于经济发展。利兹大学始终坚持与区域经济发展共享互助的模式。首先，它瞄准未来科技发展趋势，以超前的目光聚焦社会、经济、环境等重大问题，综合多学科，运用其专业知识解决问题和服务城市。因此，利兹大学以社会重大需求为导向，设立了多个综合性跨学科研究中心，如文化社会改革中心、社会技术中心、能源综合研究中心（官方投资）。① 这些综合性研究中心通过解决复杂的社会问题，也积累了丰富的资料与知识，在此基础上，促进了许多新兴学科的诞生，并推动了利兹大学的科学研究。其次，注重产研合作，搭建长期有效的合作平台。利兹大学的一项重要战略就是与不同的企业搭建合作性伙伴关系，这样便能成功地与市场衔接。与此同时，利兹大学还设有技术和专利转移办公室，在向企业推销技术的过程中，不仅能为企业提供政策与法律咨询，也可以寻找一些相关的研究课题，从而加快学科的建设。这种模式极大地促进了利兹大学的知识转移和商业化，也提高了区域发展的动力与速度。此外，英国还设立了高等教育活动社区基金（HEACF）——学生志愿活动奖，用于奖励那些为社区志愿者工作做出杰出贡献的大学生。②

5.2.2 英国做法对中国地方本科高校服务地方的启示

英国高校发展的历史悠久，历经新大学运动与城市学院的发展、大学推广运动，牛津大学、剑桥大学的发展和独立大学运动等，非常重视服务地方经济发展，主动加强与区域的联系。英国历来重视地方高校的建设和发展，尤其重视将大学与地方社会经济发展直接联系起来，在高校发展的实践中主动调整教学课程或专业设置，其成功经验对提高我国本科高校服务地方的水平有一定的借鉴意义。

（1）主动加强与地方的联系

高校应主动地搭建专利和技术转化平台，为企业提供技术、智力支持，密切关注地方工商业界的发展，在这方面，中国许多高校仍然存在不足。

---

① 俞俏燕．论英美地方大学和地方的共赢模式［J］．教育评论，2012（4）：156-158.

② 杨艳红．区校合作拓展慈善公益事业的探索［J］．思想理论教育，2010（21）：89-92.

中国的高校为地方区域经济发展服务，首先应该提高服务的主动性、积极性和自觉性。大学拥有丰富的知识、技术和人力资源，要学会发挥大学的溢出效应，利用自己的优势发展区域经济和服务社会。这些高校可以学习英国高等教育的成功经验，主动地走出“象牙塔”，服务地方经济。服务地方作为高校的职能，就要求高校能主动地与工商界联系，积极地转化高校知识和科研成果，自觉地建设大学科技园和推动企业发展等。国内知名高校如清华大学、北京大学与复旦大学等都在所在区域逐渐建立了自己的大学科技园、科研成果孵化基地。这些高校在与地方合作、服务地方发展的过程中，不仅得到了自己发展所需的支持，如资金，而且推动了学校学科建设和研究发展。

（2）注重资源整合，调整课程和专业设置

大学治理是高等教育发展的基础，基于大学治理理念的英国高校十分重视资源的整合，加强学校与地方的互动，在不断改革中形成自身特色和品牌。例如，牛津大学不断整合资源，成为一个各学院的联合体，这些学院、学系以及研究中心在专业设置上各具特色，错落地分布在牛津市，使学校与城市融为一体，充分发挥了带动地方和城市发展的作用。① 我国高校应以社会经济发展为导向进行人才培养，特别要关注地方经济发展的实际需求，根据地方经济特点、产业结构变化和技术变革情况，积极地调整专业设置。中国各省高校应根据其所在省市的经济发展，区域、产业、资源特点和优势，开设适合地方发展的课程或专业。例如，位于沿海城市秦皇岛的燕山大学，可以充分利用其地理优势，除了发展其本身的优势专业工科，也要根据其旅游特色，开设一些与海洋、船舶有关的专业。像一些高职高专类院校，根据自身的区位优势和专业特色，主动调整区域发展所需要的课程，输送更多的技术应用型人才，更好地服务所在区域的社会、经济的发展。

① 骆秉全．英国新一轮高等教育改革的经验及启示［J］．国家教育行政学院学报，2019（2）：89-95.

(3) 重视教学、科研与社会服务平衡发展

教学和科研的轻重和平衡问题是全世界大学面临的共同难题，加上社会服务理念的发展，如何定位决定着每所高校未来的发展道路。现在，英国高校正逐步改变过去重科研、轻教学的办学理念，更加重视学校的社会服务功能，努力寻求教学、科研与社会服务三大职能的平衡。即使是牛津大学和剑桥大学这两所英国的老牌大学，也放下了骄傲，走出了“象牙塔”，参与区域发展，服务地方。中国的高校不能再抱着“两耳不闻窗外事，一心只读圣贤书”的思想，只是单纯地进行学术研究，而要更积极地寻求与区域发展相融合的方向。中国高等院校应根据当地经济与社会发展的需要，开设一些职业培训课程，招收急需提高技能的在职人员，提高他们的专业技能和素质。高校应在课程设计和时间要求上提出更多的设计方案，为非全日制学习者提供更多的选择，满足当地企业和员工的需求，为区域发展提供越来越多的高质量人才。学校和地方要积极合作，开放学生就业市场，搭建研究生实习和教学的平台，提高学生的实践能力，同时满足当地对人才的需求。①

(4) 建立多元化的经费筹措渠道，重视学校内部治理

为应对经济衰退和政府财政赤字，英国兴起了促进高等教育市场化的浪潮，对高校经费的来源和结构进行了调整，建立了更加多元化的教育经费筹措渠道。高校的教育经费主要来自政府拨款、资本性投资收入、研究拨款、学费以及社会捐赠等。这在保障高校教育和科研经费充足的同时，也在客观上促进了高校与地方经济的合作以及高校的市场化。② 除此之外，英国高校还十分重视学校的内部治理，将学生看作高等教育的消费者，切实落实以学生为中心的教育理念。英国高校重视从学生需要和发展出发，设置课程、设计教学和培养方案，希望建立学生的学业和就业能力发展体系。这在帮助学生成长的同时，也为学生将知识转为生产力，顺利实现就业提供了帮助。而就业的顺利也为地方经济和社会发展提供了所需的人才，进一步促进了地方

---

① 王艳文．走出“象牙塔”服务区域发展——英国高等教育发展的启示［J］．教学研究，2014，(5)：4-7.

② Universities UK. UNIVERSITY FUNDING EXPLAINED [EB/OL]. www.universitiesuk.ac.uk/policy-and-analysis/reports/Documents/2016/university-funding-explained.pdf. 2016.

发展。

5.3 德国本科高校服务地方的途径及启示

德国的教育体系因组织科学、层次清晰、目标明确及因材施教著称于世，尤其是职业技能人才的培养，经过几十年探索后已形成完整的理论和实践体系，极大地推动着德国制造业的持续发展，达到了服务地方的目的。①

5.3.1 德国部分本科高校服务地方的途径分析

为了适应地方经济的发展和社会进步，德国的高校逐渐走向了服务地方的道路，其社会服务的形态与途径也开始丰富起来。服务地方发展是地方大学的核心理念之一，德国高校服务地方的途径可归纳为以下几种。

（1）注重应用型科技大学的建设

德国的应用科技大学已有 50 多年的历史，20 世纪 60 年代起，联邦德国为了解决因经济调整发展而出现的区域性水平差异问题，采取了相应的地方化改革措施，国家和政府对于高等院校的专业与课程设置不再作统一的规定和要求，而是根据地方经济的发展需要来调节。德国大学主要分为研究性大学和应用型大学：应用型大学主要负责为地方发展提供所需要的人力资源与技术支持，如安哈尔特应用技术大学，拥有本科教育与研究生教育，不仅为本地经济和社会发展输送了人才，而且为欧洲其他地区培养了急需人才；与之相比，研究性大学则侧重于为地方提供技术转让与专利支持，如柏林大学、慕尼黑大学、杜伊斯堡—埃森大学等，学校以研究生教育和专业教育为主，主要为新型知识的创造和积累以及新技术的研发而服务。

德国高校的优势是应用科学，能够紧跟市场需求，为学生提供帮助和指导。在德国，要获得应用科技大学的教授职称，在取得博士学位的基础上，

① 靳晓光．民办应用型本科高校人才培养模式存在的问题及改革路径——以德国应用型本科人才培养为鉴［J］．浙江树人大学学报（人文社会科学），2018（5）：17-21.

还需要拥有5年以上相关公司的工作背景。① 应用型大学的代表安哈尔特应用技术大学，为萨克森—安哈特州最具影响力的一所大学，拥有120多年的历史。它拥有3个校区，这3个校区也具有各自特点分明的教学和研究方向。全校设有7个教学系，63个本科和研究生专业，7000多名在校学生，其中大约有1300名外国留学生。萨克森—安哈特州位于德国中部，不仅具有悠久的文化渊源和上百年的工业传统，而且该州是一个连接东西、南北地区的重要交通枢纽。安哈尔特应用技术大学每年为萨克森—安哈特州培养大量的急需人才，为该州的经济发展提供了强有力的智力资源和人才支持。

表5-3 德国部分州高等院校分布情况②

单位：所

州	总数	综合大学	应用型大学	艺术型大学
巴登—符腾堡州	64	12	41	11
柏林	39	10	24	5
拜仁	46	13	25	8
北莱茵—威斯特伐亚	65	19	37	9
黑森州	29	10	16	3
萨克森	21	6	9	6
图林根	10	2	7	1
莱茵兰—普法尔州	18	8	10	0
汉堡	16	6	8	2

萨克森—安哈特州不仅在北部以农业和食品加工业为主，而且其他工业基地集中在马格德堡和东南部的哈勒—德绍地区附近。周围的11所高等院校和一些专科学校除了在机械制造、电气技术和医学领域提供人力资源，还在褐煤精炼、高分子聚合物化学、焊接技术、药物学、动植物种子学、生物化学及新兴学科——环保等学科的研究取得了先进水平。萨克森—安哈特州内的科学机构网发达，为企业发展提供了强有力的技术支持。

① ［德］卡罗琳·瑟曼. 德国应用科技大学与区域融合：现在、过去与未来［J］. 世界教育信息，2018（21）：49.

② 数据来自德国留学交流中心。

德国的柏林是国际化大都市和著名的工业中心，其高等教育方面的发展也独树一帜，具有强大的竞争优势。2008 年经济危机的爆发，使世界经济衰退，但柏林没受到太大的影响。柏林作为德国主要的工业区，其周围共有 5 所著名高校，包括柏林洪堡大学、柏林自由大学和柏林工业大学等。这些高等院校为当地经济和社会的发展培养了大量人才，提供着人力资源和技术支持，带动了整个柏林地区的发展与繁荣。柏林地区数量繁多的知识密集型产业，需要高素质的专业知识人才和不断更新的产业技术支持，这都需要高校的贡献和力量。

德国的柏林工业大学，在 20 世纪 70 年代就率先建立起了德国历史上第一个具有研究所性质的技术转让机构，之后逐渐发展出 200 多个发明中心。[①] 仅在柏林地区就有 14 所与此类似的机构。例如，柏林理工大学与西门子（Siemens）合作研究项目，大学提供知识与技术，而西门子将在 5 年内提供 960 万美元的研究资金；德国应用科技大学与企业之间的专利和技术转移促进了地区高新技术的发展，也促进了高新技术产业化的实现。高校与企业和产业进行技术方面的合作，一方面解决了大学科研产品和技术市场化、产业化的问题；另一方面也成功解决了高校在进行技术研发时面临的资金障碍，实现了高校与地方经济发展的互利合作。

（2）加强高校与企业和社会的联系，拓宽经费来源

德国高校的教育经费来源主要以州一级的政府拨款为主。在高校的教育总经费中，德国联邦政府只负责提供大约 10%的资金，州一级的政府需要承担 70%，而州级以下的地方政府则承担剩下的 20%。这也就决定了德国各州的教育事业十分依赖于各州的经济发展水平，使得德国的高校与地方的经济发展形成了更紧密的结合。德国高校，尤其是应用科学大学的发展定位明确，与当地社会产业和行业的联系十分密切，服从于当地社会发展的需要，并根据当地的实际情况来开设相应的专业。德国“工业 4.0”报告根据云计算的网真平台嵌入智能制造和智能工厂系统的发展前景，认为这将在未来彻底改

① 库特·赖纳·库茨勒．大学如何成为技术转让的重要参与者——柏林工业大学案例［J］．国家教育行政学院学报，2004（5）：58-64.

变生产制造系统。因此，CPS 的工业 4.0 战略将会实现德国制造产业的技术转型。此时，德国的工程教育对于建模与仿真的发展，已经建立起全面有效的研究和教育结构。亚琛工业大学在本科教育领域进行了跨学科研究培养计划——计算工程科学。2004 年，计算工程科学中心成立。2008 年，亚琛工业大学与 Jülich 合作建立了德国仿真科学研究院（GRS）。就连德国最古老的海德堡大学也开始实施计算工程教育计划，2007 年建立了数学与科学计算方法研究生院，主要致力于数学和计算模拟方法的结合，并应用于诸如生物科学、化学、物理、天文学、经济学、图像处理、环境及社会科学等领域。除此之外，还有达姆施塔特工业大学的计算工程研究生院、慕尼黑工业大学的国际科学与工程研究生院、斯图加特大学的仿真技术研究中心、德国仿真科学研究院、慕尼黑先进计算中心等机构都在致力于计算与仿真技术的开拓。工业 4.0 的数学建模和计算基础正在德国扎实地开展建设，以适应地区知识经济快速、健康、稳定、高效的发展需求。①

德国的鲁尔区，传统上以矿冶工业为主，这里有丰富的无烟煤资源。近 30 年来，为了响应国家的政策，同时为了加强对环境的治理，鲁尔区所在的州对其进行了经济结构方面的调整与改革，打破了过去以冶矿为主的单一经济结构，吸引了许多新的产业和企业来此落户。为了改善环境和进一步促进经济发展，鲁尔工业区需要调整产业结构和提高企业制造工艺。德国亚琛应用技术大学根据这一需求，积极地调整专业和课程设置，通过设立电力工程、能源及环保工程和可再生能源等专业，来培养鲁尔地区急需的人才和知识体系。20 世纪 80 年代以来，多特蒙德应用技术大学顺应时代发展趋势，十分重视高新技术等学科和专业的发展，开设了一系列新兴专业，并且形成了以电子信息、计算机和通信技术等专业为核心的专业群，为当地超过 11 万家的计算机及信息技术企业提供着大量服务。②

不莱梅是一个港口城市，它的航天航空、造船与海洋经济发达，而且拥

① 朱凌，吕正则，李文．大国的“计算”战略——德、美、俄的计算工程及其人才培养设想［J］．高等工程教育研究，2015（4）：10-20.

② 王奕俊，徐君．基于国际比较视角的地方高校转型路径分析［J］．职教论坛，2018（8）：171-176.

有丰富的风力资源。根据这些独特的地理优势与经济发展方向，本地的不莱梅应用技术大学设置了空气与航天技术、造船与海洋技术等特色专业；不莱梅应用技术大学设置了航海经济技术等特色专业。[①]

（3）依托社会和产业需求开展研究

德国大学，尤其是应用科技大学，是为了当地产业和行业的需求而生的。从高校科研的目的来看，德国很多大学都十分重视和企业与社区的密切合作，向政府、企业和社区提供有针对性的对策和建议，提供相应的服务和技术。[②]德国高校的科学研究定位十分明确，与当地紧密联系，解决了地方企业的技术困难和当地居民的生活难题，赢得了人们的口碑，也让地方高校受到了社会各界的重视与地方支持。例如，2013 年，德国的代根多夫市发大水，政府希望运用无人机探查积水区水深以及被困动物等问题，代根多夫应用科技大学为解决这一问题设立了专门的研究课题开展研发工作，成功帮助政府解决了困难。[③] 代根多夫应用科技大学满足了周边企业的生产需求，也获得了州政府的支持，学校设立了 6 个科技园区，分别在光学、地理信息学、生物学和嵌入技术、机电一体化、机器人技术和控制技术等诸多方面进行研究和开发。这种模式为高校和企业提供了良好的科学技术与研究的创新机会，高校获得了大量的研究经验，促进了相关学科建设，为这些企业的发展提供了更多战略决策上的建议。[④]

法兰克福既是欧洲金融中心，也是世界四大金融中心之一。法兰克福市是欧洲金融机构、货币银行聚集之处，有 400 多家银行、700 多家保险公司，还有不计其数的广告公司，其中包括 135 家外国银行。1957 年，法兰克福的市中心就建立了德意志联邦银行，欧洲中央银行在 1998 年也落户在法兰克福。同时，法兰克福还拥有欧洲第三大证券交易所，年交易额为 5.1 万亿欧元，经营着德国 85%的股票交易。由于金融业发展，美因河畔银行界的摩天

---

① 姚加惠．浅析德国应用技术大学与政府关系的特点［J］．高等教育研究，2016（5）：96-104.

② 邓泽民，董慧超．德国应用科学大学研究［M］．北京：科学出版社，2017：71.

③ 吴琛，詹友基．德国应用技术大学课堂教学特点及启示［J］．高等理科教育，2015（1）：62-66.

④ 高红英．德国应用科技大学校企合作模式的探究与启示——以代根多夫应用科技大学为例［J］．陕西教育（高教版），2013（4）：67-68.

大厦林立，成为“国际金融大厦区”，素有“美因河畔的曼哈顿”之誉。① 周围高校也设置相关专业为法兰克福的金融行业提供了优秀的人才。法兰克福大学的经济系专业有着得天独厚的优势，优秀的毕业生不断地输出到周围的金融公司；法兰克福高等专业学院同样设置经济系相关专业；法兰克福财经管理大学是一所经过欧洲质量改进体系和美国国际商学院联合会认证的以研究为导向的金融学院，学校致力于寻求在经济、管理、银行和金融领域出现的疑难问题的解决方案，同时也为相关公司提供咨询。

德国是一个汽车大国，为了使德国的汽车产业能够保持世界一流地位，德国的公立大学有着一系列的汽车研发人才培养体系。德国的汽车研发人才主要集中在亚琛工业大学、慕尼黑工业大学、柏林大学等高校之中。这些高校不仅给学生提供关于汽车的基础理论、基本技能与基础知识等方面的教育，还注重其研发能力的培养，使这些学生具备了真正的汽车研发人才的素质和技能。

柏林墙被推倒后，东德、西德重归统一，但是柏林地区的经济一蹶不振，直到柏林市新市长沃维莱特采取了一系列措施，依靠创意产业，才使得经济开始缓慢复苏。柏林周边 5 所艺术学院和多所独立机构提供与设计相关的教育培训，与国际设计机构和企业进行交流，也为后续的国际合作奠定了良好的基础。柏林的专业艺术院校在国际艺术领域处于权威地位，如柏林艺术学院，是全球最具有传统文化特色的院校，其专业容纳多元文化艺术，包括设计师培训，开发创新设计理念、艺术设计理念和创新理论的教育，这种独特的培养方式为实现柏林的创意设计专业化和可持续发展做出了贡献。②

（4）成立各类研发机构，提供应用型技术

德国的各所高校在为当地政府和机构提供政策咨询和服务的基础上，还充分发挥其科研优势，努力为地区产业和企业的发展提供技术支持，促进科研成果的产业化转型。高校在自身丰富的人力、智力资源以及科研实力的支

① 黄健．魅力之城——法兰克福［J］．广西城镇建设，2013（4）：78-86.

② 邹琳，褚劲风．柏林城市文脉与设计之都创意化道路［J］．世界地理研究，2013（2）：131-139.

持下，已逐渐发展成为地区企业和产业发展的顾问，为企业解决了许多管理和技术方面的难题，企业与高校之间的联系也日益密切。为了更好地发挥高校服务地方社会需求的功能，德国高校往往在校内成立各类研发机构，这些研发机构大致分为三类：第一类机构是应用科学研究所。研究所主要负责高校应用型的科研工作以及协调学校内部整体的科研活动。此外，研究所还为二级学院的师生提供机会，鼓励他们参与企业的研发工作，并为其开展科研工作创造优越的条件。第二类机构是促进教学的科研机构和产品研发中心。这类中心往往是跨专业、跨学院的综合性研发机构，一般服务于本校师生的教学和研究工作，营造出开放自由的科研氛围，并为有研究兴趣的大学生开通项目申请的渠道，鼓励大学生积极参与中心拟设的项目，开展针对性研究，满足企业产品创新、研发的需求。第三类机构是技术转移中心，向企业和行业提供技术转移和支持。其中影响最大的技术转移中心是史太白基金会，它成立于 1868 年，并于 1983 年将其技术咨询功能转化为技术转移功能，由此开创了高校科学理论向应用技术转化的先河。此后，其他联邦州的应用科学大学也纷纷成立了技术转移中心。据统计，仅巴符州的应用科学大学转化中心每年就可完成 5000 多个技术转化项目，为汽车、航空航天、机械制造、能源和环境等德国优势产业提供着服务和技术支持。①

中小型企业是德国经济的主要支柱，这需要德国相关高校与周边中小型企业有紧密的合作。现在鲁尔区的蓝天再现和经济转型过程中，大学起到了重要作用。例如，成立于 1962 年的综合公立大学波鸿鲁尔大学，是德国在“二战”后成立的第一所大学，也是德国第一所设立工程类专业的综合大学，其为当地的经济转型和新技术产业发展提供了科研和人才支持。目前，波鸿鲁尔大学与波鸿市在信息安全领域密切合作，近年来每年提供约 250 名信息安全毕业生，助力该市打造德国信息安全产业之都，结合自身优势发展独特的经济增长新支柱。波鸿鲁尔大学和鲁尔区其他两所大学，即杜伊斯堡埃森大学、多特蒙德工业大学都属于意在提高地区机遇的“鲁尔倡议圈”成员，它们与其他 73 个企业成员每年定期举行两次会谈，加强产学交流，一方面提

① 徐纯．德国应用技术大学应用型科研发展研究［J］．中国成人教育，2015（6）：102-104.

高大学所设学科的实用性，另一方面给产业发展提供研发建议和动力。波鸿鲁尔大学与该地区的中小企业有着密切联系，在为它们实现数字化和吸引专业人才提供帮助的同时，大学的科研成果也获得产业转化的机会。总体来说，加强产学合作会更有效地推动了鲁尔区经济转型。

地方高校将产学研作为切入点，不仅能够促进学校的人才培养、科技创新、学科建设等水平更上一个新台阶，而且可以与地方政府和企业搭建起深入、高层次的科技创新和科研成果转化的平台。① 企业在参与校企、校地合作过程中，能够充分利用高校的人力资源、科技资源，充分利用政府的优惠政策，在短时间内实现企业技术的优化升级，保持强劲的竞争潜力。政府享受了优质的成果，获得经济健康发展。

而德国的应用技术大学在校企、校地的合作中更具有优势。2013 年，联邦教研部首次发表了《德国应用技术大学拨款指南》。随着工商业的发展，它引导应用技术大学加强跨学科合作，这再次激励了应用技术大学服务于地方经济和社会发展，与企业之间互利共赢。2016 年，联邦教研部与下萨克森州的霍克学院合作，决定在等离子技术开发中实施联合创新。联邦教育和研究部将在 2020 年为霍克学院提供 650 万欧元，支持和加强高校与相关公司在实施相关技术开发和专利转让方面的合作。这一合作有效地促进了等离子技术在该地区的应用。另外，德国应用技术大学实施“3+1”人才培养模式，注重校企合作，注重培养跨学科人才和人才的实用性，实现产学研一体化。例如，位于黑森州的达姆施塔特应用技术大学与爱尔兰、美国、澳大利亚等国 100 多所高校联合设立国际化课程，培养了一大批电气工程、企业管理等专业人才，坚持从工商业领域招聘校外讲师，引导教授带领学生直接为企业服务，形成了大学与企业之间的相互流动。② 2014 年发布的《德国发展报告（2014—2015）》认为，“德国具有适合制造业发展和保持其国际竞争力的国家创新系统与教育体制，具有将新科学技术融入实际生产的传统”，说明了应

① 王景瑞．地方本科高校转型发展路径研究——基于德国应用技术大学建设经验［D］．秦皇岛：河北科技师范学院，2017，6.

② 王景瑞．地方本科高校转型发展路径研究——基于德国应用技术大学建设经验［D］．秦皇岛：河北科技师范学院，2017，6.

用技术大学在服务区域经济与社会发展方面具备的优势。有些企业根据自身需求，主动与高校一起开设课程，培养符合自己行业需求的专业人才。例如，爱德卡集团、贝克啤酒酿造厂、卡夫食品公司、德国零售贸易联合会、不来梅商业联合会以及北海地区零售贸易联合会与不来梅应用科学大学共同开设了贸易管理专业，专门培养消费品经济领域的人才。①

德国企业往往会资助某一所高校，通过设立专门的实验室或研究机构去进行一些所需要的研究。企业也会经常资助高校的教授进行产品研发，不断地创新改造。德国各州政府也大力支持此类校企合作。德国 Lindner 公司是一家生产建筑材料的公司，为促进建筑材料的更新，在代根多夫大学投资了中小企业研究基金会，并设立可持续建筑研究会。在这样的研究平台上，高校的教授和企业科研人员一起进行科研探究，将研究的成果转化为企业进一步发展的“引擎”。这种紧密结合的模式，不仅可以提升企业发展速度，也可以加强学校项目研究和学科建设。为了确定网络电话的信号标准化，明斯特应用科学大学与西门子公司进行合作。为了研究钢材黏结的黏合剂，明斯特应用科学大学还与原材料生产商、黏合剂生产商以及应用这种材料的企业联合起来一起合作。②

5.3.2 德国特色对中国地方本科高校服务地方的启示

（1）提高高校服务地方的主动性

德国高校的社会服务具有主动性，努力做到课程和专业设置与地方产业的发展相结合，适应当地大学发展需求，努力形成区位优势。在政府的鼓励和引导下，德国应用科学大学从最初的单纯承接教学功能，扩展到为地区经济和社会服务的应用研究功能。正确的定位与服务的主动性，使德国应用型高校与传统综合性大学进行了错位发展，提高了其竞争力。③ 我国高校应将教

① 孙进．德国应用科学大学校企合作的形式、特点与发展趋向［J］．比较教育研究，2012（2）：41-45.

② 高红英．德国应用科技大学校企合作模式的探究与启示——以代根多夫应用科技大学为例［J］．陕西教育（高教版），2013（4）：67-68.

③ 韩伏彬，董建梅．地方本科高校科研工作转型思考——基于德国应用科学大学的启示［J］．衡水学院学报，2019（1）：94-97.

学与科研、人才培养与社会化作为学校社会服务的重要资源，在了解地方发展状况和本地企业发展需求的前提下，建立相应的地方服务中心、学术研究中心和科学技术创新中心等，实现高校与企业在人力、科技、信息等方面的资源共享，努力实现高校科技成果的转化与地方的对接，促进地方社会、经济的发展。

（2）拓展服务地方范围的广泛性

德国高校自创办至今，专业设置一直强调要满足企业的需求，不断地开拓服务范围，从而更好地服务区域经济发展。德国每年都有大量学生在应用科技型大学学习，专注于专业技能和相关研究，为其就业和地区经济发展做出了重要贡献。现在，中国的高校应该与不同的企业建立一些不同领域的科学研究所，然后围绕工业化与社会发展需求，加强在不同行业领域的专利转化和科研成果推广。随着社会工业化不断地推进，中国高校也需要建立起一套完备的科学研究体系，使其能够满足工商业的发展需求和克服发展过程中的桎梏。例如，高校与企业共同建立学科教学中心、研究开发中心和技术转化中心等。在政府的资助下，中国高校还需要利用其专业性和地理优势，广泛开展社会性事务服务，积极地参与服务区域发展的活动。

（3）增强高校服务模式的合作性

高校服务地方不能仅仅依靠高校的力量，还应努力搭建校企、校政、校校合作的平台，增加多方利益相关者服务中的合作，在地方繁荣发展中实现共赢。德国高校的优势学科是应用科学，高校力争做到与市场进行无缝对接，在与企业和产业的合作中为学生提供教育和指导，其教育体系和市场、企业的联系十分密切。德国大学通过“校、企、政”合作模式，主动与地方政府、企业建立起一套完备的科学研究体系。中国同样需要为政府、企业和高校之间架起合作的桥梁，如开办区域发展论坛、联合成立创新性的研究中心。通过这种合作，不仅可以为以后社会的繁荣发展提供动力，也可以促进高校学科专业的发展。

（4）增加高校服务渠道的多样性

高校单一的服务渠道无法满足地方发展全方位的需求，德国高校不仅注重社会服务职能，更是能够与其他职能实现融合，提供了多样化的社会服务渠道。① 因此，中国的高校除了正常的教学活动，也要更注重市场调研与职业分析，通过调查企业急需人才与学生就业倾向，设置相关专业，打造多领域、多层次的新兴学科、交叉学科、边缘学科，为社会提供不同层次的人才。这既能为高校学生提供工作就业方向，又能为产业的发展提供源源不断的人力资源和智力支持。②

5.4 日本本科高校服务地方的途径及启示

日本教育一直学习他国的优秀文化与先进技术，然后将技术与文化应用到本国。到了19世纪中期或者可以说是明治维新时期，日本高校开始不断地加强与社会的联系，积极地参与到各类社会活动中。到20世纪初期，日本高校在履行其教学与科研职能之外，更加重视服务地方的第三大职能，并使之逐渐地成为日本高等教育发展过程中的重要组成部分。中国与日本有着相近的社会文化背景，了解和分析日本高校怎样发挥社会服务职能，将有助于我国提升高校服务地方的能力。

5.4.1 日本高校服务地方的途径分析

“二战”后，日本遭受了政治、经济、教育等领域的巨大破坏，社会动荡不安，失业严重。此后经过一系列改革，日本的经济开始飞速发展，与之相应的高等教育也进入了快速变革和发展的时期。为了民族振兴，日本日渐认识到高等教育对国家的重要性，高校也不断加强与社会的联系。在政府的鼓励下，高校更加重视服务社会的职能，开始尝试以多种途径不断促进产业结

① 李欣旖，刘晶晶，闫志利，王景瑞．地方本科高校转型过程中提升社会服务能力研究——基于德国应用技术大学经验［J］．职教通讯，2018（3）：6-11.

② 王景瑞．地方本科高校转型发展路径研究——基于德国应用技术大学建设经验［D］．秦皇岛：河北科技师范学院，2017，6.

构的调整和技术水平的提升，这也在一定程度上冲击了日本传统的社会观念，使服务地方需要这一宗旨成为高等教育服务社会的核心任务。日本高校服务地方的途径丰富多样，主要有以下几种。

（1）在政府的主导下，以国立研究机构为中介开展社会服务

日本的教育受到美国和德国的影响，其高校在社会服务方面形成了政府主导的特色模式。伴随着大学现代化的进程，日本高校的社会服务职能具有明显的政府行为的色彩，[①] 在政府政策指导下开展各项社会服务。日本政府为加强高校研究成果转化，加快企业发展，促进企业创新，创立了具有独立法人资格的国立研究机构。对学校而言，国立研究机构可根据国家需要与相关高校组成研究小组共同进行相关科技研究，对于高校部分独立的科研项目，国立研究机构亦可以对高校提供资金支持。国家研究机构也可以委托有实力的高校进行某项科技攻关。对企业而言，为使科研成果尽快落地，国立研究机构会与相关企业合作，共同研究市场化方案，研究机构也可以和企业组成研究小组，利用企业所掌握的市场信息共同研发出更加符合社会需要的科技成果，也帮助企业培养了科技人才。研究中心的作用就像是政府、高校、企业之间的中介，极大地促进了政府与高校、高校与企业、企业与政府之间的合作。显然，作为一个专门化的研究机构，又由国家成立，在更好地满足政府需要的同时，也促进了高校与企业之间的对接。

（2）重视社区教育与社区服务

日本的社区教育历史悠久，形式多样，在全世界处于领先地位，其中高校发挥着重要作用。日本政府通过法律、政府条例等形式鼓励高校资源向社区倾斜，日本高校向社会开放也经历了一个相当长的过程。一开始，高校有偿开放体育、医疗设施，逐渐发展到开放图书、科研设施等，最后到教学资源的社会化。

总体来说，日本高校服务于社区的举措集中地体现为开办继续教育学院和提供信息服务这两种形式。开办继续教育学院既是日本政府提高劳动者素

---

① 龚云智，李冲．日本大学社会服务职能制度化浅析［J］．当代教育实践与教学研究，2007（11）：222.

质的重要举措，也满足了社区居民渴望获得再教育的愿望。① 首先，日本高校不仅会经常对外开放一些图书馆、实验室等研究和学习设施，而且社会公众也能享受体育馆、校医院等卫生设施的福利。其次，日本高校也会经常为社区居民设置一些他们感兴趣的夜间学院和学科，不断增强他们的知识与素养。此外，社会人员渴望参加学习，日本高校也会时常地开办一些函授教育和设立广播电视大学等。最后，为了提高社区居民的学习质量，提供更深层次的知识，高校接收旁听生、委托研修生和委托研究员等，并且定期举办公开讲座，为他们提供参与大学教育的机会等。②

（3）坚持产学研结合，搭建合作平台

政府经常在高校与企业之间搭建科学研究与技术研发的平台，这不仅可以促进学校的人才培养，加快学科与专业的建设，而且企业可以利用高校的人力资源和政府的政策实现技术革新和产业结构优化，保持旺盛的竞争力。日本的产研学模式经过几十年的发展，取得了优异的成绩。

20 世纪 70 年代，日本就开始学习美国“大学和工业结合起来”的设想和英国剑桥建立高新科技园的经验，建立了筑波科学城高新科技园区。日本经济从 20 世纪 80 年代以来就步入高新技术的时代，为加强学术交流和加快建立官、产、学（研）相互协作的基地，开始推行科技城开发计划，目前已经在 23 个地区推行科技城开发计划，③ 创建“共同研究中心”。所谓的共同研究中心就是为高校与产业界之间开展合作研究而搭建的平台，主要研究或攻关技术研发中的重大问题。这种合作平台成为日本高校与产业界之间长期相互联系合作的重要窗口。这样的研究机构包括企业与高校、高校之间和一些国际合作研究中心。

① 王晓峰 . 市场原理的有效性在日本高等教育改革中的应用［J］. 黑龙江高教研究，2002（1）：99-102.

② ［日］金子元久著 . 高等教育的市场化——通过国际比较来看日本［J］. 刘文君译 . 教育与经济，2006（1）：1-6.

③ 胡庆芳 . 新加坡与日本高等教育的共性研究［J］. 扬州大学学报（高教研究版），1999（1）：5.

表 5-4 日本高校进行产学合作的途径分析①

	大学—产业	产业—大学
知识的传播	教育服务、技术管理	提供实习机会
知识的生产	共同研究、受托研究	共同研究
研究成果推广	学会（公共财产）	学会（公共财产）
	中介机构：实施承诺（技术转移机构 TLO）、孵化、创业	
	联系（隐性知识）	
人才供应	毕业生就业	派遣研究员
	兼职	客座讲师
	调动	调动
资金供应	—	奖学金

经过几十年的发展，日本也需要一些能融会贯通各领域的复合型人才。例如，成立于1962年的日本国立长冈工业高等专门学校主要培养一些机械、电子控制等方面的技术应用型人才。2015年，为了提高学生的思考能力，调动学生积极性，提高学生专业知识的使用技能，日本国立长冈工业高等专门学校提出了一种新的理念，即“半学半教，地区共生”。高校提供一些跨领域的研究人员，和企业派出的拥有丰富经验的技术人才一起开发与研究环境与能源等重大问题。② 这就打破行业与研究的界限，提供了流动性科研的模式。这既可以充分地发挥官、产、学（研）三方科研人才的创新精神，促进产业优化升级，让企业产生更高的效益和发展潜能，也可以加快地方经济发展和高校的专业与学科建设。

（4）重视学生创业教育，开设实用性课程

为应对经济危机，解决应试教育导致的弊端，日本高校开始重视创业教育和职业生涯教育，并开设各类实用性课程，提高学生的综合素质和实践能力，提升其职业技能，力求改善毕业生就业困难的状况，促进地方经济发展。日本高校的创业教育可分为5个层次，分别是创业重视型、地域连接型、日

① 王玲，张义芳，武夷山．日本官产学研合作经验之探究［J］．世界科技研究与发展，2006（4）：91-95.

② 张海燕，成玉峰．日本“JSCOOP”的产学研合作模式下复合型应用技术技能人才培养的借鉴——以长冈工业高等专门学校为例［J］．科学大众（科学教育），2018（6）：115，125.

本本土型、全球战略型和理论活用型，不同层次和类型，其教育内容也有所不同。例如，地域连接型旨在培养振兴地区产业的人才，全球战略型侧重于培养应对全球化趋势的经营型人才，而理论活用型则重视培养学生将理工学科的理论知识和技术运用于实践中的能力。① 日本的创业教育在提升学生综合素质和能力的同时，也为地方经济和社会发展培养了实践型人才。日本高校在课程和专业设置上也十分丰富和灵活，并且十分重视实用性课程的开设，如金融与市场营销类课程、专利使用和知识产权保护等课程，为学生就业和创业提供了很多实用知识。

5.4.2 日本经验对中国地方本科高校服务地方的启示

当今，日本本科高校，无论是国立大学还是私立大学，在服务地方方面，都处于世界领先水平，而且服务地方的形式多样。我国已经进入了大众化高等教育阶段，高校需要为地方提供服务和促进社会经济的发展。虽然我国与日本有着不同的政治制度，高等教育也有着自己的特色，但在相似的文化背景下，中日高校在服务地方的途径和方法上还是存在着一些共性。我国的高等院校正在积极地寻求自身发展特色，尤其是在服务地方上，日本高校的相关经验或可为我国提供一些借鉴和参考意义。

（1）加强高校内部制度建设

日本十分重视制度建设，高校建立了完善的制度体系用于保障其服务地方的规范化和长期性。纵观日本高校服务地方的历史，无论是供给方的高校还是需求方的政府、企业与社区等，都希望通过正式或非正式的制度来规范双方的合作。这样不仅能够为以后的合作取得一定的基础，也能够提供制度上的保障。而日本政府通过建立起一套较为完备的法律体系来鼓励和支持高校服务地方。② 2001 年，日本文部省与科学省合并为文部科学省，并制定了多项政策和改革措施，加强高校与社会的合作。这些改革为日本高校的地方服务和社会服务活动提供了宽松的制度环境，也使得自然科学、人文科学和

① 李永志．日本大学创业教育的发展与特点［J］．比较教育研究，2009（3）：40-44.

② 王玲，张义芳等．日本官产学研合作经验之探究［J］．世界科技研究与发展，2006（4）：91-95.

社会科学等学科之间的资源相互整合，促进日本社会的协调发展。2004 年，日本的国立大学开始了法人化改革，将日本国立大学转化为独立法人，大学获得更多的自主权。改革强调大学与社会的合作，促进不同学科与不同社会系统间人员的流动，也使得国立大学与市场结合的联系更加紧密。

（2）产学研结合，促进科技成果转化

日本各高校通过产学研结合的方式，加快科技成果的转化，从而促进企业与地方的发展。产学结合在日本高校进行社会服务的具体实施过程中占据着十分重要的地位。日本产学研合作的历史悠久，经验丰富。产业界与高校层次不同，目的不同，也有着不同的研究侧重点：社会和企业主要以市场需求为导向进行研发，高校则主要从事基础性研究，但产学研的结合共同促进着地区的发展。“二战”后的日本，由于经济水平和工业基础遭受了严重破坏，为了迅速地恢复生产、发展经济及改善民生，日本高校与企业积极地合作，提升专利和科研成果的转化效率。这样使得双方能够获得资金的流动，而且能推动企业生产力的发展，推进高校科学技术的研究。此时，政府需要积极推广产学研合作的模式和提供相关制度保障，从而使政府成为产学研合作的第三方。这种产学研相结合的途径，不仅可以满足地方经济发展的需求，而且可以促进科技成果的转化，还可以降低三个主体之间的社会成本。

（3）提高课程和专业的实用性，重视实践活动

日本十分擅长学习别国的先进经验，在高校服务地方上也不例外。日本高校结合自身条件，灵活地采用多种教育方式，大力推进生涯教育、创业教育和实用性教育，并在教育实践中充分调动社会各界的力量，形成了独具特色的社会服务经验。在教学中，学校鼓励案例教学、小组讨论和问题解决型学习，经常开设各类讲座，运用多种方法和途径提升学生的实践能力。此外，日本高校还建立了企业见习制度，让学生在学习期间到企业、社区和社会团体等机构进行就业体验。对于学生来说，通过参加体验性学习，可以使他们思考和找到未来感兴趣的工作；对于企业来说，也有利于解决劳动力短缺和技术提升的问题。[①] 日本高校紧跟着时代发展与社会需要，这样就可以提供卓

① 李文英．日本大学的创业教育及启示［J］．日本问题研究，2018（2）：63-68.

有成效的服务措施。虽然服务形式的固定化有利于区域发展的稳定，但是时间一长很容易僵化，成为未来发展的桎梏。当外部环境发生强烈变化时，如电脑和网络的广泛使用，使得信息传递更快和产业结构更新升级，高校服务地方的形式也应随之做出相应的调整，建设相关的专业与学科。这都为我国高校服务地方时进行专业设置和调整以及实用性教学实践提供了参考。

5.5 韩国本科高校服务地方的途径及其启示

韩国作为亚洲经济发展的后起之秀，在短时间内实现了国家的工业化和城市化，创造了跨越式的发展奇迹，[①] 这与韩国政府一直以来对高等教育的重视与投入密切相关。韩国在科研开发、专利活跃度、高科技企业密集程度以及高校研究人员数量等方面均处于世界领先行列。本章将从韩国高校进行社会服务和地方服务的特色和途径方面入手，分析与总结韩国高校服务地方的优势和经验。

5.5.1 韩国本科高校服务地方的途径分析

自从1948年建国以来，韩国一直将教育事业放在重要位置，同时也享受到了教育给经济增长带来的好处。韩国的大学也践行服务社会的理念。韩国高校社会服务的途径与形式也逐渐发展起来，服务地方的途径可归纳为以下几方面。

（1）政府、高校与市场有效合作，合理配置资源

韩国曾经是典型的权威主义国家，20世纪80年代之前，为满足经济发展需要，韩国政府非常注重大学的社会服务职能，将大学视为促进国家发展的动力，大学受国家政治权威的影响较多。80年代之后，在教育改革的潮流中，韩国政府出台了一系列政策，促进大学自治，赋予了高校更多的自治权。90年代后，韩国政府更是把集中于中央的权力下放到大学，并引入了市场竞争的机制，鼓励高校实行以需求者为中心的教育。在促进大学多方利益相关者责权利平衡的

① 张雷生．韩国高等教育改革政策最新动向［J］．现代教育管理，2010（8）：112-115.

过程中，韩国积累了丰富的经验，值得我们研究与借鉴。① 与欧美发达国家一样，韩国的大学也可以分为研究型大学和专业型大学，这两类高校的发展定位和侧重点不同。研究型大学侧重于为地方经济发展提供人才和技术支持，如首尔大学、韩国科技院、延世大学等；专业型大学则在专业技术领域为地方提供人力资源和技术创新，如浦项工业大学、汉阳大学等。韩国国内排名第一的首尔国立大学，截至 2014 年底，有 2 万余名学生，5000 余名教职工，有 15 个学院和 12 所研究院，还有 32 个国家级研究中心，每年都有大量的外国学生来此学习，每年向社会输送大量人才，为地区经济发展做出了巨大贡献。

表 5-5　2007 年各地区高等教育机构办学性质一览

单位：所

	高等教育机构总计			普通大学			产业大学			专科大学		
地区	合计	国立	私立	合计	国立	私立	合计	国立	私立	合计	国立	私立
总计	408	54	354	175	25	150	14	6	8	148	11	137
首尔	78	6	72	38	3	35	1	1	—	10	—	10
釜山	23	4	19	12	3	9	—	—	—	9	—	9
大丘	12	2	10	3	1	2	—	—	—	7	—	7
仁川	10	3	7	4	1	3	—	—	—	4	1	3
光州	16	2	14	8	1	7	—	—	—	7	—	7
大田	18	21	6	8	1	7	2	1	1	5	—	5
蔚山	3	0	3	1	—	1	—	—	—	2	—	2
京畿	78	3	75	26	—	26	2	1	1	33	2	31
江原	18	4	14	8	2	6	—	—	—	9	1	8
忠北	15	5	10	8	2	6	1	1	—	5	1	4
忠南	26	3	23	13	1	12	2	—	2	7	1	6
全北	23	4	19	9	2	7	1	—	1	10	1	9
全南	21	4	17	9	3	6	2	—	2	10	1	9
庆北	41	4	37	19	2	17	2	1	1	17	1	16
庆南	20	6	14	7	2	5	1	1	—	10	2	8
济州岛	6	2	4	2	1	1	—	—	—	3	—	3

注：韩国的高等教育机构包括专科大学、师范大学、普通大学、研究学生大学、企业经营大学等。

① 宋旭璞．韩国研究生教育及其评价机制发展中的协同治理关系——基于政府、市场与高校的分析［J］．教师教育研究，2018，9（5）：117-122.

首尔作为亚洲主要金融城市之一，不仅是韩国的政治中心，也是韩国的教育中心，拥有强大的竞争优势。从产业上看，首尔的金融、房地产、电信、批发和零售行业相对比重高于韩国其他地区。首尔地区周围存在着 28 所著名的大学，包括首尔大学、延世大学、高句丽大学、庆熙大学、东国大学等。这些高校的建设与发展带动着地区的繁荣与发展。首尔地区要成为东北亚地区的金融中心和世界著名的 IT 之城，就需要周围高校的支持。而周围高校的优秀毕业生会留下来进行创业和发展。韩国首尔地区大量的知识密集型产业的兴起以及新高科技产业的迅猛发展对高素质人才的能力和技术的创新提出了更高的要求。人才的来源除了高校的毕业生，还包括参加高校开设的继续教育课程的员工和居民。

表 5-6　首尔和韩国各产业比重

单位:%

产业	韩国	首尔	产业	韩国	首尔
制造业	10. 29	9. 3	交通运输	10. 39	12. 7
电力、燃气、水务	0. 05	0. 03	通信服务	0. 28	0. 28
建筑业	2. 63	2. 63	金融保险	1. 06	1. 12
批发零售	27. 53	30. 48	房地产和商务服务	3. 55	4. 47
住宿餐饮	20. 18	16. 42	其他	24. 04	22. 57

表 5-7　2005 年首尔进出口情况

类别		出口金额（百万美元）	比重（%）	进口金额（百万美元）	比重（%）
总计		24485	100	51016	100
初级产品（农产品和水产品）		771	3. 1	6291	12. 3
轻工产品		10183	41. 6	7912	15. 5
重工产品	信息技术产品	4850	19. 8	10756	21. 1
	其他	8681	35. 5	26057	51. 1

20 世纪 70 年代以来，韩国实行以国家主导的经济赶超战略，使得韩国的产业经过了两次转型，因此经济迅速上了一个大台阶。而经济赶超战略的重要部分便是将高校的科研成果转化为产业技术。2000 年前后，韩国政府开始

出台一系列关于促进技术与专利转移的政策。高校也开始逐渐建立技术转移办公室（TLO）进行知识专利管理，向民间机构和产业界提供一些相关的技术。据统计，在2008年8月调查的韩国140所大学中，有90所大学都设立了TLO，比例为64.3%。如韩国科学技术院内的大学—产业合作办公室进行的技术转让工作已经卓有成效。2008年，技术转让已开始逐步增加，高校不断地为周围的企业提供大量的技术支持，促进它们的发展，提高产品的质量。如为三星提供许多技术支持，反过来三星也支持韩国科学技术院开设了3个新的研究机构：无线电技术研究所（RTI）、电力电子学院（PEI）和包装学院（PI）。

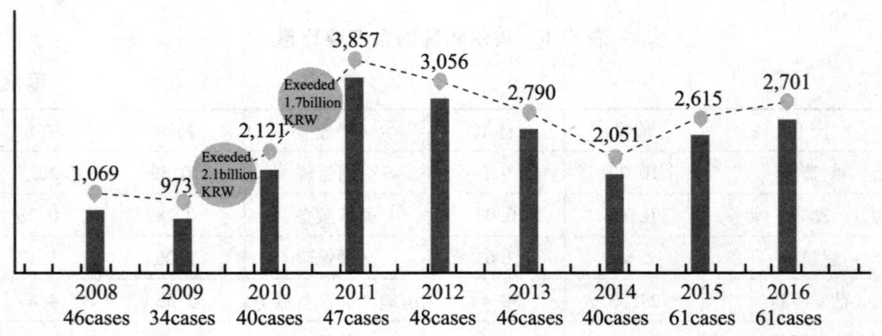

图 5-2　韩国科学技术学院技术转让的现状[①]

高校与企业之间的专利和技术转移，促进了当地高新技术企业的快速发展以及高校技术产业化的实现。对于高校来说，与企业和市场进行交流合作，可以成功地解决高校技术产品市场化的问题，也有利于高校筹措技术研发资金。对于地方社会、经济来说，合作也为地方经济发展提供了人才和技术支持。

（2）重视高校创业孵化器建设，促进地区科技与经济发展

韩国从1945年建国开始的贫穷落后，到后来经济的持续增长，之间经历过2次经济转型，而韩国的高校也是经过这样的教学内容与专业结构的调整来适应经济发展的需要。20世纪60年代开始，韩国依靠人力资源的优势，大力发展劳动密集型出口商品经济。70年代，为了适应经济发展的需要，韩国

① 来自韩国科学技术学院。

在《汉城大学综合改革方案》的基础上对“实验大学”进行改革：减少毕业学分，建立双专业制，成绩优秀者提前毕业；为了培养高科技人才，实行大学特色化制度；为了加强中等骨干技术人才的培养，整顿专科大学。① 在此后，首尔大学（汉城大学）经过与其他大学的一些院系重组，出现了化学工学、机械工学和建筑工学等专业，还有商学院、人文学院、自然科学等院系，为当时的重工业、石油产业的发展提供了优秀的人才。

20世纪80年代，韩国又开始了新一阶段的经济转型，由过去的劳动密集型出口商品经济向技术密集型经济或者知识密集型经济发展。“尖端科技立国”的国家发展战略和新教育发展计划促使韩国高校课程设置和专业结构进行新一轮的变革。韩国政府将教育大学原来的两年制学制升格为四年制，又对大学的课程进行了较大的修改与调整，使韩国教育大学的课程变为基础（教养）课程、专业基础课程和自由选修课程三大组成部分。当时韩国的电器及电子行业发展潜力巨大，使得首尔国立科技大学不得不使产业研究生院新设电气工学系、化学工学科、机械设计学系来促进电子行业的发展，提供优秀的毕业生来参与经济发展。② 韩国政府为了鼓励科技创新，建设创新型国家，积极转变大学生的就业观念，激发他们的创业热情，推出了一系列鼓励、扶持政策，其中设立创业孵化器就是重要的举措之一。③ 高校创业孵化器的创办方主要有高校、私人和政府相关组织等，大部分孵化器都是在政府支持下依托高校资源而建立的。韩国政府通过建立以大学为中心的产学合作研究园区或由地区合作开发援助团等方式，资助大学建立企业孵化器，整合各类资源来支持企业的运行和发展。④

（3）利用地方优势，有针对性地服务地方

高校是地方经济发展的动力之源，首尔是韩国最大的城市，也是世界十

---

① 朴正龙．韩国高等教育大众化的发展历程及其启示研究［D］．长春：东北师范大学，2007，6.

② 杨哲，张慧研，徐慧．韩国高校科技成果转化研究——以“产学研合作基金会”为例［J］．中国高校科技，2012（11）：11-14.

③ 施永川，王茜，［韩］林珍希．韩国高校创业孵化器运营与管理模式研究——以全南大学创业孵化中心为例［J］．世界教育信息，2018（19）：30-35.

④ 元方，杨海戎，杨凌．国外企业孵化器的比较研究及对我国的启示［J］．科技管理研究，2009（12）：46-48.

大金融商业城市之一。首尔金融中心的周围有大量的金融公司与金融机构，如韩国未来资产集团、三星信用卡、友利投资证券以及搬迁于此地的韩国证券交易所。因此，周围的高校不断为金融行业的发展提供大量优质的人力资源。首尔大学、高句丽大学、汉阳大学、韩国庆熙大学、成均馆大学、延世大学、梨花女大、中央大学等都开设了相关的金融专业。如延世大学金融专业可以细分为财务方向和保险方向，其中财务管理以企业价值极大化为目标，研究如何高效调配运营企业资金，并介绍现代投资理论的基础概念。此外，还学习研究包括资产组合理论、资本主义理论和金融工学理论在内的证券市场形态和机能。

釜山的工业发展水平仅次于首尔，石油、纺织、汽车轮、机械、木材加工、食品、水产、汽车等行业较为发达，其中机械工业最具优势，其造船和轮胎生产居韩国首位。釜山周围有釜山大学、庆星大学、东明大学、东义大学等高校。这些院校设置了机械工学、造船海洋工学、航空宇宙工学、产业自动化等专业，培育的学生大多数输送到了釜山工业中，为经济提供了智力支持。

又松大学，作为韩国综合能力排名第六的高等学府，对于专业教师的招聘有着严格的要求，这些老师都需要有丰富的企业实践经验，大都来自那些星级的酒店和餐厅。企业对于院校的教学支持是不遗余力的。又松大学每年都会安排一些学生去这些合作的酒店和餐厅实习，最后为酒店、餐厅提供了一批拥有丰富经验的优秀人才。

釜山情报大学的汽车系通过与校外的企业进行合作，出售二手汽车配件。先是学校与修理厂合作，获得一些旧的汽车配件，如柴油机喷油嘴、涡轮增压阀等，接着由学校重新修理，最后再进行出售。这样做的原因是新的柴油机喷油嘴一个需要 30 万韩元，而二手的只要 10 万韩元并保修一年，结果每年的产值能达到 1 亿~2 亿韩元。这样的校企合作不仅能够提升学生的综合应用能力，同时能带来一些经济效益，而且能够服务社会。

建立于 1974 年的明知专门大学，是韩国最大的综合型专科大学，与中国的高职院校类似。明知大学非常重视校企合作，利用企业的优势促进办学；与此同时，帮助企业充分地利用学校的智力资源，促进企业和地区发展。学校和企业的这种互惠互助的合作模式很好地体现了韩国高校为经济服务的教育目的。当然，明知专门大学会选择与本校专业紧密相连的企业进行合作，并保持着长期的战略性合作伙伴关系。在这样的共同利益基础上，明知专门大学与企业通过签订家族公司协议会的方式，明确各自的责任和权利。企业既是明知大学的合作伙伴，也是学校的客户，享受着学校的特殊待遇，获取人才和知识等资源。同时，企业也承担着参与学校教育和教学过程的义务，为学校培养人才提供相应的支持与服务。

韩国的产学研合作不只是简单的彼此交流，而是已经达到了相互融合的阶段。因此，不能够草率地划分产、学、研各方的功能界限。各个地方的大学开始建立大学科技园，成为企业、高校和地方融为一体的重要平台，不断地开发新技术和转化优质成果。在产学研合作研究中，韩国大学科技园区的建立也很有特色。目前，韩国已建成了10多个大学科学园区，其中的大德科技园以其雄厚的科研实力被誉为“韩国的硅谷”，大德科技园包含着30多个不同的研究所，其中包括三星等大企业集团的研究所和韩国科学技术院等重要科研机构和单位，逐渐形成了政府、社会和高校共同开发、共同管理的局面。①

（4）开办继续教育学院，提供社区服务

韩国高校的社区继续教育学院或者独立开办，或者与其他高校联合举办，或与地方的一些教育培训机构进行合作，这些不同的继续教育学院提供了不同程度的教育体系。这种体系满足了社区居民希望获得教育的需求，同时进一步发挥了高校的教育功能。高校通过丰富多彩的社区教学活动满足地区居民的教育需求，提高他们的知识与技能水平。这样，一方面可以为区域的发展贡献出自己的力量；另一方面也能加强区域与高校之间的联系。20世纪50年代的韩国还处于极度的混乱之中，高校的老师和大学生为了给当时的人们提供帮助，自发组织起来，利用假期前往那些偏远的和需要帮助的农村。在农村中，他们积极地展开生活实习、医疗服务、知识普及和演讲等活动。他们不仅丰富了自己的人生经历，也为贫困地区带去了温暖。例如，1968年，

① 曹晓蕾．韩国产学研合作的经验与启示［N］．新华日报，2009-09-01.

韩国成立了“社会教育委员会”，首次正式开办社会教育专业，通过大学生提供农村服务，这也帮助梨花女子大学通过正规学科开展服务地方的教育活动。随之而来的是，首尔女子大学也开办了农村实习课程。对学生而言，虽然这些教育活动不是学分课程，但都属于必修课，旨在提高学生服务社会的意识与能力，进一步提升社会整体服务地方的意识。① 接着，启明大学于1971年首次以社区居民为对象开设讲座——主妇大学讲座。梨花女子大学、首尔女子大学和启明大学的积极举措对韩国的其他高校产生了深远影响，不仅激励他们也积极地参与社会教育服务活动，而且使得他们逐渐地改变培养思路，从学生和老师开始，就要养成服务地方的意识。

韩国高校为加强大学与社区间的合作，也为推动社区的发展做出了巨大贡献。例如，大邱大学设立终身教育院，服务的主要对象是比较特殊的人群，如劳教所的劳教人员、不良青少年、麻风病患者等。大邱大学展开了教育活动，不能放弃这一部分特殊人群学习的权利。② 为了满足老人获得再继续学习的愿望和进一步提高其生活质量，全北大学和庆北大学附近设立了终身教育院，建立了名誉学生制度。这两所学校分别对社区内45岁以上中老年人和55岁以上男性、50岁以上女性开放所有本科讲座，实施认定获得一定学分（30学分）的中老年人为名誉学生的名誉学生制度（非学位课程）。名誉学生与在校生一起听讲，可以利用学生食堂、图书馆等校内的各种设施，享受与在校生同样的行政支援，教育期限没有限制，免交教育费。这加深了社区、居民对大学的亲近感，满足了居民的教育需求。③

5.5.2 韩国案例对中国地方本科高校服务地方的启示

通过对韩国高校社会服务的途径和案例进行分析，可以对韩国高校的地方服务有更加深入的了解，对我国有如下启示。

---

① 李之文，李秀珍，孙钰．韩国高校终身教育及其对中国的启示［J］．教育学术月刊，2014（12）：32-37.

② 杨华．都市学习共同体建设研究——基于上海市杨浦区的实践［D］．上海：华东政法大学，2014，4.

③ 崔成学，李贤淑．韩国高校终身教育院教育现状及其对我国的启示［J］．继续教育研究，2012（10）：184-186.

（1）在政府政策与法律的保障下，发挥高校服务地方的主动性

韩国高校服务地方有着几十年的历史，其成功经验离不开政府的引导与重视。韩国通过实施面向国家重大发展需求的高等教育战略，将教育放在优先发展的战略地位，从而实现了重工业领域的快速发展。韩国政府不仅重视高等教育数量的扩展，而且为提高高等教育质量采取了一系列改革措施。随着时代和经济的发展，韩国政府在促进高校发展方面的作用也随之改变，从开始的严格规范如何运行高等教育，控制着学校的办学许可和招生配额，到逐步放开对高校的控制，与高校共同促进大学自律化的过程。韩国政府不断地调整着与高校的关系，也调控着高校与市场的关系，使之协同发展。而中国的高等教育却依然存在一些低质量的教学活动和以“升级”为目标的课程设置，高校在地方服务上缺乏稳定性。我国政府应正确引导高校的定位，有效配置教育资源，健全教育机制。

韩国政府为解决高校专利转化为产业成果时效率低下的问题，颁布了一系列法律促进专利的转移。如《产业教育促进与合作法》《科技成果转化促进法案》等法案，保障和促进了高校科技成果的转化，对于知识产权的保护更加注重。而我国对于高校的专利转化和知识产权的保护还是缺乏相关法律的保障。因此要加强政府政策和法律法规对于高校服务地方的支持，促进高校服务地方的法律框架的建立，完善现有的知识产权保障体系，对专利、版权、商标、商业秘密等细节进行规范化的法律保障。此外，还应对市场进行规范和约束，建立专业化的市场服务机构，促进高校科技成果的转化，以及地方企业和经济的发展。我国的高校还需要树立正确的为地方服务的观念，既不能过多地依赖政府，也不能离开政府的支持与引导，在合作共赢的同时，为地方发展贡献力量。

（2）促进地区资源集聚和高校创业孵化器建设

地区内各类资源的有效聚集有利于地区经济和社会的发展。韩国通过建立地区、国家和企业的合作网络，充分利用高校的科技、人才资源以及其他研发、咨询机构等力量，努力实现资源的集聚和共享。高新企业的聚集，有利于相互之间的信息、技术交流，从而有利于集聚效应的发挥。政府的政策资源、大学的知识和创新资源以及企业的资本和社会资源等各类资源，通过

创业孵化器得以聚集，并为孵化的企业提供这些整合后的资源，在促进企业发展的同时，也可以从孵化企业中获取相应的回报。这为高校服务地方提供了有效途径。我国的大学孵化器还处于萌芽阶段，要建立起完善的孵化环境，需要有正向反馈的机制，不断强化政府、企业和高校三方力量在孵化器中的互动与合作，为孵化器的发展提供足够的空间。① 我国高校的创业教育可以学习借鉴韩国的成功经验，提供资源聚集和三方合作，促进高校孵化器建设，从而促进地方高科技企业和经济的快速发展。

（3）设置地方发展需要的课程与专业

韩国的经济形势发生了变化，转变产业结构，转变出口型经济的导向。而韩国高校随着经济形势变化、产业结构变化，开始逐渐地调整地方经济发展所需要的课程与专业。韩国高等教育已形成了多层次发展的结构和体系，满足外部社会多样化的人才培养需求，培养着现代高科技人才、高级管理人才。除此之外，还为在职人员接受继续教育提供机会。一方面，多层次的教育机构的设置与社会人才发展结构相匹配；另一方面，学校内部的培养方案也与外部需求紧密联系，对学科实行动态管理，不断淘汰培养条件差、就业率低的学科。② 而中国高校对经济形势和产业结构的变化反应不够迅速，所以中国高校应根据产业和经济发展需求，适时调整学科和专业的设置。地方高校的存在与发展的主要目的应立足于地方，为地方发展培养人才、提供服务。韩国高度重视地方经济发展与高校学科专业之间的联系，为了服务于工业的发展，设立极具地方特色的专业课程。高校不能只是盯着短期经济发展，而需要明确未来的高新技术导向。随着世界的经济发展越来越朝着高新技术和第三产业的方向发展，中国高校也需要随着产业调整而整合内部资源，设置和调整相关专业。

---

① 施永川，王茜，［韩］林珍希．韩国高校创业孵化器运营与管理模式研究——以全南大学创业孵化中心为例［J］．世界教育信息，2018（19）：30-35.

② 崔雄权，于沐阳，商昌宝．韩国研究生教育学科专业与课程设置研究［J］．学位与研究生教育，2008（3）：74-77.

5.6 本章小结

综上所述，在高校服务地方方面，美国、英国、德国、日本与韩国的高校作为全世界高校的先行者和领路人，为其他国家提供了许多有益的借鉴与经验。我国的高校在服务地方上尚处于起步阶段，要取得突破性发展，首先必须树立正确的地方服务的思想和理念，提高对地方服务工作的重视；其次要建立和完善相关的法律体系，为高校社会服务和地方服务工作提供法律和制度保障；再次，各高校应立足于地方特色和自身学科优势，设置地方社会和经济发展所需要的课程与专业，尽量满足学生、企业和社会的多方位需求；最后，我国政府应转变自身角色，大力促进产学研合作，搭建合作平台，连接高校与企业，为高校服务地方提供政策支持和保障。这些措施并不是中国高等教育改革和发展应当努力的全部，但至少可以作为地方高校下一步进行调整与改革的重点。

6 地方本科院校服务地方存在的问题及原因分析——以山东省为例

本书在对山东省 35 所本科院校进行聚类层次分析，以及运用数据实证分析，掌握 35 所地方高校数据总体分布情况的基础上，借鉴国外部分高校服务地方的实践，发现山东省地方本科院校服务地方仍存在很多问题，如地方高校从办学理念到学校发展规划很少提及与服务地方相关的思路，对服务地方的重要性、必要性、紧迫性认识不足，缺少为地方经济社会发展服务的内在需求；学校缺少积极探索构建与地方协同的新模式，特别是在社会服务运行机制方面，缺乏有效的创新资源整合机制，创新研发能力薄弱；受到经费、融资等条件的限制，科研成果转化机制不顺畅，应用性研究成果不足；与政府、企业很少建立长效的协同创新机制；等等。这些问题直接影响着山东省地方本科院校服务地方经济社会发展的成效。

6.1 山东省地方本科院校服务地方存在的问题

进入 21 世纪以来，伴随着山东经济的快速增长，山东高等教育发展跨入"快车道"，经过不断地调整和优化，山东地方高校初步形成了"以济南、青岛等大型城市高校群落为重点，以市地中心城市社区学院为延伸，覆盖山东各个经济带的高校布局"，同时也存在着"东高西低"的不均衡态势，即经济发达的东部沿海地区（如青岛、烟台、威海等地）高校数量远远多于经济发展水平较低的西部地区（如莱芜、菏泽、枣庄等地）。[①] 总体来看，山东省地方本科院校服务地方存在的问题，集中从本科院校服务质量的外部性问题、人才资源的过度培育问题、低水平重复研发问题、知识溢出的无效性问题4个方面表现出来。

6.1.1 地方本科院校服务质量的外部性问题

1. 地方本科院校服务质量的外部性

外部性理论是新制度经济学的重要理论之一，关注的是经济学领域。外部性亦称外部成本、外部效应（Externality）或溢出效应（Spillover effect），强调的是一个经济主体对另一个经济主体所产生的一种外部影响，但这种外部影响却不能通过市场进行买卖。外部性可以分为正外部性和负外部性。正外部性就是一些人的生产或消费使另外一些人受益而又无法补偿前者的现象；负外部性是某个经济行为个体的活动使他人或社会受损，而造成损失的人却没有为此承担成本。地方本科院校作为一个组织，被更大的外部环境包围，所以其发展受制于各种资源以及空间特征的社会环境。

地方本科院校生存在于大的生态系统中，是资源的吸收者，也是资源的输出者；与外部环境是共生的关系，存在如学生、政府、企业和其他社会组织的高校外部主体。从经济管理的角度讲，这些外部主体是高校的“客户群体”，他们对本科院校提供的服务是有需求和衡量的。这些外部主体对本科院校的专业结构、课程结构以及教学质量等会有相应的要求与期望。对于本科院校来讲，要对外部主体现存与潜在需求进行判断，以及赋予相关准确的行动，以契合这些需求，展示地方本科院校作为社会智囊团主动服务甚至引领社会发展的功能。从本科院校教学质量看，即学生顺利毕业与学位标准的满足。从外部来看，即从适应我国经济社会发展的需要讲，要满足经济、文化、社会等各方面所需的多层次、多元化的人才供给。地方本科院校作为独立运

① 李晓磊．山东高校科研服务地方经济现状研究［J］．工会论坛（山东省工会管理干部学院学报），2012（6）：116-118.

行的系统，通过吸收外部空间的各种资源来巩固自己的空间位置，① 提升办学能力、办学效益和竞争优势，形成独有的办学特征、办学特色。这一过程包含物质、能量、信息的动态变换，过程错综复杂，对系统外部的环境产生影响，同时外部环境也反作用于地方本科院校。然而，山东省部分本科院校办学理念有待提升，部分高校对高校社会服务的目的、意义认识不到位，学校品牌意识和特色意识不强，忽视了自己的传统办学优势，还没有真正关注人才培养的质量和社会需求。部分学校仍然存在重数量轻质量、重规模轻内涵的倾向，以质量求发展、以改革求效益、以创新上水平的意识不强，行动不到位，存在外部性问题。

2. 地方本科院校服务地方定位不明晰

地方本科院校是中国高等教育的重要力量，有别于传统的学术型大学和职业技术院校，而是学术性与职业性结合的代表，是“应用性”和以“应用性教育”为主旨的教育科学研究组织或机构。目前，在学科专业结构上，本科院校应该以山东省经济社会发展需求为导向，主动适应经济和产业结构调整以及国家“黄蓝战略”的需要，调整服务方向，增强人才培养的适用性，按照扶优做强、特色发展原则，针对支柱产业、战略性新兴产业以及“两区一圈一带”经济发展战略等领域，突出重点，加大对相关学科专业支持力度。如 2012 年，山东省高校面向“黄蓝”两区发展战略，围绕战略性新兴产业、支柱产业和特色产业，积极增设和调整专业，不断优化专业结构，新增了包括海洋资源与环境、新能源材料与器件、智能电网信息工程、物联网工程、生物制药等专业在内的高科技工程类本科专业 49 个，大大增强了高等学校服务高技术产业发展的能力；在学科和专业设置上能更广泛地与经济社会的实际需求紧密结合，根据市场、社会需求的变化做出灵活的反应和变化；在人才培养方面，注重全方位的政治、市场等社会需求。布鲁贝克提出：“大学作为知识的生产者、批发商和零售商，是摆脱不了服务职能的。”② 地方本科院

① 杨燕滨. 新建本科院校空间拓展战略的系统分析 [J]. 西南师范大学学报（自然科学版），2013，38（6）：124-128.

② 布鲁贝克著. 高等教育哲学 [M]. 王承绪等译. 杭州：浙江教育出版社，2002.

校的服务外部性定位，需要立足于地方、市场，明确特色鲜明且有创新性的办学理念，建立以政、产、学、研合作为基本框架的发展模式和思路，培养更多的应用型人才。

同时，山东省地方本科院校的学科和专业结构与经济社会发展需求的契合度有待提高。一些学校定位不准确，盲目追求“高、大、全”，追求上档次，办学特色不鲜明，应用型人才培养认识模糊，因此专业调整优化和产学合作等工作推进较慢。对于涉及“十二五”期间我国重点发展的新兴产业，如功能材料、新能源材料与器件、能源与资源工程等相关专业布点较少，环渤海经济圈、半岛蓝色经济区内的高校有待进一步明确自身定位和学科专业发展方向，资源有待进一步挖掘和整合；面向黄河三角洲高效生态经济区建设的基础设施、土地和海洋开发使用、循环经济、高效生态农业、新能源、生态旅游等黄河三角洲开发服务的学科专业仍显不足。有的高校在办学中注重短期效益，缺乏长远规划，偏重发展投入少、见效快、招生多的文科类专业，对投入大、建设周期长的工科类专业建设投入不够，工科类专业所占比例偏低，以致专业设置与人才培养模式同质化现象较为严重，在学科和专业设置方面与区域经济社会发展需求不相适应；高校产学研有机结合的办学机制还没有真正形成，高校服务于社会的能力和科技开发、科技成果转让能力有待进一步提高。

地方本科院校的服务外部性定位要根据其办学历史、规模、办学特色、办学条件等方面的差异进行考虑，加强分类指导，强化内涵建设，形成各自的办学理念、办学风格和办学特色，不断提高办学水平和人才培养质量，增强高等学校服务全省经济社会发展的能力。山东省本科院校应该按照已经实施的应用基础型人才、应用型人才和技能型人才三个培养方向的工作方案，在进一步加强引导的同时，加大分类后的教育投入，逐步形成山东省类别（应用基础型、应用型和技能型）清晰、特色鲜明的高等教育体系。

首先，服务是地方本科院校履行人才培养、科学研究、社会服务等职责。地方本科院校的主要职责在于通过实施应用性本科教育，改革和优化人才培养模式和培养方法，努力培养具有较高素质、能够适应地方经济社会发展需要的应用型专门人才；要深入分析本地经济与社会发展对人才的需求，鼓励重点学科与重点企业、地方科研单位联合培养人才，把教育科研扩展到企业车间，调整学科和专业方向，不断优化专业课程设置，培养学生的实践能力，立足于区域社会经济发展的需求，为地方经济建设、文化建设和社会发展需求培养大批“下得去、留得住、用得上”的高层次应用型人才。① 其次，地方本科院校应遵循服务地方的原则，创新人才培养的知识结构和能力体系，形成特色和品牌；紧紧围绕地方经济发展和社会发展的需要提供服务，不盲目追求“高、大、全”，及时增设市场急需的应用性专业，在关注学科发展的前沿动态的同时，及时设置和调整多学科复合型专业，来适应社会对高素质应用型人才的需要。② 最后，地方本科院校自身要明确，应用性教育不是“精英教育”和纯“学术型”人才的培养，而是培养面向地方经济社会需求、服务社会基层的应用型本科人才，着重要求理论知识与实践能力的最佳结合；地方本科院校的科学研究是应用性研究，应该围绕应用型人才的培养来展开，因此地方本科院校在制定服务地方规划及发展战略时，要立足于自身发展实际，切忌盲目攀高与急功近利。③

3. 地方本科院校服务地方理念落后

高校的发展理念和服务观念直接影响着高校进行社会服务的实践和效果。我国部分本科高校在进行地方服务时，存在着观念滞后、重视程度差等问题，山东省的地方高校也不例外。由于山东省地方高校，尤其是第二、三类高校的学校领导和教师大部分长期生活在自己的城市，与其他大城市的联系较少，知识和观念更新较慢，对世界先进的教育理念也缺乏了解，因此，对于高校服务地方存在误解。有些领导和老师不够重视，在繁重的教学和科研任务下，认为学校的社会服务与自己无关，没时间也没兴趣进行社会服务；有些领导和老师认为服务地方是单方面的付出和奉献，在学校经费紧张、能力有限的条件下，认为服务地方意味着学校的损失，不愿意进行社会服务；还有一些

① 朱科蓉. 应用型大学的核心竞争力及其提升策略［J］. 北京联合大学学报（人文社会科学版），2006（04）：9-12，66.

② 朱科蓉. 应用型大学开展院校研究的必要性及其对策［J］. 北京联合大学学报（自然科学版），2005（04）：92-96.

③ 潘懋元. 探索本科教育人才培养新模式——“应用型本科教育学术研讨会”综述［J］. 教育发展研究，2007（Z1）：126-127.

地方高校认为自己没有能力和实力进行社会服务，缺少走进市场、面向社会的勇气，或者认为自己是科研和教育机构，不屑于走进工厂、企业、社区等地，踏实地服务地方发展。[①] 总之，在服务地方的理念上，山东省地方高校还存在很多问题，值得反思。

目前，山东省的大多地方高校都确立了自己的社会服务目标，但目前地方高校的学术科研和社会服务工作还存在着许多问题，高校在培养创新型人才、开展科学研究和服务地方经济、科技发展中的作用没有充分发挥出来。[②] 有些地方高校因为办学历史短、积淀少、自身实力薄弱，不具备部属高校的办学优势和号召力，在融入区域创新系统时缺乏体制机制上的支撑，导致其创新资源分散、低效，难以形成聚合效应，从而制约了其参与区域协同创新和发展。[③] 因此，山东省地方高校要结合自身的办学特点和定位，在不断总结办学经验的基础上，明确和调整发展目标、办学理念和社会服务理念，形成系统、全面、科学的定位与发展规划，扎实做好人才培养、师资队伍建设、科技创新以及社会服务等工作。

6.1.2 人才资源的培育问题

1. 人才培养模式滞后

山东省地方本科院校人才培养模式滞后，仍存在用重复单一专业理论知识传授、轻实践创新能力培养的现象，缺乏有利于知识传递、接受、应用和发展的人才培养途径，未能形成开放性、协作性、自主性的多样化学习氛围，尤其是产学研合作育人的模式还需要大力推进。有的高校人才培养模式简单粗放，实践条件不完善，实习经费不足，难以保证教学计划规定的实践教学环节，学生缺乏动手实践的机会，创新能力不强。以社会需求为导向，行业、企业广泛参与的人才培养新机制尚不完善，教学内容、课程体系、教学方法等方面的改革仍需进一步加强，适应创新型人才培养的新的教学模式还没有

① 朱向群．推进地方高校服务地方经济社会发展的对策研究［D］．湘潭：湘潭大学，2008，11：15.

② 石虹．地方高校协同创新研究［D］．兰州：西北师范大学，2013.

③ 张廷．社会资本视角下的地方高校协同创新研究［J］．中国科技论坛，2013（4）：17.

建立，大学生的实践创新能力有待进一步提高。

山东省地方本科院校教育教学改革依然任重道远。人才培养即教学工作的中心地位还需进一步巩固，教学改革还不够深入，实践教学亟须进一步强化。不少高校对教学重视不够，人力、物力、财力投入不足，重科研轻教学的现象依然存在，评估检查项目有待进一步整合，评估指标体系设计还不够科学、全面、细化；大学生竞赛项目的学科专业覆盖面偏小，对竞赛项目组委会的管理有待进一步加强和规范；学思结合、知行统一、因材施教的个性化、针对性人才培养模式还没有真正建立和实施，使学生实践能力培养大打折扣，严重影响了人才培养质量。

山东省本科院校实践教学体系和实践教学管理亟待完善。创新型人才的培养离不开实践教学，但山东省仍有相当数量的高等学校，对实践教学在学生创新精神和实践能力培养中的重要地位及作用存在认识不到位，经费投入不足，组织管理不到位等问题，忽视对学生的动手能力和创新精神的培养，实验、实习、实训等实践环节相对薄弱。有些实践基地的建设流于形式，缺乏实质性的建设与合作；有的学校实践教学环节缺乏有效管理，基本是“走马观花”甚至是“自由放羊”；有的学校实验设施、实习场所等不足时，就采取压缩实践课时、减少实践内容、降低实践要求等方式，直接影响了人才培养质量；极个别学校甚至打着实习实训或工学结合、顶岗实习的幌子，不顾实践教学内容与所学专业严重脱节的事实，使学生变相成了企业的“临时工”。

山东省本科高校对于适应市场需求的理解出现偏差。有些高校片面认为，服务社会、服务市场需求是某些专业教师的任务，出现了不是以市场需求为目标设立专业，而是因人、因专业设立课程的现象，既没有考虑高校自身的条件和基础，也没有考虑市场的需求，所以不能把握经济发展的方向，不能针对特色产业、龙头企业培养专门人才。一些高校在人才队伍建设上盲目、过分强调博士学位，有时忽视均衡配置各类人才的科学人才观。当前山东省人才培养与产业发展中仍面临着人才培养不适应地方经济社会发展需求，新兴产业人才不足而一般性人才结构过剩，国际化科技人才稀缺等问题，这也直接导致了企业在可持续发展中变得迟缓、停滞，甚至是倒退。对高等学校而言，把握自身的特色和优势，致力于区域发展和服务，不仅能够推动区域各项事业发展，还能使地方本科院校在人才培养、科研能力、学科建设、师资水平等方面快速提升水平。①

2. 学校专业和课程设置不合理

过去，我国的经济发展走的是一条低教育、低工资、低技术和高劳工淘汰率的路线。要改变发展方式，必须大力发展教育，提高劳动力素质，从而实现经济发展转型。高校作为培养人才的基地，在学科和专业设置上必须紧跟时代潮流，顺应经济发展形势。高校人才培养的协同创新在提升劳动力的劳动生产率的同时，还能够将潜在的劳动力和非劳动力转化为现实的劳动力。② 培养创新性人才是一项复杂而系统的教育过程，我国地方高校在发展过程中不断调整专业和学科结构，但往往因发展理念、资金、能力、人员等方面的原因，无法根据地方发展需求进行及时调整。

山东省各地方高校在专业和学科设置上存在许多问题，不能满足地区社会和经济发展对人才的要求。首先，学生在校期间所学的知识与就业单位的岗位需求相脱节，导致毕业生的就业率低，就业竞争力也受到了影响；其次，专业设置与地方产业需求相脱节，高校与山东省地方产业的融合度低；最后，山东省一些地方高校习惯封闭办学，缺少与企业和地方经济的合作，无法做到产学研结合，科研成果的转化率低，使得其服务地方的总体水平不理想。③ 而且山东省地方高校在学科和专业设置上同质性较高，普遍开设教育、英语、计算机等理论学科，没有自身的特色，也就缺少了竞争优势。此外，在专业方面，山东的地方高校普遍存在新增专业数量少、新增专业发展慢等缺点，制约着山东省高校服务地方能力的提升。

3. 企业人才的无效培育

高校与企业是两种不同性质的社会机构，分别承担着不同的职责与使命，

---

① 尹文博，于红波，司现鹏．山东省地方高校区域服务问题与对策［J］．山东高等教育，2014（5）：26-29.

② 欧阳静，张宏海．浅析产业结构调整与促进就业及改善民生的关系［J］．当代经济，2014（22）：4-5.

③ 杨永飞，赵晓珂．推进应用技术大学建设服务地方经济社会发展——关于地方高校转型发展的若干思考［J］．中国成人教育，2015（3）：19-21.

有着自己的管理和运行机制。[①] 但现在经济与社会的发展呼唤着高校与企业的联合，高校尤其是地方高校想要发展转型，突破瓶颈，必须融入市场，与企业建立密切的合作关系。但从目前来看，山东省人才培养结构还难以适应现代产业体系建设的需求，主要体现在两方面：一方面，企业以营利为目的，重视经济效益，而高校则以培养人才为目标，二者在合作上存在偏差。企业往往更加注重短期效益，难以从长期战略上与高校进行合作，不利于地区的长远发展。另一方面，企业对地方高校的认可度低，对其研发和创新能力存在怀疑，加上二者缺乏沟通，使得企业的技术难题难以解决，或者舍近求远寻求更大的“211”“985”类高校，也使本地区的地方高校难以获得科研项目和企业资金的支持。

2010 年，我国 4195. 6 万名专业技术人才中有高技能人才约 835. 5 万人，占 19. 91%，比重较低。而到 2015 年，我国各产业高技能人才的需求总量或将达到 3300 万~3400 万人。尽管毕业生的数量在增长，但是对于企业来讲，人才却是紧缺的。某些企业招聘门槛设置过高，有能力的人才望而却步，而对于招聘进来的员工尤其是科技人员，企业担心其跳槽流向其他企业，带走企业的技术、秘密等，不给员工参与企业决策和研发的机会，拒绝给员工培训、进修的机会或大量削减培训经费，结果适得其反，造成人员的大量流失。企业为了留住员工，都会采取相应的激励措施。但激励是把“双刃剑”，不激励会导致员工流失，激励过度也可能会导致员工流失，最后的结果是企业花钱培养的人才去了竞争对手的企业。在企业内部，不考虑员工的生理和心理上的承受能力，诸如根据业绩提取奖金、计件工资，干坏了“炒鱿鱼”等现象是最常见的。企业应避免人员的过分流动，虽需激励，但要掌握好度。各类组织的管理者应该转变管理理念，杜绝对员工过度激励，要适可而止，这样既能实现企业目标，还能留住高层次人才。

大学生是祖国的前途、民族的希望，也是经济发展和科技创新的未来。地方高校在培养人才、进行科技创新、输出知识和技术方面贡献了巨大力量，也是进行服务社会、促进地方发展的重要主体。地方高校的人才培养目标应

① 周绍森，储节旺．地方高校如何走出误区科学定位［J］．中国高等教育，2004（2）：10-12.

该与当地社会经济发展的需求保持统一。正如习近平总书记指出的那样，“当前，我国高水平创新人才仍然不足，特别是科技领军人才匮乏”。山东省大部分地方高校对于学生的培养工作仍停留在理论为主、实践为辅的阶段，缺少对拥有创新能力的综合型人才的培养。随着我国高等教育的改革与发展，在地方高校转型和升级的趋势下，山东省的地方高校应该借助区域协同创新的途径，提高其人才培养的质量和效率，提倡理论与实践并重、科研与服务并重的教育理念，培养具有合作意识、长远眼光以及社会服务意识的学生，为地方经济和社会发展培养实用和应用型的高级专业人才。中科院院长白春礼曾指出：“发挥好科技领军人才的作用，履行好培养青年科技人才的义务，把发现人才、培养人才、举荐人才作为自己的重要责任，把培养出优秀人才、培养出超过自己的人才作为最大光荣，为优秀青年人才脱颖而出创造条件、提供舞台。”这也应该成为山东省地方高校人才培养的理念和目标。①

6.1.3 低水平重复研发问题

1. 技术创新的低水平重复

大量低水平重复申报造成审批通道拥堵，主要是因为各地出现了一哄而上低水平重复建设的趋势，并没有占据技术上的制高点。新兴的高技术产业，企业数量多，规模小，研发能力弱，与国外企业的差距大。与技术研发相比较，很多企业都更热衷于技术的转移。很多小企业都没有自己的核心特色和优势，只是简单模仿，盲目跟随，缺乏创新创意，其结果是容易在产业竞争中被淘汰出局。为突破资源和环境等制约因素，保持我国经济持续、稳定、健康和快速增长，我国经济发展必须从资源驱动向创新驱动升级。因此，企业首先要有危机意识，提升自己的产品创新能力，尤其要在产、学、研结合上下足功夫。

技术的简单复制和盲目照抄、照搬是对创新活动的误导。地方政府支持企业盲目跟风，追求“小而全”的经济，产业低水平建设，引起产业结构“趋同性”，都是对创新资源投入的极大浪费。地方政府需要进行合理的调控

① 邓玉久．服务于区域经济的地方高校协同创新研究［J］．衡阳师范学院学报，2018（6）：145-149.

和引导，科学解决企业生产能力的过剩、资源的消耗、技术水平低的矛盾，避免资金和资源配置上的重大浪费。

2. 地方高校科研的重复研发

由于创新资源的分散，以及高校内部机制的问题，地方高校的科研水平低，科研成果不明显，转化率低，这样的重复研发投入达不到市场需求和预期的目的，造成资源的极大浪费。加之高校科研过程创新度低，同样的项目反复申请不同计划资金，或换个名称继续申请，有些项目无充分的资金支持，降低了科技投入的效应，从而影响社会对高校的评价，无益于高校的创新性发展。

国外的情况是，许多科研工作者并不愿意在重复工作上浪费时间，他们更希望在前人研究的基础上继续改进和创新，并采取合作方式让科研工作更上一层楼。例如，国内某一研究机构试图引进一个国外学者，这位学者看了科研专项列表后，婉然拒绝道："我回来后要做的这些专项，国外几年前就做过了。我不想就为了科研经费，回来重复自己的工作，在已经过时的事情上浪费时间。"① 在国内，虽然教师们重视科研工作，但科研成果以发表论文或出版著作为主要形式，科研动机多为职称晋升，这些因素致使科研成果转化率不高。另外，专业设置方面还存在结构不合理、培养方案不尽符合实际情况等问题。地方高校有些课程设置缺乏针对性，不能很好地基于地方经济社会发展的实际需要这一根本出发点进行合理规划。

6.1.4 知识溢出的无效性

知识溢出和经济增长之间存在密切的联系。知识溢出包括科研成果、专利、学术报告、期刊著作等显性知识和通过合作研发、管理咨询、委托技术开发、联合培养和员工流动等方式产生的隐性知识溢出。② 有效的知识溢出能够产生创新，而且这种溢出是低成本甚至是免费的。G. M. 格罗斯曼和E. 赫尔普曼认为，

---

① 文汇报．中国物联网：何时摆脱低水平重复建设的怪圈？［EB/OL］．http：//miit.ccidnet.com/art/32559/20120907/4242959_ 1.html，2012-09-07.

② 田华．基于知识溢出的区域性大学发展研究［D］．杭州：浙江大学，2010，3.

如果创新者（企业）由于技术知识的创新产生外溢效应使其利润减少，增加企业成本，利润减少的幅度大于消费者剩余增加的幅度，存在帕累托改进，那么创新不仅没有企业动力，对于整个社会福利增加也没有贡献，这便是知识溢出的无效性，[①] 也就是经济学中所提到的“外部不经济”。

1. 高校知识溢出的无效性

首先，高等教育资源分配的极度不均衡，是高校知识溢出无效性的一个重要因素。我国高等教育长期实行扶优保重的政策，[②] 高等学校之间的差距就人为地被扩大，资源过度集中在少数部属高等学校和知名高校。加之高校社会服务机制不完善，地方高校优势学科相对较少，社会辐射力和影响力较窄，没有单独的服务机构，集体攻关少，从开始就造成知识资源的层次的差距。其次，大学教育“宽进宽出”的培养模式，造成学科基础相对薄弱，优势学科不明显，不但对大学发展无益，对人才培养也是一种损耗。高校中“生产线”式死板的培养方式，使得培养出的学生的规格是一样的，正所谓同级相斥，同质性无法产生知识上的交叉融合，这对知识的溢出是一种基础上的阻碍。高校往往关起门来搞科研，不关注与周边关系，像政府、企业、各种组织团体和媒介的联系。对于某些高校老师来讲，搞科研的目的就是获得科研经费，高数量、低质量的科研论文，为晋升、评职称做准备，因此提供的仅仅是学术论文、科研报告，而不关注是否会带来社会效益和经济效益，不关注科研成果在市场上是否能够实现有效的转化。以上这些问题都是阻碍高校知识在区域内扩散的重要因素。最后，区域内高校互相不通气，所谓的交流就是找个教授做个所谓的报告，收到效果甚微。高校间的科研交往不密切，使不同文化背景下的学科和科研交流遇到瓶颈，政府相关的协调机制不完善，有些也只是空有口号没有行动，高校都是自己干自己的，缺乏合作意识，对高校资源的整合性不强，不能产生知识的辐射作用，严重阻碍了高校间的知识资源共享。有些高校合作舍近求远，与区域外知名高校甚至国外高校进行交流，加之与地方企业产学研的联系也不密切，有转化效益的成果难以实施，

---

① 格罗斯曼，赫尔普曼著．全球经济中的创新与增长［M］．何帆等译．北京：中国人民大学出版社，2002.

② 朱向群．推进地方高校服务地方经济社会发展的对策研究［D］．湘潭：湘潭大学，2008，11.

不但预期效应没有达到，反而阻碍了区域内知识的流动扩散，对区域资源共享没有贡献力量，也对高校自身持续性发展没有好处。

2. 企业知识溢出无效性

在科研创新过程中，参与方由于责任、权力和利益的分配问题，会出现各种分歧和矛盾，使得项目缺乏长期规划和合作，仅限于“短平快”模式，[①]不能产生长效的合作机制和长远效益。创新本身是有风险的，尤其是经费投入大、转化周期比较长的创新项目，如医药行业，很多企业都热衷于将有限的资金投入成熟的技术成果，只热衷于技术的转移而不是技术的研发，严重制约了产业的技术创新与进步，对创新知识的共享设置了障碍；参与方不同的利益驱使和风险分担机制的缺失，导致企业和高校很少参与此种技术开发和转化，而各中介机构的咨询和信息服务功能的不完善，大大影响了创新知识的开发和传播。

地方政府为了增加财政和地方税收收入，提高地方经济发展水平，提升地方政府绩效，会出台相关政策、法规鼓励区域系统内科研成果在本区域内部转化和应用，限制科技成果区域外扩散。[②] 有些地方政府为了提高政府工作绩效，加大招商引资的比例，不顾法律、法规和市场需求，引进过时的技术和对域外的企业入驻本区域给予过于优越的条件，而本地区投资商和有意向的参与者却是望而却步，丧失了创新发展的机遇。结果导致成本和收益不相抵，不但没有促进知识的有效扩散，反而造成恶性竞争，没有达到预期的收益。

6.1.5 社会服务的总体层次较低

1. 社会服务的高层次智力资源稀缺，学科优势弱

山东省高校虽然拥有着丰富的师资和人才资源，但是与地方服务和社会服务密切相关的高层次、高水平的人才仍比较紧缺，特别是缺少有影响力的

---

① 赵哲．高校与企业、科研院所协同创新的现状与对策——以辽宁高校为例［J］．现代教育管理，2013（06）：31-36.

② 胡彩梅．知识溢出影响区域知识创新的及测度研究［D］．长春：吉林大学，2013.06.

学科领军人物和专家。目前，山东省各高校中缺少与社会服务密切相关的高层次人才，制约着高校服务能力的提升和社会服务工作的开展，也不利于高校自身以及地方社会经济的长远发展。高水平人才不足表现在多个方面，例如，山东省高校中国家杰出青年基金获得者数量很少；长江学者、讲座教授和创新团队数量也相对较少（见表 6-1）。2005—2014 年，山东省高校中，中国工程院和中国科学院两院的院士数量更是低于国家平均水平，这与山东省经济的发展水平不相符。

表 6-1　中国科学院、中国工程院院士增选数额

单位：名

<table>
<tr><th rowspan="3">年度</th><th colspan="4">中国科学院院士增选</th><th colspan="4">中国工程院院士增选</th></tr>
<tr><th colspan="2">总数</th><th colspan="2">山东数量</th><th colspan="2">总数</th><th colspan="2">山东数量</th></tr>
<tr><th>总数</th><th>高校数</th><th>总数</th><th>高校数</th><th>总数</th><th>高校数</th><th>总数</th><th>高校数</th></tr>
<tr><td>2005</td><td>51</td><td>28</td><td>1</td><td>1</td><td>50</td><td>21</td><td>1</td><td>0</td></tr>
<tr><td>2007</td><td>29</td><td>18</td><td>1</td><td>1</td><td>30</td><td>16</td><td>1</td><td>1</td></tr>
<tr><td>2009</td><td>35</td><td>19</td><td>0</td><td>0</td><td>48</td><td>18</td><td>1</td><td>1</td></tr>
<tr><td>2011</td><td>51</td><td>29</td><td>0</td><td>0</td><td>54</td><td>24</td><td>1</td><td>0</td></tr>
<tr><td>2013</td><td>53</td><td>26</td><td>1</td><td>1</td><td>51</td><td>21</td><td>1</td><td>0</td></tr>
</table>

高校教学和学科发展水平决定着人才培养的质量和层次。山东省高校在专业设置方面较为全面，专业的分化也较为细致，但学科优势不强，且过于集中。除少数高校外，大部分高校的学科建设和教学依然停留在低水平，国家特色专业、优势学科建设、国家级教学成果奖以及博士一级学科等方面在全国高校中都没有优势。这些不足导致山东省高校人才培养层次的提升受到阻碍。

2. 高校为政府和企业提供的社会服务层次较低

山东省各高校社会服务和地方服务水平层次较低的问题，还体现在高校为政府和企业提供咨询、培训等工作中（见表 6-2）。山东省高校人员在去政府挂职时大多集中于市级及以下政府机关，去省级和国家政府机关挂职的人员较少；对政府人员进行培训的层次也较低，且缺少远程培训等新型培训方式；为政府提供政策咨询等社会服务，也主要是针对市级及以下的政府机构，咨询被采纳的数量也有待提高。

山东省高校在为企业提供服务和技术支持时，主要面对的是中、小、微企业，服务对象的层次较低；提供的咨询服务、培训服务和技术指导等也存在认可度低、实践性差等问题。高校与社会和企业的联系还不够密切，高校教师参与政府工作和企业发展的热情和积极性不高。

表 6-2　山东高校为政府提供服务的情况

挂职部门	挂职人数	提供决策的次数	培训人数
国家机关	66	460	7033
省级机关	142	4847	57843
市级机关	747	5307	456101
县区级机关	1763	5687	194045
乡镇街道	1293	1469	152001

3. 高校社会服务相关科研实力相对较弱

山东省高校社会服务类的科研实力与其他经济发展同等水平的省份之间存在差距，国家科技创新团队、国家协同创新中心的数量、国家级科技奖励、国家级人文社科重点研究基地、国家重点学科和国家重点实验室等高校科研核心指标均不够理想。首先，山东省高校的国家级协同创新中心数为零，国家自然科学奖和国家技术发明奖在 2011—2014 年获奖数量也为零。其次，我国 151 个国家级人文社科研究基地中，山东省的高校仅占有 5 个，低于全国平均水平，国家级创新团队的占有率也不及国家平均水平。最后，山东省国家重点实验室的数量也比较少，仅有 3 个，分别是山东大学的晶体材料国家重点实验室、微生物技术国家重点实验室和山东农业大学的作物生物学国家重点实验室。① 总体来说，山东省高校与社会服务和地方服务相关的科研实力与全国平均水平仍有差距，仍需进一步加强。

4. 高校的专利数目和经济产值较低

山东省高校孵化企业和校办企业的直接经济产值较小，科研成果和社会

① 王坦，张士俊．山东高校社会服务能力研究报告［R］. 2016.

服务工作直接为地方社会经济服务的成果也较少。通过调研数据可以看出，2012—2014年，高校孵化企业的数量增速较缓，分别有10所、15所、17所高校成功孵化了企业，孵化企业的产值较低。从山东省各高校的校办企业的发展情况来看，3年来山东各高校校办企业的总数较少，虽然呈现出逐年增长的趋势，但增速相对缓慢，且产值较低，3年的总产值为115万元，应及时寻找出路，提高山东省高校社会服务的经济产值。

此外，不仅高校的发明专利代表着高校科技和创新能力，其专利的拥有量也代表着市场的价值。2012—2014年，约有半数的山东省高校拥有自己的技术专利。但值得注意的是，山东省高校的专利拥有量分布不均，主要集中于少数高校，在专利申请、授权和出售的总量方面，明显处于劣势。这间接反映出山东省高校在社会服务和地方服务的实践中科研和创新的实力较弱。

6.1.6 专业化管理机构和平台建设不完善

1. 大学科技园建设缓慢，社会服务科技成果转化平台较少

高校的科研成果转化平台是连接高校和社会的中介机构，也是连接知识、技术的供给方与需求方之间的重要桥梁，通过平台提供的信息、场地、咨询等服务，加快了高校的知识、技术向经济效益和实际生产成果的转移效率，也使得高校的社会服务和地方服务与地区的联系更加紧密。通过调研数据发现，山东省高校的服务类平台存在着种类少、数量少和专业化水平低等问题，使得高校的学科优势难以充分发挥，高校的社会服务效果大打折扣。与某些高校大力推动科技成果转化，注重产学研合作，共建合作平台的做法相比，山东省高校在科研成果向地方经济发展优势转化方面与之差距较大。山东省高校自身的学科优势和科研实力并没有充分发挥和利用起来，相关研发中心和服务平台建设和发展缓慢，平台的专业化水平也有待提高。

此外，山东省高校在国家级大学科技园和企业孵化器的建设和发展方面也比较缓慢。从2011年国家对国际级大学科技园进行的评估结果来看，山东还没有A类国家级大学科技园，B类仅有中国石油大学科技园和青岛大学科技园2家，在全国86个国家级大学科技园中，山东省高校所占比例仅为

2.3%。山东高校大学科技园无论在数量还是层次上均存在明显差距。

2. 社会服务管理机构和保障制度不健全

山东省高校社会服务和地方服务的管理机构与管理体制存在着诸多问题，许多高校甚至缺少专门的社会服务和地方服务的管理机构，统筹和管理水平较低，使得许多高校不能明确自身的服务对象，处于盲目的状态中。根据调研发现，一些高校的社会服务工作缺少专门的、专业的、统一的行政管理机构，社会服务和地方服务工作由学校教务处、科研处、后勤处等机构代理，无法有效地推进校企合作，争取社会资源，促进科研成果的顺利转化。这些问题反映出山东省高校没有将社会服务和地方服务工作上升到学校的组织目标和全局高度上，社会服务处于自发和分散的状态，缺少凝聚力、组织性、系统性和规范性，既不利于对服务地方工作的统一规划和组织，统筹管理；也不利于充分发挥高校的人才和科研优势，不利于高校以及地区经济社会的长远发展。

在社会服务的保障和激励制度方面，山东省高校与社会服务和地方服务相关的配套制度仍存在缺陷。管理、保障、评价和激励制度的缺失使山东省各高校的社会服务工作缺少了制度的保障和依据，高校人员进行社会服务所付出的劳动无法得到合理的评价和奖励，极大地影响着高校师生和科研人员参与社会服务和地方服务工作的积极性，进而阻碍着高校社会服务能力和水平的提升。[①] 总之，在山东省各高校社会服务相关的机构设置和运行上，相应的管理制度、保障制度和激励制度等组织和制度建设仍需进一步改进和完善。

6.2 山东省地方本科院校服务地方问题的原因分析

虽然山东地方本科院校已经开展服务社会工作多年，但从学校各级领导到普通教职工，还普遍存在不重视社会服务职能的倾向。针对地方本科院校服务质量的外部性问题、人才资源的培育问题、低水平重复研发问题、知识溢出的无效性问题，本书重点以高校社会服务运行机制为切入点，从地方本

① 王坦，张士俊．山东高校社会服务能力研究报告［R］．2016.

科院校自身和外部因素两方面，对山东省地方高校服务地方的问题进行归因分析。

6.2.1 高校自身的原因

近年来，我国地方高校对其地方服务职能的认识有了一定的提高，但仍有许多问题，地方本科院校在服务地方上存在负外部性。从地方本科院校本身出发，服务的负外部性主要来自以下几个方面：

第一，山东省地方本科院校仍存在封闭办学现象，与社会之间的联系机制有待优化。目前，由于山东省高校科研活动过于偏重自身学科、人才、科研平台的优势，着眼区域、行业企业及产业发展需求开展协同创新的意识不强，因此科研成果适用性差、转化困难。在产学研合作中，高校更多地从学校、教师发展的角度考虑，缺乏以地方、企业需求为导向开展科研的主动性，合作的广度、深度、融合度不够。同时，由于技术转移、技术转化专门机构的缺乏，高校向企业进行技术转移的效率普遍较低。[①] 这样容易使地方本科院校服务与社会政治、经济的发展脱节，不能适应社会环境系统的变化。

各地方高校社会合作工作未能很好地建立工作交流机制，应努力加强社会合作工作交流和业务培训，提高组织管理服务水平，提升策划协调和推动落实重大合作发展项目的能力。只有建立社会合作工作年报制度，及时公布高校社会合作工作基本信息和重大事项，才能不断指导全校社会服务工作，不断提升社会服务工作水平。大部分职能部门机构和服务社会的组织管理不健全，没有充分发挥高校的内在优势，发掘自身特色和更大的潜力，服务社会仅仅注重表面的形式。学校服务社会工作仍然缺乏统一领导，单兵作战多，集体攻关少，服务社会的整体能力不强。

第二，山东省本科高校依然存在着“重规模、轻特色”的现象，同质化倾向严重。大学的影响力取决于内涵建设，取决于办学特色。山东个别高校依然热衷于上规模、上层次、上专业，囿于以规模求生存、以规模求效益、以规模求发展的思维定式，过分追求“高、大、全”，学校办学定位模糊，品

① 杨婷．高校创新资源聚集对区域创新的溢出效应研究［D］．北京：北京化工大学，2018，5.

牌意识和特色意识不强，忽视了自己的传统办学优势，还没有真正关注人才培养的质量和社会需求。各种类型的高等学校需要进一步彰显其办学特色。不关注社会需求，就不能形成自己的优势，制约了学校的发展。高校对社会服务工作缺乏有效的组织领导，缺乏必要的顶层设计，一些学校缺乏统一的领导和指挥，缺乏整合，导致服务地方的实际效果大打折扣。①

第三，地方高校自身综合实力和科研实力较弱。随着我国高等教育的普及，高校数量显著增加，尤其是地方高校，已发展为我国高等教育的主体。但数量上的优势并不意味着能力和质量上的优势。我国大多数地方高校的办学规模和综合实力与部属高校仍有着较大差距。这就意味着与部属院校相比，地方高校在科研经费、课题项目、实验设置、科研人员数量和水平、学生素质和能力方面都较为落后，而这些因素也直接制约着地方高校的社会服务工作。地方高校本应肩负为地方经济、社会发展提供人才和技术支持的重任，但由于科研实力弱、创新能力不足、科研成果转化率低等现实情况，使得地方高校难以获得地方企业和行业的认同和支持，对地区的影响、渗透、引导能力较小，距离满足地区和市场要求还有很大的差距，无法真正发挥其服务地方的职能。

第四，地方高校社会服务的体制、机制不健全。高校社会服务的机制是保障其社会服务能力转化为生产力的重要条件，完善的体制机制可以为高校开展地方服务工作创造便利的环境和条件。但我国许多地方高校不具备健全的社会服务机制，管理体制存在诸多弊端，主要表现为两个方面：一是缺少整体的政策导向，对服务地方的目的、内容、方式等缺少相应的规定。有些高校缺少社会服务的管理机构，管理和组织流于形式，服务地方的规划没有配套的措施，实施效果得不到保障。二是缺乏相应的鼓励、激励政策，没有从制度上对进行社会服务的教职工进行奖励和支持，更没有系统的评价体系对其社会服务的工作进行量化评价，严重影响了高校师生进行社会服务和地方服务的积极性。

---

① 尹文博，于红波，司现鹏．山东省地方高校区域服务问题与对策［J］．山东高等教育，2014（5）：26-29.

6.2.2 政府与社会的原因

第一，合作模式缺乏创新，项目策划与管理有待加强，政、产、学、研合作机制有待建立。例如，应按照国家、山东省和区域经济社会发展战略布局，在产业聚集区、高新技术开发区或经济开发区设立各类适合的实验室、研究中心、工程研究院、联合实验室、技术转移中心；组建产学研战略联盟，设立大学生社会实践基地，集成各校优势学科资源，积极与地方和企业发展的重大需求对接。

第二，政府支持和引导的力度不足。首先，在政府资金投入方面，地方高校获得的科研经费和得到的政府重视都不够理想，尤其是与部属院校相比，地方高校获得的政府支持较少。地方高校一般位于中小城市，迫切需要针对的资金和政策支持，否则无法维持自身的建设与发展，必然影响着地方高校服务地方工作的开展，也就形成了恶性循环。其次，地方本科院校的管理机制受制于地方政府。而地方政府的出发点往往带有政治性和强烈的功利色彩。本科院校是公共机构，内在逻辑是非功利性的。地方本科院校被沉重的功利所累，那么其服务外部性则可能偏离健康发展的轨道，① 导致负外部性的产生。没有充足的办学自主权、科研自主权，地方高校社会服务的积极性和主动性难以发挥出来。加之地方高校本身在服务社会方面的制度不完善，如缺少激励政策，政策导向模糊等。地方高校在重视人才培养和科研的同时，缺乏社会合作方面的信息交流与沟通，不能及时发现与自身相关学科紧密结合的合作点、合作方向、合作领域，缺乏明确目标责任和奖惩措施；缺乏完善重大项目的过程管理机制、过程监督、管理和服务，缺少监控重大项目的进度和质量。

第三，校企、校地合作不够密切，缺少信息共享和交流的平台。高等教育是一种特殊的公共产品，因为行业的特殊性决定了高等教育质量信息的不完全。教育产品的生产周期长，加之教育结果的时间延后性，个人、社会的收益在短期内不能够得到体现，而且因为带有强烈的主观色彩并且收益的多

① 谢安邦主编．比较高等教育［M］．桂林：广西师范大学出版社，2002.

面性，某些方面的收益是无法具体测量和衡量的；本科教育结果不仅仅取决于教育服务的质量，受教育者个人的素质也是非常重要的因素，如大学生的不良行为导致地方本科院校服务的负外部性，不但影响学生的学习效果，间接来讲还可能会影响学校的教学质量水平和声誉等。这些难以估量和控制的负外部性后果，不但加大了教育质量信息的传播，而且对于地方本科院校的品牌建立产生了负外部性影响。

在教育市场上也会出现产品市场上的信息不对称，也就是交易双方对所掌握教育信息的不相等，信息优势的一方有可能凭借信息获利。[①] 地方高校和社会间的信息不对称体现在：[②] 一方面，培养对象与地方高校间的信息不对称，如培养对象对学校及其专业情况不是很了解，使相互选择难以达到帕累托最优；另一方面，高校与合作单位之间的信息不对称，如企业与地方高校联合申请横向科研项目，企业对高校的科研能力到底如何并不是非常清楚，而地方院校对企业的融资、风险承担能力等也不了解，造成了双方之间信息的不对称。

第四，服务评估体系单一。地方本科院校的外部服务质量保障机构还不健全，特别是社会团体、民间机构等评估机构还严重缺失，没有形成国家、地方、地方院校和社会相结合的立体化的质量保障组织体系，[③] 所以建立旨在指导、协调和组织高等教育服务质量保障体系的专门机构是非常必要的。[④]

以政府为主导的本科院校教育质量评估方案的“同一性”和“统一性”强烈折射出政府部门的行政管理和对本科院校服务质量的控制。这种评估方式带有强烈的政府绝对权威和行政管理色彩，没有顾及本科院校服务地方的服务职能、其他利益相关者的诉求和社会各界的参与；过度强调外部的促进作用，使本科院校强烈地依赖这种评估模式，使教学工作用同一个标准进行衡量，忽视了自身的办学特色，更是普遍缺乏加强自我约束、自我监控的内

① 克拉克·科尔著．王承绪译．高等教育不能回避历史［M］．杭州：浙江教育出版社，2001.
② 罗伯特·M．赫钦斯著．美国高等教育［M］．汪利兵译．杭州：浙江教育出版社，2001.
③ 李亚东．我国高等教育外部质量保障组织体系顶层设计［D］．上海：华东师范大学，2013.
④ 陈玉琨等著．高等教育质量保障体系概论［M］．北京：北京师范大学出版社，2004.

部动力。这种单一的评估体系加剧了地方本科院校服务的负外部性：① 一是评估对象被动地接受服务质量评估，抑制了不同类型的本科院校的个性、特色发展；二是评估活动的“政府—学校—政府”封闭性运行，导致了本科院校与社会的隔离，脱离了本科院校直接服务地方经济发展的初衷，既不利于学校的各项信息向社会传递，也不利于社会各项信息流向高等学校，加剧了本科院校与社会信息的不对称性，强化了高等学校对政府的依附关系；三是政府部门作为管理权的垄断者和服务质量评估的单一主体，是评估活动的实施者，处于监督之外，造成评估活动、评估结果的随意性，而评估结果处理和运用评估结果进行决策的过程缺乏透明度，大大弱化了本科院校的办学积极性。②③

外部评估体系的单一性、政府垄断性，导致高等学校的内部评估没有得到应有的重视。内部评估的体制还不完善，地方本科院校的内部评估仍然是外部评估的一个环节，不具备独立性和自主性，具有明显的短期性、权宜性和功效性，④ 难以发挥地方本科院校服务地方的作用。发达国家如美国、英国、德国等认为本科院校服务评估的目标是自我提高，将内部服务评估看成是整个服务质量评估的重要组成部分，占据极其重要的地位。本科院校服务职能的非经济性是外部性难以矫正的重要原因之一，⑤ 外部评估为主的服务质量评估体系模式的弊端日渐显现，所以有必要重视内部评估的重要性，对内部服务结构层面的教学、经费、科研、学科专业等进行合理准确的定位，从内部结构与外部环境的协同演化，⑥ 将内、外部评估体系有机结合起来，发挥地方本科院校服务地方的重要作用。

---

① 贺祖斌．高等学校外部教学质量保障体系中评估中介机构的建立［J］．理工高教研究，2003（6）：34-36.

② 安心．高等教育质量保障体系研究［M］．兰州：甘肃出版社，1999.

③ 安心，孔杨位．法国高等教育集权管理的优势［J］．中国高等教育，2007（2）：62-63.

④ 王恩华，刘初生，蔡首生．内部评估与外部评估结合——地方本科院校评估的发展趋势［J］．长春工业大学学报（高教研究版），2012，33（2）：3-7.

⑤ 王春光，王超．大学生不良行为的负外部性分析［J］．扬州大学学报，2007（6）：79-81.

⑥ 谢凌凌．新建本科院校“生态位战略”的构建、运行与评价——广西高等教育例证［D］．南京农业大学，2011.

6.3 山东省地方高校地方服务时应注意的问题

通过总结山东省地方高校服务地方时存在的问题与困境，并对其原因进行分析，我们对于山东省地方高校服务地方的现状有了更清楚的认识，为进一步提高和改善提供了思路。在提出具体意见之前，我们还需要对地方高校进行地方服务时需要注意的三个问题进行梳理。

6.3.1 处理好三类研究之间的关系

高校的研究工作主要有三种类型：基础研究、应用研究以及开发研究，这三类研究相辅相成。基础研究的目的是探索世界、研究原理、发现新知识，它是以创新为基础的创造性活动；应用研究是针对某一特定领域，研究解决实际问题的科学知识和技术的创造活动；而开发研究则是以提高劳动生产率为目的，将前两种研究的科研成果应用于开发和研制新材料、新设备、新产品和新工艺的创造性活动。这三类研究之间联系密切，其中基础研究可以为另外两种研究工作提供理论基础；应用研究可以在另外两种研究之间架起桥梁，它既能促进基础研究成果向产业转化，又能将开发研究的结果及时反馈给基础研究，促进了基础研究与开发研究的交流；而开发研究则负责将另外两种研究的成果进行带入实践，促进成果转化。地方高校作为人才培养和知识生产的重要机构，在进行社会服务时需要正确处理三类研究的关系，明确研究的重心和主次。由于高水平的基础研究可以促进学生逻辑能力和推理能力的开发，培养人的创造潜能，所以从长远的角度来看，高校应以基础研究为主，兼顾应用研究和开发研究。①

众所周知，随着科技进步和经济发展，应用研究和开发研究受到各界的广泛重视。由于应用和开发研究可以将成果迅速应用于实践，转化为技术和产品，因此许多国家和地区过多地重视应用和开发研究，高校的基础研究工

---

① 朱向群．推进地方高校服务地方经济社会发展的对策研究［D］．湘潭：湘潭大学，2008，11：26-27.

作受到了严重冲击，不利于高校、地区乃至国家的长远发展。美国在重视应用于开发的同时，十分强调高校基础研究工作的重要性，通过大量的经费支持基础研究，资助了数以万计的基础研究项目，一直保持着在科学前沿的领先地位。我国地方高校在服务地方时应该借鉴美国的经验，在进行应用研究和开发研究的同时，将基础研究作为学校科研的重心，注重学生和学校的长远发展，为地区提供更有潜力的人才。同时，地方高校不同于科研型的部属类重点院校，在转型和发展中要明确自身定位和发展理念，顺应科技进步的趋势，立足地方特色，搞好应用研究和开发研究。

6.3.2　处理好三大职责之间的关系

教学、科学研究和社会服务是高校的三大职责，地方高校服务地方依赖于高校社会服务职能的充分发挥，也以教学和科学研究为基础。因此，要提升地方高校服务地方的能力，需要处理好高校三大职责之间的关系。科学研究与教学之间相互促进，相互制约。首先，从创造的角度来看，教学的目的是传授知识和技能，培养学生基础的思维能力和专业素质，进而培养和发挥学生的科研能力和创造力；科学研究活动本质上就是一种创造性活动，是将知识进行运用、创新的过程，二者不可分割。其次，从知识生产与传播的角度来看，教学活动是知识的传授和传播，而科学研究是知识的创造与发展，二者相辅相成。教学有助于科学知识的系统化，促进科学研究的顺利开展；反之，科学研究也促进着教学，可以拓宽教师的视野和知识宽度，也可以促进学生学习能力、创新能力和科学素养的提高。① 因此，地方高校在学校发展建设和服务地方时，应将教学和科学研究放在适当位置，以教学为中心，围绕教学开展科研和社会服务；同时，重视学校科研能力的发展，因地制宜，量力而行地发展科研。地方高校在进行社会服务和地方服务时，应当有一定的限度，不能让过多的项目影响教师正常的教学和科研活动，避免不顾自身

---

① 朱向群．推进地方高校服务地方经济社会发展的对策研究［D］．湘潭：湘潭大学，2008，11：24-25.

能力和经费条件，盲目承接社会项目和地方服务活动的情况。① 这样既遵循了高等教育的发展规律，也保障了高校健康、平稳发展，有利于高校高质量地完成地方服务工作。地方高校还应发挥其优势学科，为社会提供继续教育和各类公益性活动，为政府和企业培训人才，加强多方合作，切实履行其三大职能。

6.3.3 处理好社会服务不同维度之间的关系

地方高校服务地方时必须立足于地区，结合自身条件和背景，顺应地方经济、社会的发展需要，避免盲目地开展服务。这也要求地方高校正确处理服务层次、服务重点和服务幅度之间的关系。我国不同省、市、地区有着不同的经济水平、文化背景、风俗习惯等，地方高校也有着不同的层次水平、优势学科和办学模式。在服务地方时，要与当地实际情况相结合，设置相应的课程，形成办学特色。在开展地方服务时，实行多样化的途径和方式，掌握办学的主动性。由于能力和水平的差别，地方高校应依据自身情况，选择适当的社会服务范围和任务，有侧重点地服务地方。例如，科研实力雄厚的高校，可以加大科研力度，为地方企业和经济提供技术支持、专利和成果转让等服务，通过科研项目为企业解决生产中的技术难题，促进地区科技创新。而科研实力较弱的高校，则应完成好学校的教学任务，通过人才培养服务地方。综合能力强的部属类院校，服务的范围广、辐射强，可以充分发挥其区域带头和引领作用，建立大学科技园和各类研究中心，提高社会服务层次和幅度。而普通地方高校应明确自身发展定位，量力而行地开展社会服务，还可以深入社区，为社区居民提供医疗、教育、卫生等服务，解决居民生活难题。总之，地方高校要因地制宜、因时制宜地服务地方。

---

① 朱向群．推进地方高校服务地方经济社会发展的对策研究［D］．湘潭：湘潭大学，2008，11：25-26.

6.4 本章小结

山东省本科院校服务地方要从思想观念入手，把高校上下各环节的思想和认识统一到服务山东经济社会发展上来，把教学和科研力量凝聚到服务社会的实践中来，始终把融入地方、服务山东放在关乎高校生存与发展的重要位置去思考和谋划。相关职能部门和学院要积极转变观念，自觉行动起来，不断完善推进社会服务工作的相关政策与措施，为社会服务工作创造良好的制度环境和舆论氛围；高校教师要牢固树立社会服务与人才培养、科学研究相互促进的观念，进一步增强服务意识，脚踏实地地开展应用型人才培养与应用型科技研发。高校服务地方促进地方发展，也能促进地方高校自身的发展。地方高校通过服务地方的宗旨，贡献地方的发展理念，开拓地方高校更广阔的发展空间，围绕山东各地经济转型升级的契机创建高水平大学，解放思想，完善机制，抓住机遇，拓展思路，创新模式，突出特色，增强活力，推动学校与地方政府、企业和其他机构间的合作，进一步强化服务山东的工作力度，全面提升服务、合作的层次和水平，深入推进与社会的融合度，促进学校事业更好、更快发展。

服务地方是地方本科院校的优良传统，也是义不容辞的义务。为此，要加强与各地方政府各部门、企业和社会之间的沟通和合作；加强服务地方的机制建设，确保服务项目进展顺利和服务合作衔接顺畅；进一步加强与地方的深层次合作，在学校与政府、企业和社会之间形成全方位、多层次、立体化的互动格局。以“立足地方、辐射山东、面向全国”为目标，大力推动校地合作、校企合作、校校合作，积极建设合作平台，集成地方高校、地方优质资源，发挥科技人才优势，形成学术创新的核心竞争优势，打造若干校地合作、校企合作品牌，全面提高服务社会的贡献度。加强对山东省尤其是地方社会经济发展战略研究，为地方社会经济发展和行业发展提供高端的智力支持，努力使地方高校成为推动山东省和各地市经济文化建设的重要力量。

7 地方本科院校服务地方的机制创新内容与措施

从结构状态意义上理解环境背景，制度是其重要组成部分，我们将其称为“制度环境”。“制度环境，是一系列用来建立生产、交换与分配基础的基本的政治、社会和法律基础规则。”① 制度环境渗透在经济、政治、社会、文化等各个领域，人们在其中形成了特定的关联方式，通过该关联方式，相互交往的人们结为共同体。正如中国经济体制改革研究会副会长樊纲教授认为的那样，制度环境可以说是对于可供人们选择的制度安排的范围设置了一个基本界限，从而使人们通过选择制度安排来追求自身利益的增进受到特定的限制。② 制度变迁过程中所要革新的制度离不开一定的制度环境的土壤，制度环境的特性和价值观都会给新的制度安排打上烙印。同时，新的制度安排也常常会通过一定的渠道和机制向制度环境表达自己的利益诉求，反过来会使制度环境发生相应的变化。要全面提高山东省地方本科院校服务地方的水平，关键是要克服地方院校在社会服务机制方面存在的各种制约因素，并协同各种创新主体，进行机制创新。机制创新是一种新的制度安排，需要理清其内涵，并在梳理已有理论的基础上，考量机制创新与特定区域创新系统的制度环境之间的互动关系，进而探讨山东省地方本科院校服务地方的机制创新方略。

---

① ［美］L. E. 戴维斯，D. C. 诺斯．制度变迁的理论：概念与原因［A］. R. 科斯、A. 阿尔钦D. 诺斯著．财产权利与制度变迁——产权学派与新制度学派译文集［C］. 上海：上海三联书店，1994：270.

② 樊纲．渐进式改革的政治经济学分析［M］. 上海：上海远东出版社，1996：28.

7.1 高校地方服务机制构建的基本原理及存在的问题

机制最初是指机器的构造和运行的一般原理，逐渐引申为有机体的构造、功能及其相互间的关系，也可以泛指一个工作系统内的各组织或各部分之间相互作用的过程与方式。现在，“机制”一词已被广泛地应用于解释社会现象的领域之中，代表社会的内部组织及其运行、变化的规律。一个地区社会系统的正常运行，需要有合理、科学的机制结构作为支撑，机制创新是一种新的制度安排。地方高校服务地方的机制，是指地方高校在服务地方过程中，各种利益方及其事务之间的相互关系和运行方式。这些方式主要包括三种大的类型，即教育的层次机制（包括宏观、中观和微观机制）、教育的形式机制（包括行政—计划式、指导—服务式和监督—服务式机制）和教育的功能机制（包括激励、约束和保障三种机制）。[①] 地方高校在服务地方社会和经济发展时，应注意相关的校内外基本要素之间相互联系、相互作用的原理以及相互作用的手段和方式。要对地方高校服务地方机制进行构建和创新，首先要明确其运行的基本原理。

7.1.1 服务地方机制的基本原理

地方高校服务地方机制的构建，是以其运行的基本原理为基础的，基本原理也关系着地方高校服务地方机制的性质、功能以及运行方式。这些基本原理包括高等教育、科学技术的发展规律，市场的经济规律以及这些规律之间的相互作用。社会服务和地方工作是地方高校的重要工作和职能，高校的地方服务，必须服从地区高校整体工作的规划和大局。因此，地方高校的社会服务和地方服务，必然受到高校内部规律的制约。作为我国高等教育重要组成部分的地方高校，其学校性质和社会服务工作虽然具有一定的地方特点，但与其他类型高校在本质上是一致的，这就决定了地方高校的改革与发展以

① 王锡宏．区域高校社会服务机制的构建［J］．山东师范大学学报（人文社会科学版），2003（3）：122-126.

及服务地方工作，必须遵循高等教育发展的规律。

随着知识经济时代的来临，高校作为人才和科技的聚集地，其社会服务工作就是高校以其人才、知识和技术优势，为地方社会、经济以及地区整体发展而进行的服务。人才、知识和技术是地方高校开展社会服务的主要资源；科学技术的传播、运用和创新是地方高校进行社会服务的主要方式；理论服务、科技服务和咨询服务是高校社会服务的主要内容。① 这决定着地方高校开展社会服务时必须遵循人才流动规律、知识生产规律以及科技发展规律等客观规律。

在市场经济的条件下，高校服务地方也必须遵循市场和经济发展的规律、原理。从收益上看，地方高校的社会服务分为有偿服务和无偿服务两种，其中有偿服务占主要部分。因此，在价值规律和竞争规律的制约下，高校开展地方服务必须遵循等价交换原则、物质利益原则以及效益最大化原则等经济原理。高校的社会服务既不是普通的经济活动和盈利活动，也不是无偿赞助的社会慈善事业，而是在市场经济的条件下，以市场需求为导向的社会服务活动。高校开展社会服务时既要遵循高等教育的发展规律、科学技术的发展规律，也要遵循市场经济的规律，对这些规律的结合和综合运用，是地方高校构建和创新其地方服务机制的基础和前提。当前，我国正处于高等教育改革与转型的潮流之中，如何把握各类规律，建构符合自身定位和实际情况的社会服务机制，关乎着地方高校转型的成败以及未来的发展前景。

“单一规律制约论”是导致地方院校进行社会服务时，理论与实践出现偏颇的根源。多规律综合制约论则有利于地方高校社会服务工作的顺利开展，有利于地方高校整体的发展与转型，也有利于地区社会和经济的长远发展。地方高校进行服务地方机制构建时的基本目标是：在遵循三大规律的基础上，建立起以市场调节为主、政府宏观调控为辅，地方高校主动服务、地方社会积极配合的，多方互动、良性循环、充满活力的服务机制。但在实践过程中，山东省地方高校社会服务机制的建设和运行还存在着许多问题，制约着地方

① 王锡宏．区域高校社会服务机制的构建［J］．山东师范大学学报（人文社会科学版），2003（3）：122-126.

高校社会服务和地方服务的效果。

7.1.2 山东省地方院校社会服务机制存在的问题

高校的社会服务机制可以分为外部机制和内部机制。外部机制是指高校服务地方时外部相关要素之间相互联系、相互作用的方式和原理。而内部机制则是学校、院系和人员三者之间的关系，以及学校内部政策、理念、措施、管理等各个方面的运行与联系。目前，我国的区域创新系统是不完善的，不仅缺乏创新供给和企业需求相称的合作机制，还缺乏参与创新的各主体之间合作所需要的适合条件，从而使得区域创新能力不强，地方发展面临困境，亟须进行制度调整。山东省地方高校在进行社会服务时，学校内部二级单位的主体地位未能得到充分体现，广大教职工的主观能动性也未能得到充分调动，亟须对学校内部服务机制进行改革与创新，从制度上提升山东省地方高校服务地方的能力和水平。

通过机制创新可以协调参与者之间的活动，整合各类技术政策和产业政策，提升地区的创新能力。创新能力是一个地区或主体的系统的、综合的能力体现。在区域创新理论下，一个地区的创新能力是指一个地区进行资源要素的有效配置、提高经济增长质量、促进可持续发展的能力，主要表现在制度能力和技术能力两方面。[①] 其中，创新的技术能力是这一地区的技术系统具有的提高资源配置效率，促进科技、经济、社会发展的能力；而创新制度能力代表了一个地区进行制度变革的能力，不仅仅局限于与企业科技创新有关的小的制度变革，还有全面、系统的整个社会体制的大的制度变革。对于地方发展来说，提高地区的创新能力，建立和完善区域创新系统是十分必要的。区域创新体系包含 4 个子系统，分别是知识创新子系统、制度创新子系统、技术创新子系统和服务创新子系统。这些子系统互相配合，共同影响着区域创新系统的运行，从而影响着整个地区的经济发展速度和质量。[②] 通过调查发现，山东省各地方高校服务地方社会经济的总体水平有所提升，社会服务质

---

① 陈黎．区域创新能力的形成与提升机理研究［D］．武汉：华中科技大学，2011，10：15.

② 赵立龙．基于区域创新系统理论的大学科技园发展战略研究［D］．昆明：昆明理工大学，2004，3：22.

量也有一定的提高，但仍有很大的提升空间。从服务机制方面来看，主要有以下几点问题：

1. 导向与合作机制方面

首先，高校与地方的产学研合作制度与学校教育规划之间融合的深度和层次不够。虽然部分地方高校在产学研合作方面采用了一些新形态和新方式，但总体来看，许多合作还停留在表面，学校与企业以及地方之间的合作范围较窄。山东省许多地方院校在进行社会服务时，仍局限于派遣学生实习、实训，为用人单位提供订单培养以及人员互访等方面，未能将进行社会服务和地方服务的办学理念深入学校的课程、教学内容、教材开发等较高层次，以制度的方式进行落实和保障。其次，地方高校与地方企业和产业的对接制度较为松散。高校与企业在合作的评价机制、实习管理、经费运用等方面存在许多分歧，在合作的政策、管理制度以及合作模式等方面都存在着许多问题，难以实现学校与企业、学校与政府、学校与地方有效对接、共同发展的目标。大部分地方高校在人才供给、政策咨询以及技术输出等社会服务的主要方面，无论是数量上还是质量上都无法满足地方社会、经济发展的需要。再次，缺少合作的动力和激励制度不足。在校企合作过程中，主体双方存在一定的利益分歧，加上双方的实力、目标、组织形式的差异以及运行和管理制度保障的缺失，导致双方合作流于形式，难以形成合力，企业对于校企合作的兴趣不大，高校对于合作的热情也不足。又次，地方高校育人制度、管理制度对于地方服务的重视不够，学校的教学计划、教学内容、教育方式以及师资力量等与地方经济和企业的需求相脱节，难以融合。[①] 最后，在社会服务导向方面，地方高校的社会服务是学校总体工作的重要部分，应服从学校的总体工作布局。但在实际操作中，学校并未从全局出发，将社会服务工作纳入学校整体发展布局中，在服务导向方面，也未能正确处理好社会效益与经济效益之间的关系，过于重视服务的经济效益，忽视了社会效益。而且许多地方高校也未能引导学校的社会服务工作与地方社会经济结构相一致，结合本地发

① 王果，柳玉．产教融合背景下高校育人机制创新与实践——以长沙学院动画专业为例［J］．艺海，2019（3）：95-97.

展需求进行专业设置以及科研方向上的调整，引导学校科研人员进行应用型研究，提供科学合理的咨询服务。

2. 高校内部管理机制方面

好的管理和运行制度是保证高校教育、教学工作的正常运行，促进学校健康、稳定、长远发展的重要保障。虽然目前我国大部分高校都已经建立了相关的学校内部管理制度，但仍处于起步阶段，发展和完善的速度较为缓慢，无法满足高校自身以及社会发展的需求。此外，我国地方高校的教育管理制度还存在许多问题，制约着学校社会服务职能的发挥。地方高校的学生管理制度过于死板；教师分配、考核和管理制度缺乏科学、合理的制度安排。这些管理制度上的缺陷，导致了地方高校师生在教学和实践过程中缺少主动性和积极性，不利于学生和教师创造力的发挥，影响学校科研实力的提升以及地方服务的效果。

地方高校的教育管理模式比较单调。许多高校仍然存在选修课少、文化课多、教育方式落后等问题，无法将先进的科学技术和新信息资源与教育内容进行统一，也没有根据地方发展需要对学生的培养进行改革、调整，不利于学生整体素质的提升，影响了学生的实践能力和就业率，进而阻碍了学校社会服务和地方服务职能的发挥。同时，山东省许多地方高校在教育管理上采用学分制度，在执行过程中发现，学生偏科现象较为严重，在学分设置和管理上较为死板，影响了学生的主动性和全面发展。地方高校的教育管理内容落后，对开展高校教育管理的工作有一定的阻碍性，甚至还会浪费各种教学资源。在实际操作中没有考虑到学生的想法和教师的利益问题，这就导致了我国的高校教育管理工作效率大大降低。由于之前传统的教学观念在人们的脑海里仍然深深地存在，所以高校教育管理工作一直无法顺利开展，阻碍了高校的整体发展。①

在管理理念方面，首先，高校教育管理制度没有以学生为本，制度刻板和形式化，造成在管理过程中受到大学生内心的消极抵触，损害了学生的学

① 张海英．新形势下高校教育管理的现状与机制创新［J］．科学大众（科学教育），2018（12）：144-145.

习和科研热情，致使许多学生沉迷于网络，学习倦怠，影响着未来的发展。其次，地方高校的管理制度不够科学合理，在对学校教师和科研人员进行管理时，缺少科学合理的教师分配制度、评价制度和激励制度等，无法对教师的教学工作、科研工作和社会服务工作起到有效的促进和引导作用，不利于提升学校教师教学、科研和服务地方的积极性，也在一定程度上阻碍了教师队伍的健康发展，以及高校综合实力的提升。最后，地方高校的管理制度缺乏学术性，在制定管理制度时，过于行政化，没有考虑到学术性和服务性。学校的终身制也对地方高校的教育管理制度起到了消极作用。终身制消减了教师之间的竞争，不利于教师能力的提高，加之地方高校中有很大一部分教师是通过外聘的形式进入学校的教育和科研工作中的，使得学校的教育管理工作缺乏稳定性，影响了教师队伍的团结和合作。

此外，地方高校的行政管理岗位职责分工不够明确，尤其是在行政人员管理方面分工不均。由于高校行政管理岗位的性质，一些岗位具有交叉性，或者缺少相应的岗位。因此，行政人员在工作时可能存在清闲怠工与过分忙碌之间的矛盾，使得教职工产生不平的心理，影响学校的行政管理工作。有些地方院校甚至没有设置管理地方服务工作的专门机构和部门，社会服务和地方服务工作缺乏统筹和管理，也大大影响了社会服务的水平。

3. 评价与激励机制方面

高校的评价与激励机制是师生进行教学、科研和社会服务工作，提升工作和科研的积极性，引导学校健康发展的重要制度保障。地方高校现有的评价体系较为单一，激励政策也没有到位，影响了高校师生的工作、学习和实践的热情。地方高校服务地方能力的提升需要有科学有效的考核和评价机制，社会服务不仅涉及收益和需求的问题，还涉及区域创新系统中的各个主体对高校人才培养、科研工作、社会服务活动全面的监督和评价。因此，高校内部对教师的考核和评价不能只注重论文数量、科研成果、申请课题的数目等，还要探索更为全面、合理的评价体系。此外，高校教职工的职称晋升制度也要杜绝只重数量、不重质量，只重科研和论文、不重教学和社会服务，只重成果、不重成果的实用性转化等问题。对于学校的绩效管理方面，应进一步提高绩效制度的科学性，建立应用研究和基础研究同等的考核体系，完善分配政策。

对于学生的评价和奖励，也存在单一化和刻板化的问题。高校过分强调学业成绩、品德教育成绩等分数，忽视了学生的学习兴趣、学习热情，对学生的实习、实训和社会服务等方面的关注不够，许多高校并未将社会服务纳入学生的评价体系之中。因此，探索和建立以学生的学习质量和实践能力并重、过程评价和结果评价结合、学校与企业共同参与的多元评价机制十分重要。

总之，这些高校内部机制上的弊端既制约了地方高校社会服务的提升，阻碍了地方高校在地方经济社会发展中发挥带动作用；也不利于学生的就业和高校自身的长远发展。同时，地方高校还存在着社会服务高层次智力资源相对欠缺、为地方政府和企业提供的科研实力等服务能力层级较低、针对社会服务进行的人才培养层次较低、成果转化率极低、大学科技园建设亟待加强建设和发展等多种问题。因此，必须从机制上改革地方高校社会服务和地方服务的制度弊端，构建和创新科学有效的地方服务机制。地方高校作为区域创新系统的主体和重要组成部分，要对其社会服务机制进行创新，必须要分析区域创新系统内部机制的环境，有的放矢地提出意见和建议。

7.2 区域创新系统的内部机制创新环境

地方本科院校服务地方的机制创新是一个复杂的整体，具有相当丰富的内涵：地方本科院校的发展必须以本地区基本情况为基础，利用自身优势，形成自身特色来发展地方经济。而实现地方本科院校快速发展的途径之一就是构建合理、高效、有序的区域创新系统，在此基础上进行地方本科院校服务地方的机制创新。因此，本书所涉及的机制创新，指称在区域创新系统理论指导下，以地方本科院校为服务地方，与区域各子系统要素以及区域创新主体之间相互作用的过程和方式的创新，具体通过驱动机制、协调机制、约束机制和保障机制四个方面体现出来，包括服务理念创新、激励制度创新、组织机构创新；协调发展机制的制度系统、协调主体的组织构成与机构设置、协调战略的拟订、协调主体的手段设置和监控机制创新。

7.2.1 机制创新的内容与目标

1. 机制创新的内容

区域创新系统，就是创新主体包括地方政府、高等院校、企业和服务中介机构，在一定的开放地域空间主体之间以及主体与创新环境之间相互联结、相互作用而实现协同效应，提升创新能力，并对内外部环境、经济社会产生影响。从地方区域创新系统而言，机制创新也就是机制的形成过程。机制是整个区域系统内、外诸要素相互联结、相互作用、相互制约关系的总和。机制的创新可以通过改革体制和制度的方式实现，即体制和制度创新的目的是形成更加有效、合理的机制，[①] 机制的创新是制度和体制的内化。区域创新系统犹如生态系统，是不断地适应性的发展演化。因此，机制创新就是区域系统内在机能和运转方式不断追求创新的过程，是由政府协调拉动、以地方高校为核心、以企业为创新动力、以中介服务机构为助推力加之环境的推动力，[②] 不断完善内部结构，通过创新方式不断适应内外部环境要求的演化过程；在现有资源基础上，通过各种创新手段合理、有效地配置资源、协调创新主体决策行为、约束反馈行为以实现组织功能优化的行为过程，增强整个系统竞争能力的一种创新活动，也就是解决运转怎么灵、协调怎么通、事情怎么办、流程怎么定的问题。[③] 创新主体内部的创新机制的核心实际上就是利益分享机制，各部分利益达到最大化，从经济学的角度来讲，达到了帕累托最优，这样才能保证持久的协同合作。

正如上文所说，地方高校服务地方的机制可以分为外部机制和内部机制，因此，机制创新也可以从外部和内部两方面进行。在外部机制方面，首先应建立科学的宏观调控机制，努力探索和协调中央、省两级政府的相关部门与地方政府、社会和地方高校之间的关系，并完善其对于地方高校服务地方工

---

① 李景鹏．论制度与机制［J］．天津社会科学，2010（3）：49-53.

② 张向阳，党胜利，刘志峰．京津冀区域经济生态系统运作机制研究［J］．企业经济，2009（06）：45-47.

③ 薛浩，薛志谦．运行机制创新是建设高水平地方高校的源动力［J］．中国成人教育，2011（23）：32-34.

作的调控方式和手段，建立健全中央、省和中心城市协同的高等教育三级办学体制，保障高等教育的健康发展。其次，从政策和法律上鼓励地方高校为地方社会经济发展服务，调动地方政府举办、管理、统筹、参与本地校企合作的积极性，对地方高校实行省与地市共建、共管的相关措施，制定促进高校科技成果转化的政策和法规。山东省各城市应积极兴办或筹建地方大学和大学城，制定政策和法规，促进政府、企业、科研单位等充分利用地方高校提供的人才、技术和智力支持。地市政府、社会各行业要善于利用本区域高校的人才、智力支持，促进本地区、本行业经济发展。但实际上，大多数地市并没有很好地依靠和利用本地市高等教育的人才和智力支持。再次，要制定地方高校的社会服务评估体系。要改变以往单一地局限于对高校办学条件、人才培养水平、科研水平的评估，增加对地方高校社会服务、科研成果转化率、地方居民满意度等评价指标，对地方高校在地方发展中的实际作用和影响力进行考查和评估。最后，要充分利用经济杠杆原理，引导地方高校为当地社会和经济发展服务。省、市政府也要相应地加大对高校的拨款力度和资金支援。地方社会经济结构的复杂性，使地方在进行人才培养和科技输出时也面临着多样性的需求和挑战。政府的引导和经济支持有利于地方高校应对多变的经济条件，提高抵御市场风险的能力，从而提高地方高校服务地方的魄力和积极性，更好地为地方发展而服务。

从本书的角度来讲，地方本科院校服务地方，是通过与区域各子系统要素之间相互作用的过程和方式的创新实现的，因此，高校内部机制的创新与改革是本书关注的焦点。地方高校内部机制创新具体通过驱动机制、协调机制、约束机制和保障机制四个方面体现出来。

2. 机制创新的目标

威斯康星理念的创建者，美国威斯康星大学原校长范·海斯说："州大学要为州的发展服务，而州也要为大学提供各种基础服务，这是作为州的责任，两者的紧密合作是创新的动力。"以这个理念为推演，地方经济发展的质量直接与地方高校有关。社会需求是企业教育需求和国家教育需求的统一，企业教育需求体现在对不同层次和类型的劳动力和专门人才的录用以及为在职员工提供的各类培训上。而国家对教育的需求则是国家鉴于经济社会发展，要培养各类劳动力和专门人才而产生的对教育的需求。我国现阶段无论从国家还是地方都出现了高校培养毕业生不能与社会经济建设契合的情况，大多数高校毕业生“眼高手低”，实践能力差，就业选择面狭窄；另外，有些人直接选择出国深造，但是回国人数与出国人数显然不成正比例，人才外流十分严重，还造成严重的资本浪费。这些问题的原因追其根源就是现行的体制问题，教育体制和培养机制的模式化、僵硬化，区域协调沟通相对缺乏。对于地方区域系统来讲，解决这些问题最根本的就是进行内部机制的创新。

创新系统的参与者之间以及与周围环境之间的互动，在满足自身利益的情况下，都受到共同目标的驱使，这个目标也就是机制创新的过程，即主体之间通过共享资源、相互合作、协同发展，将知识技术创新内化为区域经济增长的内部因素促进产业升级和优化，[①] 形成强有力的区域创新聚集[②]和协同效应，以强化自身和整体持续的区域创新增长能力[③]和创新机制的持久性[④]。区域创新系统的机制创新促使高校立足地方实际，根据地方特色促进高校把高新技术、高新技术人才、科研成果与地方企业的生产能力及市场能力相结合，充分发挥协同创新的优势，促进创新要素合理的流动、资源有效的配置。地方政府的协调组织有利于高校更准确地把握市场的需求，充分利用高校、社会和企业等多种资源，向社会输送“本土化”的人才，[⑤] 构建本地创新生态网络并融入国家创新系统[⑥]等中观层面创新系统。

区域系统有效地运作需要找寻一个“载体”，这个“载体”的形成既需要充分利用内部的创新资源，也要吸收外部的创新资源，并通过不断提升内部的创新组织结构，适应和改变外部环境。“载体”形成的过程既是区域系统

① 黄鲁成．关于区域创新系统研究内容的探讨［J］．科研管理，2000（02）：43-48.

② 夏光，屠梅曾．三区联动的内涵、机制剖析及理论演进脉络［J］．科学学与科技技术管理，2007，312（9）：102-108.

③ Loet Leydesdorff，Martin Meyer. The Triple Helix Model and the Knowledge-Based Economy［J］. Research Policy 2006，Vol. 35，No. 10. page：1441-1449.

④ 周春彦，李海波，李星洲．国内外三螺旋研究的理论前沿与实践探索［J］．科学与管理，2011（04）：21-27.

⑤ 潘镇．构建高校联盟合作机制服务地方经济发展［EB/OL］．龙虎网，http：//qx. longhoo. net/2012-03/25/content_ 8810333. htm，2012-3-25.

⑥ 隋映辉．城市创新系统与城市创新圈［J］．学术界，2004，106（03）：105-112.

内部个体和整个系统相适应的动态变化的过程，也是区域系统保持持续发展的过程。区域内部机制创新的目标是聚拢社会资源，形成大范围的创新集聚，[①] 促进区域经济的产业结构优化和升级，从而为区域内创新产业链的形成建立基础。良好的协同聚集效应能够使高校科研成果向区域内部和外部进行延伸和辐射，减少成本，提高创新能力，为地方经济更好地服务。

7.2.2 区域创新系统内部机制创新的环境

区域创新系统内部机制的创新环境，是发展创新技术所必需的社会环境，是指在某一特定区域内业务上互相联系，在地理位置上相对集中的利益相关多元体共同参与组成的以横向联系和纵向联系一系列长期交易为主的正式和非正式的交流的动态开放系统，而内部相互作用、相互协同整合配置资源的方式就是系统运行机制。

2011 年胡锦涛在清华大学百年校庆大会上发表重要讲话，明确提出“要积极推动协同创新，通过体制机制创新和政策项目引导，鼓励高校同科研机构、企业开展深度合作，建立协同创新的战略联盟，促进资源共享，联合开展重大科研项目攻关，在关键领域取得实质性成果”。这是领导人第一次从国家战略高度对产学研协同创新提出新的要求，也对区域创新系统提出了更高的要求。从过程上来讲，区域创新系统各主体要素之间的协同作用就是内部的机制创新。机制创新需要环境作“温床”来支撑创新系统的合理、有效地运转。从这个区域系统来看，环境因素可以分为硬环境、软环境[②]和外部环境。硬环境主要包括支撑创新系统的创新平台建设、中介服务机构、基础设施建设以及交通条件的建设等；软环境主要是制度环境、文化历史因素、市场环境、财政税收法律咨询等政策法规以及激励机制等；另外还包括参与国际竞争与合作的外部环境，从区域创新环境中能够得到及时信息，完善的基础设施，获得配套的创新相关的服务。

---

① 夏辉，夏光．“三区联动”创新网络在城市创新系统中的地位探析［J］．中国软科学，2008（10）：73-78.

② 李瑞丽．高等教育研究机构（HEI）在促进区域创新网络形成中的作用分析［J］．科技进步与对策，2008，（11）：219-221.

区域系统的组成要素政府、企业、地方高校以及中介服务机构在区域创新系统中各司其职而又相互合作协调，区域创新系统的结构决定了创新系统内部的运行机制。① 其中，政府是区域创新的政策、法规制定者和区域环境的管理协调者，此外政府能够承担一部分经费的支持、基础设施建设和区域创新的相关风险，并能保障区域创新系统合理有序地运行；企业是区域创新的资金和设施的提供者，也是创新技术的吸收者，能够为科学研究提供支持和实验平台，也能够敏锐地洞察市场的变化情况；高校是区域创新的人才储备库，是区域创新系统的知识源，决定着区域创新的可持续性和深度，是区域创新的核心要素之一。中介服务机构是联系各主体要素之间的“桥梁”，提供法律、知识产权、知识培训等信息的发布，畅通区域系统内部信息流，有效配置资源。

7.3 地方本科院校服务地方的驱动机制创新

地方高校服务社会是指大学通过人才培养、科学创新研究，借助于区域创新平台积极服务于经济社会的发展。在区域创新理论视角下的服务驱动机制，② 可以归结为利益共享的驱动、创新技术复杂性和可转换性，以及知识的有效溢出。也就是说，区域创新系统在运行过程中，区域创新系统的创新主体——地方本科院校和企业，在驱动要素的作用下所进行的相关技术创新活动，使其与所处的区域环境系统内部的其他参与主体发生相互联系、相互协同，与外部环境进行资源和创新知识的交换，整合资源优势，促进区域创新能力的提升，推动创新系统与经济演进、共生发展，最终实现协同效应和持续创新的动态过程。关于地方本科院校服务地方的驱动机制创新，中国高等教育学会副会长张大良在高校服务国家战略和区域经济社会发展研讨会上就地方高校服务区域经济社会发展提出了如下建议：

---

① 杨剑，杨锋，王树恩．基于系统动力学的区域创新系统运行机制研究［J］．科学管理研究，2010，28（04）：01-06.

② 何亚琼，葛中锋，苏竣．区域创新网络中组织间学习机制研究［J］．学术交流，2006（02）：63-65.

一是贯彻落实全国教育大会精神，以习近平总书记关于教育的重要论述为行动指南，结合国家发展战略，调结构、搭平台、创载体、建机制，全面提升高校服务国家战略和区域经济社会发展的能力；二是坚持需求导向，改革和调整学科专业设置，着力打造一批地方（行业）急需、优势突出、特色鲜明的学科专业；三是充分发挥高校科研优势，加快学科链、科技链、创新链与产业链、服务链紧密对接，加强产教融合、校企合作，加快科研成果转移转化；四是积极构建协同创新体系，建立产学研协同创新机制；五是发挥人才资源优势，凸显高水平新型高校智库的资政功能，搞好资政、咨询服务。

地方高校服务地方既要有外部的压力，更要有内部的动力；既要有外部环境的支持，更要有学校自身的内在发展要求。因此，提升地方高校服务地方的水平，需要对高校的内部动力机制进行创新。而高校的内部动力和内在发展要求取决于学校对于自身定位、发展目标以及社会贡献的重视程度等因素的认识水平。进行动力机制创新时要从地方高校教学、科研和社会服务三项职能的内部关系、高校与地方的外部联系，国家、省、市政府和地方社会对于地方高校的要求等几个方面入手，提升地方高校进行社会服务和地方服务的认识。

7.3.1 服务理念创新

1. 创新服务观念

长久以来，地方高校给地方造成服务观念差、组织系统僵化、服务体制不完善、专业设置狭窄，服务地方的基础薄弱的印象。虽然地方政府、高校和企业在服务地方的实践中做出了不少努力，但实际上地方高校还是普遍不重视社会服务这一职能，尤其是教师仍然以没有经济效益、事不关己和放不下知识分子的清高思想为挡箭牌，[①] 没有参与社会服务和地方服务的热情。高校领导和师生服务理念的落后制约着高校服务地方的机制的设置。这就要求地方高校树立产学研用协同创新的服务理念，以体制机制改革为重点，以政

---

① 张应强，肖起清. 中国地方大学：发展、评价与问题［J］. 现代大学教育，2006（06）：01-04.

产学研用协同为手段，以科研创新为路径，以高等教育体制机制改革为支撑，依托优势学科群和人才优势，增强人才、学科、科研三者之间的协同与互动，助推地方经济的发展。在这一理念的统摄下，地方高校应树立与地方企业、行业、政府、组织进行合作的正确观念，以及服务地方科技创新和社会经济发展的目标。地方高校在对学科布局和课程的设计上也应该转变服务观念，将自身的办学优势和地方经济社会发展需要有机地结合起来，创新服务理念，促进服务地方持续的应用技术创新、科技研发和应用型人才培养。① 为了更好地促进地方高校内部的管理和制度创新，学校的领导和教职人员应该积极地规划、设计学校的发展定位、方向、目标，认清自身优势，树立更加科学、合理的教育理念和学校管理理念；同时，以满足地方社会发展需求、鼓励科研和创新、提高教师的社会服务意识和学生的综合素质为目标，为地区提供人才和智力支持，促进地方发展。② 高校的社会服务工作不是权宜之计，而是高校长远发展的重要组成部分，地方高校在进行社会服务和地方服务时需要有长远的眼光和打算。既要避免消极应付、照搬照抄的错误理念，也要避免盲目跟风和追逐眼前经济利益的错误行为，以长远发展的态度正确对待学校的社会服务工作。

地方高校可以依托当地的经济发展状况、产业结构特点、地方特色以及地域文化筹划自身的学科建设；应加强与企业和地方政府的联系，与政府合作建立项目对接制度，参与政府相关的重大决策的咨询，专家积极参与制度设计，与政府合作共同开发项目；与当地特色龙头企业或者新兴企业联合优化课程的设置，促进人才的交流和合作，为教师和学生提供深入实践的机会，也为企业员工提供技术指导和学习机会，使学校的学科布局与地方经济社会发展接轨。地方高校要与企业形成合作联盟和重要的伙伴关系，与区域市场进行对接。尤其要关注以民营企业等为主的中小企业，培养有针对性的社会急需的人才，形成地方高等院校与区域政府、企业互利共赢的局面。例如，

① 张协奎．构建服务地方经济的科技创新体系提升区域创新能力［J］．中国高校科技与产业化，2006（06）：125-129.

② 张海英．新形势下高校教育管理的现状与机制创新［J］．科学大众（科学教育），2018（12）：144-145.

2011 年迁入蓬莱的济南大学泉城学院作为一所独立学院，在迁入蓬莱的第一年就积极与当地政府沟通合作，抓住蓬莱葡萄酒这一产业发展的特色和优势，开设了葡萄酒营销专业；而且依托大众报业集团开设了传媒经济、广告学等课程，并且承办了葡萄酒品酒师专业资格考试等。这些成果离不开学校领导对地方经济发展的重视，离不开学校改革社会服务的理念，也反映出服务理念创新对于地方高校发展的重要作用。

2. 创新服务形式

为服务地方社会经济发展，不同高校采取了不同的服务模式。一是单一行业的服务模式，高校将服务内容集中于某一特定领域，有针对性地利用自身优势进行社会服务。此类模式的服务对象明确，服务范围较窄但相对稳定，能够针对这一领域的问题和发展需求，提供及时、准确、快捷、持续的服务和支持。二是多领域的服务模式，即高校根据自身的学科特色和优势，选择几个不同的行业领域作为重点服务对象。这种模式的服务范围较广，能够促进学科间的交流与融合，为不同产业和行业提供社会服务。三是全方位的服务模式，要求高校在服务地方的过程中，努力为本地区的各个领域和行业提供全方位、多层次的服务和支持，尽可能地提供系统全面的社会服务，但在实践过程中，由于要求较高，难以达到预期效果，而且针对性不强，难以保证社会服务的质量。因此，在社会服务和地方服务模式的选择上，不同类型的高校应立足地方发展需求和自身实际，切忌在发展中故步自封和好高骛远。

要整体设计协同创新的机制，实现区域的协同创新，关键在于促进大学、政府、市场三大子系统之间的相互融合。在传统的企业、政府与大学的关系中，企业主要是从公开的信息论文、期刊或演讲中获得知识，从学校获得专业人才的供应，高校与企业之间的互动并不多，政府发挥的作用也较小。① 为解决这一问题，要改变现有传统、僵化、闭塞的结构模式，坚持政府引导、高校主体原则，强化市场运作，确立企业的创新主体地位，加强各创新主体

---

① 汤易兵. 区域创新视角的我国政府—产业—大学关系研究［D］. 杭州：浙江大学，2007，12：38.

间的相互协同与适应，构建以企业为主体、整合高校优质资源的技术创新体系，以提升大系统的整体创新能力。要依靠政策、组织和服务，实现政、产、学、研等创新要素的深度融合，构建面向未来的技术协同组织体系及运行机制；实现人才、资本、信息、技术等核心要素的深度整合；推进科学化与精细化管理，使中心从单点优势发展为系统优势和集成优势，建设最适宜创新创业的协同创新中心品牌。

高校的重要职能是培养人才，普及科学知识。“大学如今也不再局限于定位‘学术孤岛’，而是延伸至与产业界、政府和媒体等更紧密联系的机构网络生态的一部分。”[①] 高校不能关起门来搞科研，不能“闭门造车”，正所谓“闭门造车出门不合辙”。高校在完成教学和科研工作时，还要时刻关注地区周边的关系，加强与地方政府、企业、各类组织团体以及中介机构的联系与合作。地方高校给区域系统提供的不仅是学术论文、科研报告，还要着眼于区域经济社会发展，提供具有转化能力的科研成果和创新技术，以企业生产化科研成果为纽带，以服务地方为最终目标，提供成熟的创新技术和相应的专业人才。地方高校应加强科技项目攻关，鼓励内部各学科、专业互动，相互补充，促进不同学科之间的交叉融合。地方政府应鼓励和引导高校之间进行跨学校的课程和科研互动，取长补短，分散创新风险，共建优势学科，形成合力，共同促进地方高校的发展，提升服务地方的能力。目前，高校的许多科研成果不能与市场接轨，成果转换率低，无法产生直接的经济效益，加之相关保障机制的缺失，极大地打击了高校师生从事知识技术创新的积极性，也直接导致了科研资源配置效率的低下，使得高校创新资源的优势未能很好地转化为地方经济优势。因此，对于创新体系的内部建设，应该有意识地建立以高校为中心，以教授、研究生进企业，企业管理人员、科研人员进学校为载体，以职业教育、培训机构、咨询为依托的成果推广体系。[②] 在高校内部，以地方发展需求为突破点，发挥创新的骨干作用。此外，企业尤其是中小企业是自主创新和经济发展的中坚力量，山东省地方高校还要主动加强与

① 刘福才．大学智库文化的特质及其培育［J］．教育研究，2019（2）：94-103.

② 孙希波．地方高校在区域创新体系建设中的作用与参与机制［J］．黑龙江高教研究，2009（07）：22-24.

中小企业的合作，以专业化和弹性化的方式共同进行技术创新，帮助中小企业解决生产难题，促进新技术的应用和传播，开发新产品、新工艺，创新管理模式，增强市场竞争力。

3. 创新以市场导向的科研课题申请

据统计，我国科技成果实现产业化不足5%，严重偏低。科技成果转化率大约25%，为何真正实现产业化的不足5%？实际上，科研成果转化率低的问题贯穿于成果转化的整个过程之中。地方高校是技术创新的源头，但是大多数地方高校的科研人员在立项时就脱离了市场和实际生产，没有进行相应的调研，盲目追求课题的数量，忽视质量和实际，以致课题的立项缺乏创新和实用性。尤其是与国家部属高校和重点院校相比，地方高校教育资源匮乏，科研能力和综合能力较弱，所以项目经费不足，申请的项目层次级别也较低。甚至有些教师只是出于支撑或者获取经费的心理进行项目的申报，而不是抱着探索创新和服务社会的心态。其研究课题的内容也是东拼西凑，没有创新，所以在现实中没有可转化性，这种恶性循环严重打击了高校教师的创新积极性。高校和政府对于项目的审批要把好选题关，非以市场为导向、企业社会需求为目标、创新性为基础的科研课题不予立项，慢慢摒弃教师的功利心理，逼使教师慢慢向市场和实用性课题靠近；鼓励教师走出校门开办相应的科技公司，学校内部予以相应的经费和制度上的支持，使教师与市场近距离接触；高校与地方企业进行长期沟通，建立长效的合作机制，分析市场的技术需求和明确企业的投资方向，基于企业和市场共同合作设立科研项目，有利于科研成果的产业化发展；科研转化后对相关科研人员给予相应的经济报酬，设立科研成果转化奖，公平利益分配，提高科研人员创新的积极性和热情。

7.3.2 激励制度创新

我国工科高等院校相较于理科及其他高等院校，较早与科技产业进行交流与合作。[①] 现在大多数的创新都集中在技术创新，以理工科应用型学科为主，以此为基础的创新能较快转化，产生社会效益。而文化社科类等基础研究的作用虽然不是现行的，但是可以为技术创新研究提供良好的创新环境，为技术创新提供精神上的动力。不同于欧美等国家，我国大学的主要任务是人才培养和科学研究，产业的任务是追逐利益，政府只起到调节或购买产品的有限作用；我国是社会主义国家，政府是社会的主导，产业和大学基本上是政府的下属机构，必须受到政府的协调和管理。[②] 因此，政府要担负起自身的引导和协调责任，扶持地方高校加大对基础学科的投入，改革学科组织制度，利用文化和社科学科潜移默化的作用营造科研学术和科研民主的创新文化环境，提高创新主体的创新积极性。创新激励制度，也就是创新的供给促进制度和创新的需求激励制度。前者通过对创新的供给方（企业和地方高校、科研机构等）的激励来促进创新；后者通过对创新的需求方（创新产品的购买者——企业、政府等机构）的激励来促进创新。激励制度的创新通过各种分配制度、管理制度、税收、担保制度的变化和调整，使创新参与者获得收益，提高创新能力。

1. 创新地方政府服务制度

现阶段科研成果不是以市场和效益为导向，导致研发与市场“两张皮”，浪费了大量的创新资源。在区域系统中，政府扮演着多重角色，既是创新研究的主要参与者，也是协调者和执行者。政府最重要的作用是为相关制度政策营造创新环境，提高创新的生产性应用。政府鼓励地方高校主动承担地方重大纵向课题，参与地方发展规划的制定，鼓励教师走出校园担任社会兼职，为政府和企事业单位提供咨询服务；通过洽谈、考察等组织程序每年在高校选派一批年富力强、有专业特长的科技人才充实到基层挂职，或任企业业务主管；将高校对地方经济发展的支撑作用作为对省属院校考核的指标之一，增强高校支持地方经济发展的意识；制定相关政策法规，对支持地方经济发

---

① 汤易兵．区域创新视角的我国政府—产业—大学关系研究［D］. 杭州：浙江大学，2007，12：56.

② ［美］亨利·埃茨科威兹著．国家创新模式：大学、产业、政府“三螺旋”创新战略［M］. 周春彦译．北京：东方出版社，2014，2：35.

展的优秀科技人才，在职称评定、晋职晋级等方面给予政策倾斜，鼓励优秀科技人才积极参与地方经济建设，科研成果转化后允许他们返回原学校或是教学单位，为其保留编制，解除他们的后顾之忧；完善科研成果产业化制度和转化体系，设立科研成果基金，降低成果转化壁垒，提高科研成果转化率；科研人员和高校教师、企业要了解有关知识产权法律、法规，政府要完善知识产权保护制度，以此对科研成果进行分类，针对不同的科研成果采取不同的转化措施。

充足的经费是创新的保障，也是高校顺利开展社会服务的条件。创新地方政府服务制度还可以从财政保障方面入手。地方政府应加大财政投入力度，利用政府购买、定向资助、项目补贴等多种方式引导和激励企业、高校以及社会力量参与到创新中来，促进政府、市场、高校等共同参与的多元投入机制的建设。政府还可以建立专项创新发展资金，并将其纳入财政预算体系中，为重点实验室、重点研究中心、重大课题和项目等提供更多的经费支持。① 此外，政府还可通过税收减免、奖励等财政优惠政策，鼓励区域创新，促进地方经济的发展。

2. 创新地方高校绩效考核制度

地方高校目前的绩效考核制度较为死板，片面追求科研成果的数量，忽视质量和层次，影响着高校工作人员进行科研工作的热情和参与社会服务积极性。因此，应改革高校的绩效考核制度，对教师的考核不能只注重发表的论文数量、成果报奖、申请的纵向课题的数目等指标。高校教师的职称晋升和绩效奖励，应考查其科研成果是否能够进行有效的实用性转化，否则不予立项纳入考核的体系。应倡导地方高校建立应用研究和基础研究同等地位的考核体系，完善现有的分配政策。对于横向课题和纵向课题的奖励和评价，应给予参与两种课题人员相同的福利待遇，甚至为了鼓励社会服务和地方服务，在某些情况下高校评奖可以更倾向于横向课题的数量和质量。将专利和技术创新成果转化率作为科研人员绩效考核的重要指标，激励研究团队与企业和相关的科研机构进行合作交流，鼓励教师走进企业，真正使科研成果适

① 朱静坤．高校科研创新团队的激励机制研究［D］．徐州：中国矿业大学，2018：43.

应市场需要，提高科研成果转换率，有效配置资源。拥有行政职务的高校教师，应该将服务地方作为考核指标，建立相应的激励机制，鼓励这部分教师积极承担相应的社会职责，[①] 对服务社会成绩优异者提供奖励，提高干部教师积极参与区域经济发展和区域创新机制建设的热情。

3. 创新人才培养机制，培养应用型人才

高校培养的人才最终要流向企业，企业对于人才培养的目标和质量是最有发言权的。因此，应该通过政府、企业和社会机构给予在校学生就业和创业指导，帮助他们合理规划自己的学业和职业生涯。高校在学科布局和课程设置上以创新应用型人才培养为主，以专业实践为基础，组织学生走出象牙塔，参与企业多内容和多渠道的实践活动，鼓励学生参与服务社会活动。高校要以地方为特色，与企业形成长期合作机制，进行人才定向式的培养，拉近高校和企业、市场的距离。在创新系统中，要从制度上利用好实践教学资源，形成高校、企业和地方政府互利互惠的双赢机制，否则高校的人才培养动机就可能变成一种外在的负担和压力，缺乏激励和配合，[②] 难以形成真正的“生产力”。

研究生是区域创新系统中不可缺少的一环。目前，许多高校教师在申请到课题之后，立项人只是参与项目的开始和结束，甚至根本不参与到项目中，大部分工作是由研究生完成的。但研究生参与高校的课题，很多只是完成导师的要求，在整个研究过程中只是个助手，对于为什么要参与这项课题，这项课题的目的是什么知之甚少，研究方向、研究方法甚至有些连立项的名字都不知道。研究生在科研活动中的劳动报酬很少，在整个科研活动中就是“免费劳动力”。教师大部分的科研工作只是申请课题、上传下达，导致科研成果“待嫁闺中”。[③] 这种情况在高校中十分常见，不利于高校科研水平的提高。这就迫切要求科研团队带头人和项目导师要积极参与到科研项目中，也

---

① 林仲英．地方本科院校服务地方经济社会发展的实践与思考［J］．咸宁学院学报，2009（5）：133-134.

② 张雷，徐凤兰．“三区联动”与高校人才培养机制创新［J］．教育与职业，2010（2）：20-22.

③ 陈伟．地方高校科研成果转化激励机制研究［J］．长江大学学报（社会科学版），2011，34（02）：133-134.

要鼓励研究生积极参与到整个项目中来，提高研究生对于当前科研课题相关的知识、方法和研究方向的认识，指导研究生进行科研活动。研究生作为思维活跃的一个群体，要认真听取他们的建议，获取相关的新思路、新方法；对于参与科研课题的研究生给予相应的报酬，而表现优秀的研究生应该拥有更多的机会，鼓励他们走进企业，和企业合作申请横向课题，从而提高其创新科研能力。科研活动既是学术活动，又具有经济效益、社会效益，还是培养创新型人才的重要手段。通过高校的科研工作，培养应用型人才是地方高校改革的方向。

在激励机制创新时，地方高校应给学校师生和科研人员提供足够的支持，在经费、时间、设施和信息等方面对其社会服务和地方服务工作进行鼓励和支持。改革现有的考核和奖励制度，探索量化途径，科学地评估师生参与社会服务、促进地方发展的成果和工作，并将这个方面纳入教师职称晋升和工资提高的衡量标准之中，对进行社会服务的教职工和广大学生提高物质奖励和提出表扬。将教师和学校科研人员的社会服务成果以适当的标准和比例折算成工作量，也可以适当地将学生的社会服务和实践作为学分的一部分，提高其参与地方服务的主动性。对于社会服务和地方服务带来的经济效益，应当给予参与者适当的经济奖励，或根据其贡献的大小按一定的比例分成。对于地方高校创办的企业，可以给予参与者专利或技术分红。对于科研成果的评定，不仅要重视科研成果数量上的增长，也要重视科研成果质量的提升，更要重视发挥科技潜力，促进科研成果转化为实际的生产力；将是否推动地方经济发展和社会进步，作为衡量和评价科研水平的一项重要指标，将科研成果能否产业化和社会化作为衡量科研质量的重要标准。① 对高校人事管理制度进行改革和创新，鼓励学校师生积极参与地区技术转移与知识协同创新等社会服务活动。首先，可以根据教师的不同专业特长、能力和科研兴趣，将校内工作岗位分为教学型、研究型、教研并重型以及实践推广型等不同类型，为高校不同特长的教师提供符合自身优势和兴趣的职业晋升通道，并且相应

① 王锡宏．区域高校社会服务机制的构建［J］．山东师范大学学报（人文社会科学版），2003（3）：122-126.

地改革考核、管理体系以及薪酬、激励体系。高校还应改革陈旧的岗位流动制度，为教师在各类岗位之间的灵活流动提供便利条件。其次，地方高校可以对发明人或团队的科研成果转让管理办法进行调整与改革，根据高校自身的实际情况，在法律范围内，尽可能地提高教师和学校科研人员获得创新、发明的相关收益，进而提升学校总体科研积极性。学校还应制定相关政策，引导、鼓励学校师生参与地方的社会服务活动，并对参与地方科技创新服务的优秀个人、团体进行表彰奖励，从激励制度上促进地方经济、科技和社会的发展。

7.3.3 组织机构创新

1. 创新高校组织机构，建立专门外联服务管理机构

创新的服务理念和制度需要行之有效的组织机构作为支撑，对高校职能进行重组和调整，让课程和科研以服务地方为基准点。高校组织机构要有一个科学的规划和管理，简化科研创新审批程序，消除权力分散和多头管理；为区域创新系统内部营造一种学习和文化中心的氛围，成立如斯坦福大学的HAAS社会服务中心这样的社会服务、社会合作部门或外联中心等管理机构，搜集企业和市场需求的人才、就业空缺、毕业生数量和技术信息，负责与区域内部各主体和外部资源接触沟通，建立与市场联系的直接通道，给予服务地方的组织领导与支持；从组织结构上创新服务机制，将有限的资源配置到最有潜力的专业、课题中，打破只有口号没有落实的怪圈；建立地方高校专门网站，不同于以往的大学官网，对高校的功能、特色课程和科研创新技术进行详细的介绍，而且要第一时间将科研成果信息对外公布，将其发展为拓宽高校的“参与”功能的组成部分，将高校的人才、信息和创新能力中心的功能辐射整个区域；① 把市场和社会成员视为高校“大家庭”的成员，强调高校的归属感，以人文创新影响区域和社会成员，把握区域经济的发展趋势，满足地方政府和企业的技术需求、重大区域远景决策制定和发展的需求，促

---

① 徐梅，孙立群，翟洪江．地方大学的创新与区域经济社会发展适切性研究［J］．东北大学学报（社会科学版），2010（04）：01-03.

进社会的和谐。

2. 地方高校与地方政府“联姻”

地方高校与当地政府、企事业单位进行“联姻”，优化组织结构，简化组织层级。不同的职能部门进行融合合作，帮助高校迅速了解地方区域经济发展方向，从而进行创新人才培养机制和学科设置。

成立校地合作办公室，协调高校与地方政府之间的联系。首先，各地方政府及部门根据区域经济社会发展的实际，广泛征求辖区内所有企事业单位的服务需求，提出所需人才的方向、需解决的具体技术问题，以及需要开展的合作项目，以书面申请形式立项。校地合作办公室对各类服务需求进行汇总和分类后，将服务需求信息在地方高校集中发布，各地方高校在此基础上组织遴选相关人才或团队，将地方服务需求落实。其次，在校地合作办公室的统一协调下，将地方高校科研团队及教师服务经济社会的能力和方向进行登记、统计，结合专业特点和服务相关意向，提出对口服务的具体领域和方向的专业人员信息和科技服务信息，经由校地合作办公室向地方政府和部门发布和协调，加强地方高校服务地方的主动性。在校地双方均有合作意向的前提下，由校地合作办公室组织实际工作对接，并为积极促成双方的合作做好服务工作。

合作运行机制的建立对于促进地方高校与地方政府的合作起着重要的沟通、协调和促进作用，合作机制不仅包括领导层面机制的建立健全，还要在具体操作层面上落实协调协作，保持经常性的联系和沟通，以保证校地合作办公室运转的快捷和高效。同时，建立以整合利用地方高校人力、创新实验和政府政策、财政、法律等资源为目的的联合合作机制，建议设置重大研究团队合作机制，协调整合人才资源，挑选不同的学科专业人才组成课题攻关团队，解决校地合作中的重大研究课题，保证双方合作互惠互利。区域经济发展对技术创新的需求也亟须加大政府对于地方院校的投入，“产—研”相结合的创新机制促进高校科研投资的多元化，形成多主体、多渠道的投资高校科研的局面。

3. 创新地方高校与企业合作机制

创新校企合作机制，实现双赢。地方高校对社会和地区经济服务衡量的重要标准之一就是科研成果转化的数量和服务当地的效果。本科院校要有敏锐的市场洞察力，能够快速把握市场信息，将高校科研成果转化为生产力，使企业能抢占先机获得竞争优势，产生社会效益，增强科研成果和市场需求的协调性。高校的发展很大一部分受到经济发展的制约，制约着高校的办学特色、办学规模和组织结构形式；高校科研能力的转化帮助企业提高竞争力，获得前沿的技术能力，完善组织结构和层级。地方本科院校可以为企业输送人才，对企业职工进行岗位培训；企业也可以与高校以技术合同、兼并形式和技术联盟等形式进行技术研究与开发方面的直接合作，共同建立技术中心等。

地方高校和企业之间的长效合作机制，必须建立在高校与企业之间了解、信任的基础上，这样才能拓宽已有合作模式，寻求新的合作方式。企业投资购买高校科研成果或是知识产权，将对市场的把握能力转化为生产力，签订合同或者协议，以契约的形式可以排除信任、文化、道德责任等社会因素；[①] 地方高校可以邀请企业到高校参观交流，邀请相关人士到高校做学术报告或者共同发表成果，企业能够充分了解高校的科研水平和培养模式，高校可以向企业推广科研成果，以此形式入股企业，不仅提高企业的创新能力，而且能以求新求变的观念与社会同步，与需求同步；高校也可以组织相关人员去企业进行参观，为企业培训员工，借机了解企业的技术需求和自主研发能力；地方高校和企业合作共同进行课题的申请，共建科研机构，[②] 地方企业以资金、科研设备、科研场所的形式与企业合作，以合作管理、共同投资、共担风险、共享收益的原则[③]进行管理、组织、运营，科研成果可以直接转移到企业，缩短成果转化的周期，缩减相应的成本，提高科研成果转化率。整合学校的人力资源、科研能力和企业的市场和经济资源，由政府作为“牵线人”促进产学研相结合，使区域技术、人才、资金等在区域内高度聚集，更好地

① 方一兵，范旭．基于区域创新系统的大学与企业之间知识互动关系的实证研究［J］．研究与发展管理，2008，20（1）：110-117.

② 张海滨，陈笃彬．基于三螺旋理论的高校支撑区域创新体系评价研究［J］．东南学术，2012（01）：181-189.

③ 陈伟．地方高校科研成果转化与经济建设研究［J］．重庆科技学院学报（社会科学版），2011（08）：73-74，77.

实现成果转化。

校企合作，联合培养人才。鼓励各高校深入探索人才培养的校企合作，高校可以入股企业，以股东的身份参与企业运营，及时掌握市场需求信息和企业人才、创新技术的需求。学校通过优化内部管理机制，鼓励和支持各院系与企业建立人才供需信息定期交流制度；企业聘请高校专家进入企业，了解企业人才和技术的需求类型，以及企业自主创新能力，咨询企业管理专业知识。只有营造不重资历重能力、鼓励创新、容忍失败的创新氛围，充分发挥创新人才潜力，才能形成长久持续的创新能力。

7.4 地方本科院校服务地方的协调机制创新

地方高校的地方服务要健康、高效地发展，必须建立科学的协调和平衡机制，处理好人才培养、科学研究和社会服务三项职能之间的关系。高校的三项职能是相辅相成的，其中教学水平的提高能促进高校师生科研能力的提升和科研工作的顺利进行，通过教学向学生传输新知识和技能，又能促使教师的自我学习和进步；高校的社会服务和地方服务能促进学校教学与科研的发展，通过进行地方服务，直接了解社会的需要和问题，为教学和科研提供丰富的内容、信息和课题；而高校科研成果的获得，又能促进高校综合实力的提升，科研成果的转化也是高校社会服务的前提和方式。只有让这三项职能达到平衡与协调，相互促进，才能保证地方高校服务地方的正确方向，形成良性循环。①

目前，国内地方本科高校基本都经历过各种变迁，是高校扩招以来的“产物”。而这些高校一味追求传统老牌大学的办学定位，本来就存在学科专业设置不合理，原有的专业师资与水平不能胜任应用型人才培养需要的问题。加上这部分院校获得中央财政支持少，地方政府财力有限，学校自身吸纳社会资源能力弱，在实训、实验条件上也达不到要求，所以服务地方的创新动

---

① 王锡宏．区域高校社会服务机制的构建［J］．山东师范大学学报（人文社会科学版），2003（3）：122-126.

力非常弱，在某些方面是处于“心有余而力不足”的状态，这些高校基本上都应该向应用型普通高校发展。现在，山东省部分地方高校中仍然存在社会服务滞后，或者社会服务冒进，耽误教学与科研的问题，亟须对协调机制进行创新。在这种背景下，各地地方政府，作为在市场经济条件下特别的行为主体，拥有较多的创新资源和创新优势。这种特殊的身份就决定了政府的特殊职能——创新系统的主要协调统筹者，主要包括核心技术研发的统筹、扶持新兴产业、防止趋同化现象、创新激励制度、协调创新平台建设、构建完备的创新系统。

7.4.1 协调战略的拟定

在区域系统中，政府扮演着多重角色，既是创新研究的主要参与者，也是协调者和执行者，在系统中最重要的职能就是从宏观上通过政策制定调整创新发展的方向，帮助高校制定发展战略，营造创新氛围，为创新提供各种支持。

1. 协调地方高校发展战略

地方高校因其机构性质习惯于独立搞科研，缺乏科研成果向社会生产力转化的能力，而且高校教师很少主动走出校园，面向社会服务，即使有也是利益驱使。高校科研成果宣传和推广力度比较低，与政府、企业处于脱节的状态，缺乏有效的创新资源整合机制和互惠互利的战略机制。因此，地方高校要加强与地方的沟通交流，推动高校、企业和政府产业联姻，与地方合作制定长期发展的创新战略；统筹区域系统内部和外部资源，深入调研，改革服务地方的观念；成立专门的服务社会的行政管理机构，协调相关人员，制定服务地方经济和社会发展的战略规划；承担各种横向课题，以此为契机参与政府和企业宏观战略制定，① 带动科研成果向社会生产力转化，促使地方经济发展和企业自主创新能力提高。

有的高校为了朝着综合性大学发展，采用改建、更名或者合并的方式，追求“高、大、上”的办学定位，却将学校的特色改丢了。以山东省为例，

---

① 杨小冲. 地方本科院校服务地方经济社会发展的思考［J］. 曲靖师范学院学报，2008，27(2)：31-35，39.

一大批地方本科院校如聊城大学、鲁东大学、菏泽学院、枣庄学院、济宁学院、滨州学院等，这些学校更名前都是师范类院校，但是因为没有坚持原有的办学特色，加上办学资金有限，学科、专业设置不能适应经济社会发展的需要，造成了部分毕业生的就业困难。地方高校除了要明确自身办学定位、创新机制，还应借助外来的协调机制，提高自身的办学特色。基于资源、科研以及政府支持的因素，地方高校要打造自身办学优势，实施品牌战略，根据地方特色建立品牌或者特色学科，对这些学科实施优先扶持；高校要转变观念，将自身设定为区域发展大战略中的一员，是区域创新的中坚力量，创新办学体制，积极参与政府重大决策制定和战略制定，建立高校教授介入制度、项目共同开发战略、学校地方共同建设制度，① 形成系统内外主体互动、双向收益机制；根据不同区域经济发展状况，采取多元化的办学体制；地方高校要完善服务地方经济的评价体系，以自身的发展特色和资源为基点，以地方本科院校类型，如历史高校（名字更改后的高校）、合并高校以及新型高校为方向，根据其所处发展阶段和自身实际情况进行评价，② 不断发展办学特色、适应经济社会环境的变化，为区域经济发展贡献力量。现在，省内也出现了不少地方本科院校，已经开始有意识“纠偏”，学校名称不再追求“高、大、上”，而更追求高校的办学特色；学科定位更适应当地经济社会的发展，育人方式更具实践性。比如山东财经大学，由原山东经济学院与原山东财政学院合并组建时，保留了学校特色“财经”；齐鲁工业大学，由山东轻工业学院更名而来时，保留了学校的“工业”特色；由曲阜师范大学杏坛学院转型而来的齐鲁理工学院，也在校名上强调学校的“理工”特色。

2. 协调政府发展战略

地方政府应该在宏观上加以调控，将创新平台建设、大学城建设、高新产业区建设纳入地方经济社会发展战略规划中，提供各种优惠政策，有效整合、配置各种创新资源。区域创新系统应该建立完善的规章制度，对各行为主体进行约束。系统内部制定资源配置机制战略，在制定战略的过程中，要

---

① 徐成钢．地方本科院校区域经济社会服务体系的构建研究［J］．华东经济管理，2010，24(06)：75-78.

② 德拉高尔朱布·纳伊曼．世界高等教育的探讨［M］．北京：教育科学出版社，1982.

充分考虑区域系统各主体的意见，对于相关信息向各方及时披露，对不涉及机密的信息向系统外部进行公开，提高参与主体的积极性和资源配置效率，建立一个互信、激励和资源共享的资源配置机制。

政府应该积极与高校进行沟通，鼓励和支持高校有计划地组织跨学科专业甚至跨省市共建创新平台，探索合作途径，加强横向联系；通过资源共享、组织学习、合作研发等形式，从战略的角度完善区域系统的信任机制，创新合作模式，形成良性互动。拓展海外合作，充分利用跨国公司资源和合资企业加大对科研开发的投入，积极发挥海外资源在技术创新中的作用。德国将知识产品的服务与供应机制结合起来，引入第三方参与创新的战略体制，结合公共政策的倾斜和协调，将私人企业闲散资金、社会资本以及慈善等援助[①]聚集起来，弥补政府在公共财政支出方面的不足，改善高校科研经费短缺的现象。在区域战略的制定过程中，政府与地方高校、企业和中介机构积极沟通，结合区域创新系统实际情况适当引入创新系统外部资源，与内部资源融合，利用资源优势，使资源得到有效的利用。

7.4.2 协调发展机制的制度系统

沈阳仪表科学研究院庞士信认为，世界级的、颠覆性的创新需要高校、科研机构、行业企业协同参与，任何一个单独的个体都难以完成这一任务。[②]区域创新系统的构成主体——政府、地方院校、企业和中介服务机构看似是独立的单元，在整个系统中又似齿轮，和“链接带”完美契合才能发挥各主体的优势，聚集社会资源，产生集聚效应。

1. 完善协调制度，提高科研成果转化率

科研成果转化率低，不只是因为高校科研课题不适应企业、市场的需求，更重要的是转换过程中的“瓶颈”。地方高校和企业之间存在结构性和功能性

---

① 靳永翥．德国地方政府公共服务体制改革与机制创新探微［J］．中国行政管理，2008（01）：103-107.

② 单春艳．《服务地方经济社会发展的高校、科研机构、行业企业协同创新机制与机制研究》开题会会议纪要［EB/OL］．http：//www.clner.com/Article/Print.asp？id=19104，2012-04-05.

两种失衡现象,[①] 企业和高校不能形成强大合力进行创新研发，导致高校和企业未能有效地链接，未充分地使用创新资源，科研成果与市场需求对接性差，科研成果转化率低。政府通过税收和价格优惠、财政直接补贴等措施鼓励用户购买创新产品，以政府采购的方式直接购买创新产品，或者通过强制性标准和倾向性措施引导公众使用创新产品。[②] 这些政策措施也可以看成是对创新的补贴，但要以企业的创新成果表现为产品，而且是因技术优势而具有显著竞争力的产品为前提条件。

这种障碍不是简单地提供资金支持或者技术设备就可以跨越的，而是要政府、企业、地方高校和中介机构相互协同，集合各自的优势资源，合理攻关，取得创新的突破。要完善系统内部的学习机制，将单方面的、微观的合作学习提升到中观的整个区域的知识积累,[③] 而中介机构等服务机构和创新企业的更替演化为知识的流动和积累提供了相应的平台。政府作为区域系统的主要协调者，一方面要对系统的运行实行宏观调控和提供各种政策扶持，提供必要的组织基础设施，降低区域内信息交流和资源共享的成本，营造有利于企业和地方高校协同创新的环境；另一方面要主动接近市场，洞察市场信息的变化，调控资源使用效率，防止科研的重复研发和人才的浪费。政府要完善协调制度和保障制度，根据地方高校的实际情况给予工作人员奖励，制定相关优惠政策，支持创新市场培育，并鼓励参与的研究生能够到企业学习研究和锻炼，从制度上确保科研成果的转换；企业要积极参与到科研项目中来，鼓励高校和企业合作设立科研项目，双方实行分工协作。为促进企业积极参与技术创新，可对参与科研的企业给予政策、制度上的激励与奖励。政府对这种横向课题实行“优先审批，程序简单，手续费用减免”制度，从宏观上对课题、项目进行把关，鼓励规模实力较强的企业创办研发机构，既保证了科研经费的支持，又解决了课题成果的产业化的问题。

---

① 覃永毅．基于创新平台建设的地方本科院校创新能力转移［J］．经济与社会发展，2008，06（07）：184-186.

② 刘世锦，张文魁．以激励机制创新促进自主创新［EB/OL］．http：//business.sohu.com/20080204/n255068328.shtml，2008-02-04.

③ 王焕祥，孙斐．区域创新系统的动力机制分析［J］．中国科技论坛，2009（01）：36-40.

2. 完善科研项目立项审批制度

高校要构建开放、协同、高效的现代大学科研组织机制，完善协同创新机制，做实高水平创新团队，凝练研究方向，加强与国内外科研机构、行业企业合作，强化目标导向研究和自由探索相互衔接，形成研发合力，开展集体攻关。目前，地方高校的科研项目从立项到审批再到实施的各个阶段均存在诸多问题，急需科学制度的指导和保障。从教师方面来看，教师是高校科研的核心力量，教师和团队的科研能力以及积极性，极大地关系着高校整体的科研水平。许多地方高校的教师在科研立项上脱离市场，项目审批鉴定小组对于科研项目是否能为社会服务，是否能转化为经济效益也没有更多的关注。从科研项目立项和审批方面来看，科研项目立项似乎也与“熟人”有关系，往往这种立项较容易，一个项目发表三到四篇科研成果报告就可以结项。这种情况阻碍了地方高校科研水平的提升，造成了科研经费的浪费，也影响了其他教师的科研积极性。在这种制度下，地方高校只能围绕规定、要求进行立项，忽视市场需求。教师或是科研人员会竭尽所能去拉国家或者省级项目，而对社会和企业需求的横向课题并不关注。地方政府应该完善审批制度，项目的审批要以服务社会、具备相应的转化率为基础，否则拒绝立项；注重课题的创新性研究，用创新性的方法、思路解决社会问题，不是简单的东拼西凑的科研报告论文就可以结项；完善相应的激励制度，对有社会经济效益的课题给予奖励，除各种成果奖之外，还要给予相应的物质奖励；建立负向激励制度，也就是惩罚制度，发现抄袭、无创新性，不能进行有效的转化，要给予相应的惩罚。① 从制度的基础上彻底打消教师一味要求数量，而不是质量的观念，提高课题向社会转化的力度，体现科研课题的社会效应。

7.4.3 协调主体的组织结构与机构设置

地方高校应加强统筹管理，把社会服务和地方服务工作纳入学校工作的重要议程之中，由专门的学校领导专管或监管。在组织机构建设方面，应设

---

① 徐敬伟．基于三螺旋理论的江西高校创业教育研究［D］．南昌：江西财经大学，2018，6：19–21.

立全校性的专门的社会服务管理部门。学校党委要加强对学校社会服务和地方服务工作的指导，地方高校还可以定期地开展专题会议或组织研讨会，对学校的社会服务工作进行阶段性总结，广泛听取和采纳各方的意见。地方高校要制定好配套的体系化的地方服务和社会服务的管理办法和制度，对学校的社会服务工作制定发展规划，加强师资和人才队伍的建设，吸引和培养一批科研水平高、教学能力强、善于技术创新和社会服务的人才队伍。此外，还要加强校企合作，管理好校办企业，校办企业是地方高校直接参与地方社会和经济建设的重要途径，对高校社会服务职能的实现具有重要意义。因此，要管理好校办企业的运行和建设，大力扶植发展前景广、科技含量高以及经济效益、社会效益好的校办企业。

1. 政府扶持创新企业多渠道融资

众所周知，地方高校的科研项目大部分是地方政府拨款的纵向课题。国家、地方政府的拨款也是主要针对“211”“985”知名高校，地方普通高校由于历史背景、师资资源等方面的限制，很难得到政府的支持。项目的申请流程比较烦琐，需要填写大量的表格，去应付工作人员的各种要求。科研项目申请结束，已经筋疲力尽，根本无力专心搞科研，对科研成果的转化无意识，更导致科研开发与应用脱节。而企业有不思进取之嫌，缺乏创新的意识，尤其是中小企业，要么找不到新的发展方向，要么就会产生小富即安、怕承担风险的心理，放弃创新而改为技术引进，长期以来形成了对其他企业或是国家技术的依赖。地方政府是创新环境的协调管理者，应该创新科研课题的融资渠道，解决科研经费获得困难的问题。地方政府除了在财政经费、人力、物力上予以支持，还应为地方高校和创新企业尤其是中小企业创造良好的投资和融资环境，允许和帮助创新企业以股权的形式进行融资，设立科研经费专项基金，成立专门的机构帮助企业高校申请各种创业基金；与银行金融部门积极沟通，协助成立专项贷款部门，降低企业尤其是中小企业等融资门槛，拓宽融资渠道，积极地向风投公司或者上市公司推荐地方高校科研成果，广纳社会冗余资金，让有能力、有意向的机构参与到科研创新中；① 启动风险资金，让各类专业服务机构进入高新技术企业的服务领域，建立完备的证券市场体系，② 采用多种政策鼓励适时引入风险投资基金，鼓励高新技术产业实行股份转让，推进多元化投融资渠道的发展。③ 更重要的是，对于科研工作，地方本科院校更应重视服务企业科研需要。学校的使命既然是服务区域发展，就要重视支撑区域产业的当地企业的科研需求，创造条件为它们服务。师生在为企业解决难题的过程中，也了解了产业发展信息，并将之融合在教学过程中，为“教学过程与生产过程对接”提供了可能。

2. 搭建中介服务平台

从系统动力学的角度分析，区域创新系统是一个完整的区域创新集群，而区域创新能力的提高基于知识流、技术流、生产流、信息流和服务流等完整的产业链上。在整个动力系统中，服务环节相对比较薄弱，而这个环节却是知识交流和转移的重要平台。在区域创新系统（RIS）中，中介服务机构的作用就是参与创新资源的投入、交流，负责科研创新成果的转让、流通，积极帮助机构间的合作创新等，向各创新主体提供金融信贷、需求信息、产品、人才、技术、知识产权、法律咨询等创新要素的周转、传递、交换等服务。高校科研机构和企业对我国司法体系，尤其是与技术创新相关的知识产权法、合同法、专利法等了解程度不够，对双方的创新和转化工作造成很大的困难。而在国内也缺乏经验丰富的风投公司和投资者，对企业和高校的科研课题或者创新人才的培养缺少相应的资助和支持。④ 企业往往因为怕承担创新风险造成的损失，加之知识产权、法律意识等的薄弱对创新是力不从心。地方政府和高校要招募有社会活动能力，熟悉相关政策、法律和法规，对市场信息比

① 邓诗懿. 广东省区域创新系统中的产学研模式研究［J］. 经济研究导刊，2012（16）：172-173.

② 钱韦成. 地方本科院校在区域创新体系中的作用研究［D］. 南昌：南昌大学，2007.

③ 高彩宝，冯景艳，刘家英. “三区联动”是高校融入区域建设和社会发展的有效形式［J］. 研究与发展管理，2008，20（01）：135-137.

④ Rebeka Lukman，Damjan Krajnc，Peter Glavic. Fostering collaboration between universities regarding regional sustainability initiatives-the University of Maribor［J］. Journal of Cleaner Production，2009，11：1144-1153.

较敏感，有一定谈判技巧的人才，完善市场知识产权、专利权保护体系；积极搭建中介服务推广平台，打通创新成果通向市场的渠道，促使创新成果向商业化转移。这些中介机构不仅为高校和企业提供咨询、法律、会计、资产评估、创业、知识产权保护、信贷等服务，还可以为其搜集市场需求信息，制定配套的成果转化措施，承担专利营销和技术转让，[①] 完善服务体系建设。中介服务机构为区域系统提供创新活动需要的知识资源，降低了知识搜寻、流动和转移的成本，搭建起了连接供需双方的桥梁，将创新成果、知识资源等配置到最需要的地方，推进了产业集群的建设。

3. 创新科技服务体系，整合高校资源

创新系统内部的创新优势表现为基于创新主体的协同合作而产生的创新资源的聚集效应。我国目前区域发展的布局难以发挥资源的聚集效应，而布局的分散也使地方政府力不从心，财政倾斜和支持就少，难以发挥创新技术的辐射效应。系统内部要积极进行科技服务体系的创新，整合高校有效资源，建立大学工业园区、高科技孵化中心、产业实训基地等，建立以“企业为主体、高校为中心、政府为支撑、市场为导向”的科技服务体系[②]和“竞争、流动、开放、共享”的服务机制[③]，以提高自主创新能力、掌握核心技术、发展壮大知识产权储备为宗旨，依托科技服务中介，整合各种资源优势，组建协同创新平台，帮助高校最大限度地释放创新能力，促进区域经济发展。各地方本科院校可以借鉴兄弟省份创新服务体系的建设，结合自身本科院校特色，创新科技服务体系，促进高校之间的合作和资源共享。如 2011 年东北大学和中国科学院沈阳分院签订《东北大学·中国科学院沈阳分院人才培养及科学技术合作协议书》，双方在人才培养、科学研究等方面开展全面合作，以进一步促进高端创新人才培养、前沿高新技术研发及区域创新发展。这种整合是以地理上的优势为依托，整合区域创新系统各主体的优势，基于创新科

① 王旖旎，杨槟煌．地方高校科研成果转化的问题和对策［J］．福建论坛（社科教育版），2008（S2）：109-110.

② 霍刚．地方本科院校科技服务能力的评价研究［D］．太原：太原科技大学，2010，07.

③ 骆丹，华小梅，宋浩．高校科技创新平台建设的几点思考［J］．中国电力教育，2007（09）：22-24.

技服务平台，凸显资源优势，发挥聚集效应。

4. 搭建创新平台，整合基础资源，完善资源共享平台

区域系统的创新平台立足于地方经济发展，以高校自身优势为基础，以市场需求为导向，以机制创新为动力，能够打破时间和空间上的限制，整合人力、财政、技术等各种资源优势，为人才培养和科研创新成果转化服务。企业自主创新的能力与高校的协同合作机制等，是创新能力的集中体现。① 创新平台体系的发展，既为高校和企业系统的建设提供支撑，也是一种约束，发挥平台体系的作用，维持区域系统的平衡，② 就要各子系统之间相互关联，相互协调，产生协同效应。政府出资建立科研成果数据库，汇集高校科研成果，对各类成果进行分类总结，达到积极推广和宣传的目的。地方政府应对创新资源形成机制进行改革，面向区域企业、高校，开展网络化技术服务和管理咨询，谁投资建设谁拥有，对共享效益做出显著贡献的企业和机构给予奖励和补贴③，促进科技创新基础资源的利用效率逐步提高。地方高校要充分发挥自身优势和特色，主动对接地方经济社会发展和产业需求，优化学科专业结构，提高服务地方经济社会发展的能力。要摒弃综合性大学的发展定位，积极向应用型、市场型转变，改革的方向要淡化学科、强化专业，按照企业的需要，按照岗位来对接。必须在与社会需求同步的基础上调整学科和专业设置，重视双师型教师队伍建设，同时加强部分学科实训、实习条件。地方本科高校要以创新平台建设为契机，与政府和企业积极沟通合作，加快重点学科建设，积极培养新兴学科，创新研究领域，培养综合实力较强、学科交叉背景的人才。区域系统参与主体积极整合内外部资源，健全创新平台建设，④ 促进高校创新

① 覃永毅．基于创新平台建设的地方高校创新能力转移［J］．经济与社会发展，2008（07）：190-192.

② 李子彪，胡宝民，陈亮．地方本科院校与区域创新系统的协调度研究——对河北省和山西省的实证分析［J］．改革与战略，2008，24（02）：145-147，123.

③ 王亮．区域创新系统资源配置效率的演进规律与创新机制研究［D］．长春：吉林大学，2008，04.

④ 郑世珠．地方本科院校推进科技创新平台建设的几点思考——以福州大学为例［J］．科技与管理，2010，12（3）：138-141.

人才的循环和有效流动，促进科研成果的有效转化，提高企业自主创新能力和核心竞争力，帮助地方经济健康、有序、科学地发展。

7.4.4 协调主体的手段设置

1. 政府购买，规避创新风险

对于区域创新系统内部机制的研究不管是基于“产—学—研”“协同创新理论”，还是“利益相关者”理论，都要维持创新系统的合理运行，各参与要素之间必须能够相互协调，达到协同效应。实际上，系统内部经常出现知识溢出效应不明显，合作机制不完善，区域特色文化嵌入性较差的现象。作为系统运行的保障者，政府必须进行角色职能转换，由单纯的外部合作创新协调者转变为内在的积极参与者和保障者来解决这些问题。政府可以通过有偿购买科研成果等方式来调动企业和地方高校合作创新的积极性，[①] 政府采购要明确创新技术的范围，设立专项投资基金，集中投资强度和方向，改变“多处开花”的现象，将有限的资源最大限度地投放到高新技术产业和重大项目计划中。我国有学者曾经提出对科研成果采用购买制，也就是说政府转换投入方式，将原来科研进行之前投入的立项拨款改为以技术交易或政府采购的形式，附加高额利润购买科研成果。[②] 这样花钱保障创新的有效进行，能使高校和企业都获得相应收益，分散创新带来的风险，能产生市场的拉动效应，换来的是区域创新能力的提高和协同效应。

2. 资金扶持，提高科研成果转化

科研成果转化最大的壁垒就是资金的支持，将科研成果转化到实际生产中需要大量实验的尝试和实践的检验，这种转化企业怕承担风险不想做，有些企业是没有能力做，而有些是想做又不愿意投资，想“搭便车”；高校教师、科研人员等是没有能力做。而单凭一个教授或者研究员、院士，没有任何保障，银行也不能给他贷款，企业和地方高校是不能解决这个问题的。因

---

① 夏光，屠梅曾．“三区联动”的特征及演化动力分析［J］．同济大学学报，2008（10）：141-143.

② 陈玉川．区域创新能力形成机理研究［D］．南京：江苏大学，2009，06.

此，政府要加大力度激活中小企业的创新机制，[①] 提高中小企业和新兴企业的财政支持力度，除了财政政策倾斜，和企业合作设立科研项目专项基金也是一种可行的方法，这样既分散了企业的风险，为技术创新提供了经费支持，也解决了科研课题与市场脱节的现象。高科技具有良好的市场前景，也具有高风险，要以地方政府信用作担保，政府与金融银行系统进行积极沟通，成立专门的技术创新课题的融资渠道，创新金融机制和运行模式，简化贷款程序，给予优惠，为技术创新过程提供支持。

3. 政策制定，协调区域创新系统运行

政府协调区域系统运行，就是政府这只“有形的手”调整创新发展方向的问题。最基本的也是最重要的手段就是相应的政策制定，引导帮助区域创新系统的发展。现行的某些政策条款或者市场规则对高新技术产业可能已经成了一种阻碍，这样系统内部就不能形成有效的创新循环，政府应该发挥引导者的作用，完善相应的配套政策，调整、优化产业结构，引导产业结构调整符合经济发展实际，引导高校科研立项以地方特色为基点，引导创新主体朝健康、有序的方向进行；针对创新过程中创新主体主要的矛盾，像知识产权归属、专利权的获得以及科研成果转化的风险等，政府应该主张保护型和协调型政策，明确“产—学—研”产权归属问题，完善相关政策法规，保护企业、地方高校的合法权益；高校科研经费来源比较单一，地方政府政策倾斜力度不够，企业尤其是中小企业技术创新活动比较少，大都是重复性的产品生产，和高校基础知识的链接程度低，造成创新的滞后。政府除了提供相应的科研经费，还应协调高校与企业进行对接，形成长久的合作机制。政府还应引导和鼓励企业间互助性质的合作和相互的经费支持，以及共建独立运行的商业担保机构。[②] 政府要提供相应的激励政策支持，像税收优惠政策、利益分配政策等，鼓励企业投资高校的科技研究，为高校和企业的研发提供动力，激发他们的创新热情。

---

① 张伟．区域创新体系中产学研合作行为与微观机制研究［D］．武汉：武汉理工大学，2009，4.

② 李微微．基于演化理论的区域创新系统研究［D］．天津：天津大学，2006，12.

7.5 地方本科院校服务地方的约束机制创新

地方本科院校大学毕业生是就业最难的群体，据统计，就业率排名第一的是“985”高校，第二位的是高职院校，第三位的是“211”大学，第四位的是独立学院，第五位的是科研院所，第六位的是地方普通高校，[①] 这说明地方本科院校在向应用技术型和职业型转型过程中并不成功。对于地方高校来讲，除了创新自身办学机制，与市场、企业需求同步，完善协调机制，还要建立健全相应的约束机制，引导地方高校在转型的正确轨道上平稳发展。管理学中有一项非常重要的职能就是控制职能，保证组织各部门、各环节能按预定要求运作而实现组织目标的一项管理工作活动，也就是寻求拟订标准、寻找偏差、纠正变差。区域创新系统的机制运行是一个动态有机的过程，也是一项管理协同过程，任何环节、因素出现问题都有可能使创新产生偏离，导致创新成本的提高，降低区域创新的能力，所以同样的控制机制[②]也是必不可少的，对系统内外部环境进行适当的监控，保证创新活动持续健康地发展。这种控制是一种对区域创新目标和创新过程的控制，对内外部创新环境的控制，对运行成本和区域文化机制的控制，对制度体系和区域创新系统构成要素的控制，是对创新资源长期的整合和有效的配置。[③]

7.5.1 正确处理政府调节与市场调节的关系

教育部原副部长鲁昕说：“高校毕业生的就业率如永远在60%、50%左右，这所学校一定倒闭，而市场的力量决定你倒不倒闭。地方本科院校应该与社会需求同步，顺应地方政府的要求，假如盲目上马一大堆不实用的技术类专业，致使学校规模大但办学条件差，毕业生没有就业竞争力，为社会贡

---

① 中国教育在线．教育部2012年全国高校毕业生就业率排名［EB/OL］. http：//www. eol. cn/html/g/report/2014/report2. shtml.

② 彭星间．创新力与控制力统——企业持续发展的新思维［M］. 北京：中国商务出版社，2007：138-140.

③ 刘志峰．区域创新生态系统的结构模式与功能机制研究［J］. 科技管理研究，2010（21）：09-14.

献大量‘失业者’，这是一种不负责任、不理智的行为。”所以，对于地方本科院校来讲，要正确处理政府调节和市场调节的关系。地方高校服务地方的重要任务就是以市场和区域需求为重心培养人才，以及促进符合地方经济发展的科研成果的转化。以市场的需求来创新机制，必须处理好经济发展规律和教育规律的关系。市场是一张能够显示需求信息的“晴雨表”，要把握市场的“气象信息”就要建立相应的信息系统，与经济社会各阶层沟通接触，以此及时调整学科专业设置，生产“适销对路”的产品。地方高校一方面要积极应对市场的需求，另一方面如果盲目地依赖市场需求，就会出现“同质化”趋向，[①]“产品”趋同化会导致产品慢慢膨胀，降低社会效应，出现供给大于需求的问题。高校的服务产品从公共经济学的角度来讲是一种公共产品，具有外部性，所以兼有事业型和产业型的特点。单纯市场的调节具有滞后性，因产品的特殊性，还需要政府“有形的手”进行调节。政府应与社会各界进行广泛的联系，成立专项的联络机构，增强地方高校与地区经济社会的联系，掌握不同群体的社会需求，防止市场“趋同化”问题。政府还要引导高校避免成为脱离社会经济实际的纯粹的学术工厂。高校对于地方产业需求的理解不能仅仅局限于眼前的需要，还要充分考虑到产业发展的未来趋势，通过长远规划将学校的专业集群与区域产业集群进行对接；正确处理政府调控和大学自治的关系，把握区域系统发展的战略方向，弥补市场空缺，调节各参与主体变量，维系系统的有效运转。这都需要地方政府的宏观调控、财政政策和法规等的约束。政府应该适时对创新相关技术的规章制度、政策进行评估，[②]并适时进行跟踪管理，控制知识和技术创新的扩散范围，防止知识产权、专利技术的流失，[③]对阻碍或者有悖于创新原则的相关政策和制度适时地做出调整，提高技术的预见性，为区域经济发展做出更大的贡献。以山东省为例，山东省内有不少地方高校在处理政策和市场方面做得非常出色，如山东职业学院原名为济南铁道职业技术学院，作为山东省唯一一所以铁路行业

① 王楠，毛清华，冯斌．地方本科院校服务区域经济的模式创新研究——基于燕山大学的案例［J］．生产力研究，2011（3）：60-62.

② 冯根尧．区域创新体系的运行机制及构成要素分析［J］．广西社会科学，2006（07）：40-43.

③ 周正，尹玲娜，蔡兵．我国产学研协同创新动力机制研究［J］．软科学，2013，27（07）：52-56.

为背景的院校，学院铁路办学的特色鲜明，依托近几年来高铁、城际地铁的飞速发展，学校抓住机遇并结合自身骨干学科，充分发挥自身办学优势，围绕“五铁一专”的轨道交通行业开展合作，为毕业生搭台架桥，不仅促进了学校自身的转型和发展，还为地区行业培养了大量专业人才，促进了山东省铁路事业的发展。

7.5.2 监管创新资金来源和使用，杜绝浪费

一方面，政府支持高校、企业多元化融资，可以缓解财政经费压力；另一方面由于企业、高校急于获得投资，而通过非正常渠道获得资金，造成经费来源复杂。除了政府财政支持和科研项目专项基金，企业、高校要明晰每笔来自其他渠道资金的来源、数目，尤其是通过社会团体和其他入股形式的资金来源，每笔都要记录在案，对资金来源方的背景、相应的手续材料以及相关的法律、法规要有详细的了解和掌握；签订相应的合同、协议，以契约的形式规范资金的来源，以便以后有章可循、有法可依。政府更要发挥“国家警察”的作用，监控企业和高校的资金来源，尤其是重大科研项目和对区域经济发展有重大作用的项目，将其经费列入地方政府保护机制，给予其特殊的税费和政策优惠，扩充企业和高校相应的担保和退出机制，在出现问题的时候给高校和企业以安全保障，降低损失成本，以激发高校和企业的创新积极性。

当前，科研资金使用严重不当的现象在地方高校表现明显，而地方政府应该根据地方发展特色完善相应的地方法规、政策，加大监管力度，确实有价值的、有意义的才给予支持、审批和投入，最大限度地控制资金的流向，从制度上对科研资金的使用给予约束。政府在某些领域可以缩减资金投入，不必每年都将预设的资金全部发放，只选择合适的选题，在其科研过程中随时抽查其进度，认真审查其科研结果，对于造假的给予严重的处罚，收回投入的资金，避免由于信息不对称，发生项目反复申报的情况，一棵秧苗浇了很多水，其他的秧苗还干枯着；较大及巨大金额的科研项目申报环节必须有审计部门参与，将审计关口前移，工作在先，确保审计部门对项目的充分了解，特别是对项目预算科学性的精准掌握，专业化审计人员队伍，完善知识

结构层次，同时加大对违规使用经费的处罚力度；明确课题经费开支范围，建立课题经费分配使用机制，将课题经费分为直接使用费用和辅助使用费用，直接费用直接予以分配，而辅助使用费用是课题经费中扣除直接使用经费后按相应的比例予以分配。

7.5.3 监控社会文化的影响

高校是非营利机构，从体制上讲，大学是独立于社会的另外一种系统，是一个开放的系统，校园文化和社会文化会相互渗透、相互交流、相互影响。这种文化间的互动有利于两种文化的融合，取长补短，拓宽文化的领域，也有利于社会先进文化的深入发展。区域创新系统内部，高校与区域创新主体、系统环境协同合作，加之要素众多，有些不利于高校发展的消极文化可能会渗透到校园，影响高校学生的价值观，阻碍校园内部机制的正常运转。要处理好高校与社会各界的关系，就要在满足社会需要的同时保持地方高校的自治性，避免行政权力文化和科研学术权力的混淆。大学的职能一方面是为养育自己的社会服务；另一方面，又必须认识到大学不是营利性公司，不是政府的工具，不是急于在世界上用强力推行自己的各种极端观点的机构。美国哈佛大学校长德里克·博克认为："大学要'自治'，自治能建立内在固有的保护性质，防止大学只受某一集团控制的危险，防止严重错误判断的内在机制，能够防止政治骚乱的扩散；大学保持'学术中立'，大学在处理外界问题时要有冒险和主动精神，更富有生机，但不能成为一种公共的政治和经济力量。"地方高校要积极为地方经济社会发展建言献策，发挥学校人文社会科学研究的"智囊团"和"思想库"作用，屏蔽社会不良文化的侵袭，以正确的人文社会力量促进地方高校服务地方的发展。地方高校要整合学校人文社会力量，以服务社会、服务校友为出发点，搭建合作平台，积累和扩大人脉资源，寻找与地方社会发展和经济建设的结合点，搭建学校服务社会的桥梁，为学校更好地服务社会提供动力。[①] 例如，济南大学通过成立济南文化研究中心，加强对济南都市圈文化资源的研究，特别是在地方文学、曲艺、城市发

① 侯长林．应用型本科高校社会服务的理性审视［J］．职教论坛，2018（6）：6-11.

展史、饮食文化、文化古迹、民俗与非物质文化遗产等方面进行了系统研究，积极为繁荣发展济南文化事业、建设文化济南而服务。

地方本科院校要根据自己的办学优势、规模以及市场需求，精确筛选外界信息，杜绝不良社会风气侵入学校；合理选择发展路径，保持高校教人、育人的宗旨。在特色发展路径的选择方面，地方本科院校必须经过科学论证，确定自己的发展方向和路径，理智转型。不经周密调研、论证，一哄而上，在过去的教育发展过程中已有过不少教训，地方本科院校今后的转型发展应当引以为戒。

7.6 地方本科院校服务地方的保障机制创新

7.6.1 加强市场的调节作用

1. 市场调节人才培养机制

高校虽然是非营利组织，但有输入就有输出，高校毕业生就是高校的“产品”之一。产品要有市场，要“适销对路”，满足市场的需求，就应该研究市场，以市场需求为基点进行课程设置、学科改革，面向市场、面向区域进行人才培养。区域创新系统的技术创新产出最终是以市场为导向，区域主体之间的协同合作能够使产出在市场中获得竞争力。企业生产运行是以市场为驱动力，以创新技术等为连接带，加之地方高校的创新科研能力，形成持续的自主创新能力。地方高校则借助企业的创新平台，与市场进行连接，与社会对接，以地方特色为支撑，找准市场的定位，培养市场紧缺型人才，使科研成果有效地转化，促进区域创新能力不断地提升。企业最重要的资源就是人才，企业人才尤其是知识型人才的去留直接关系到企业创新能力、营利情况。因此，企业不能只注重成本，要适应经济的多元化发展和管理创新模式，培养特色优势人才。企业要加大经费投入比例，给更多员工培训、进修甚至是出国进修的机会，完善企业激励制度，培养有利于创新的企业文化氛围，使有能力的员工能以百分之百的热情投入到产品研发和技术研发中。

政府和高校应鼓励社会各界和各类团体参与到地方高校人才培养的决策和管理当中。企业、工会、中介机构、学生家长等不同组织和群体，代表着不同的利益需求，将他们的意见和建议纳入高校的人才培养环节，可以为高校的教学管理提供建设性意见和有效的监督，也可以为高校人才培养以及服务地方经济提供压力和动力，使得高校能切实调整专业和课程设置的方向，培养出符合地方经济发展实际的人才。以山东省为例，山东是全国生源最好的省份之一，但是省内只有山东大学、中国海洋大学和中国石油大学 3 所重点大学，教育资源很是缺乏，这也是导致人才外流的一个很重要的因素。积极推进知名高水平大学的建设，以济南、青岛为中心培养重点大学发展的基地，建设有山东特色又有学科优势的地方本科大学是山东省高等教育未来的目标。

2. 市场推动创新知识溢出的有效性

市场需求不断发生变化，对于企业来讲，新技术、新产品研发、管理模式的创新，以及制度创新等是保持核心竞争力的重要手段。企业除了通过自主创新发展新知识，还要不断进行技术累积和优化，知识的转移不是简单科研成果的交付，而是“溢出—消化—吸收—创新—溢出”的不断循环过程。在创新体系中，企业通过与高校合作研发或者通过行业竞争对手所产生的技术知识溢出来获取技术知识，再与内部知识进行二次整合产生新技术。① 企业和高校通过承担数以百计的纵向或横向科研工程任务，获得了经费支持，并占有知识产权或服务，从中获得利润，经济上的良性循环反过来又促进了技术上的良性循环；这个过程又造就了人才的良性循环，不断更新科研开发队伍，一大批优秀的科研带头人和创新技术人才脱颖而出，当技术累积到一定程度时就可以形成企业特定的技术能力，不断开发适应市场需求的产品和服务。例如，济南大学教育与心理科学学院开展了心理咨询、教师培训、面向劳教人员“1+1 帮 1”等活动；法学院与济南市知识产权局合作开展了知识产权人才培养；经济学院为日照莒县制定了产业发展规划；外国语学院与济南

① 桂黄宝．区域创新网络系统内部知识溢出的市场调节机制及溢出效率分析［J］．科学学与科学技术管理，2008（04）：107-111.

市外办合作，为济南市的外事活动提供人才支持；资源与环境学院为济南市水资源保护与监测提供技术服务；酒店管理学院开展了餐饮产品研发项目；管理学院开展了创新型企业建设和战略规划、企业文化建设咨询等活动。

知识的溢出分为显性知识的溢出和隐性知识的溢出，而隐性的知识是区域系统中创新技术成果产生的重要来源，决定了企业在市场竞争中的地位。不同于显性知识的易得性和公开性，隐性知识要进行交流，需要行为主体间高度的信任和了解，因此不同的区域文化和市场运行机制将会阻碍知识的有效性溢出。将个人社会关系和社会资本根植于区域创新系统的内部机制是市场推动创新的重要成果。① 在企业组织管理理论中要正确对待“非正式团体”，这种团体往往是信息资源的集中地。个人与企业、个人与高校、企业与企业、企业与高校之间总会存在着一些非正式联系，创新行为主体要合理利用这种关系，缩短各主体之间的距离，降低交易成本，这往往是隐性知识和技术创新知识转移非常重要的渠道；社会资本是人或者团体在社会结构中所处的位置给他们带来的资源，占有较多社会资本的企业和高校更容易获取知识资源和信息资源，隐性知识和技术资源能够在网络中顺畅地流通，最大化知识的溢出效益，促进产业集群化建设，从而降低创新过程中的不确定性，满足市场不断变化的需求。

3. 市场调节资源整合，推动创新平台建设

科技的交叉融合与技术集成，往往会促进重大的创新突破，这就要求打破学科专业之间的森严壁垒，以市场为主导，打造科技数据与信息共享的基础性条件平台。区域内各主体的外部组织中，创新平台具备各区域主体本身不具有的异质性资源和创新能力，平台的功能是以市场需求为基础，以知识共享、知识转移为支持，保障创新活动的顺利开展，其具有市场的灵敏性，能够自动感知知识缺口，产生知识转移的推动力，提高区域主体创新知识吸收的能力。② 就其实质而言，科技创新与基础条件平台是为了促进地方经济、

① 张艳，吴中，席俊杰．区域创新系统的内部机制研究［J］．工业工程，2006，09（03）：09-14.

② 简兆权，郑雪云．区域创新系统内部知识转移障碍及对策分析——以泛珠江三角洲区域为例［J］．科学学与科学技术管理，2010（05）：166-170.

科技重点突破和长远发展而搭建的具有公益性、基础性、战略性特征的平台。这一平台的建设要以全面提高科技创新能力和增强核心竞争力为目标，以建立科技共享机制为核心，以资源系统整合为主线，充分运用现代信息技术，利用国际、国内资源，利用市场调节功能，实现各生产要素和资源的优化配置。科技创新与基础条件平台可以为区域主体提供综合性服务，推动地区高技术的产业化进程。通过建立健全以需求为导向、创新为核心、协同为纽带、服务为目的的高校科技创新平台体系，可以增强高校知识创新能力、人才培养质量提升能力和服务经济社会发展能力。

7.6.2 适度放宽政府监管

中共中央政治局常委、国务院总理李克强强调："处理好政府与市场、政府与社会的关系，把该放的权力放掉，把该管的事务管好，激发市场主体创造活力，增强经济发展内生动力，把政府工作重点转到创造良好发展环境、提供优质公共服务、维护社会公平正义上来。"当前，创新活动出现的问题，主要是政府权力下放不够，对宏观调控和市场调控的职能混淆，对社会组织发展认识不充分。对此，政府需要做的是大胆放权，服务、监管、扶持创新系统的成长，有效承接行政职能，不能以时机不成熟、机制不完善为借口拖延。扩大地方高校的办学自主权，建立与当地社会、经济发展相适应的地方高校的办学机制和社会服务机制十分必要。由于不同区域有着不同的社会、经济结构，使得地区对于高校人才培养和社会服务的要求具有多样性和复杂性。而地方社会和经济结构的不断发展变化，也导致了社会和企业对于人才的需求和高校社会服务的要求更加复杂多变。因此，地方高校在学科和专业的设置和调整上，应坚持稳定与灵活并重，既要立足长远眼光，保持专业和学校学科发展的相对稳定性，又要根据地方社会经济发展的情况，进行及时而灵活的调整，以适应当地社会经济的发展变化。专业设置的灵活，高校社会服务的主动性对高校办学提出了更高的要求，需要当地政府相应地给予高校足够的权力和空间，提升其社会服务和地方服务的效果以及服务的主动性与灵活性。

1. 政府权力下放

我国高校的管辖权几乎都在政府的手中，因此高校自主服务地方的直接创新资源就比较少。区域内政府、企业、高校等创新主体之间信息沟通不畅，政府对高校、企业运行等一系列政策、法规、经费支持等的限制性管理，以及对高校、企业过多的干预，导致大学、企业自主性小和灵活性较差，功利性越来越大；政府对市场需求、技术状况、人才需求等信息的缺失致使创新知识不能及时流通，而重大的高校科研创新项目几乎被政府垄断；财政和拨款也主要倾向于招商引资、引进人才和技术等一系列能够短时间内产生效益的项目，为地方高校和企业牵线搭桥的考虑比较少；① 政府对资源进行强行分配，企业、本科院校的资金经费以及相关投入等资源产生了严重的“挤出效应”，② 造成资源使用的浪费，高校和企业的利益得不到保障。正如《中国教育改革和发展纲要》第3章第18条指出的那样：“高等教育体制改革的推进，主要是解决政府与高校、中央与地方、国家教委与中央各业务部门之间的关系，逐步建立起政府宏观管理、学校面向社会自主办学的体制。”因此，山东省各地方政府和地方高校应学习、借鉴一些高校由中央和省共建的做法，对各市和地区的地方高校进行省市校共建和共管。③

地方政府应理清宏观调控和市场调控的职能，不能过度介入高校和企业的创新行为，正确把握这种“亲情”关系，避免直接参与地方高校的相关事务，让地方高校自己“找米下锅”，④ 扩大自己的社会网络，主动发展更多的网络资本；高校应提高自身办学特色，避免办学“趋同化”“攀比化”，通过组织和激励制度创新，多种渠道筹措科研经费，扩大与区域经济发展关联度，增强高校的自主性；地方高校应主动与地方龙头支柱产业、高新产业以及地

① 覃雯．广西地方高校服务地方经济社会发展存在的问题及对策思考［J］．经济与社会发展，2010（05）：162-165.

② 徐涵蕾．区域创新系统中地方政府行为定位与作用机理研究［D］．哈尔滨：哈尔滨工程大学，2007，03.

③ 王锡宏．区域高校社会服务机制的构建［J］．山东师范大学学报（人文社会科学版），2003（3）：122-126.

④ 毛文杰．刍议地方本科院校在市县区域创新体系建设中的独特作用［J］．常州工学院学报，2010，28（1）：90-94.

方中小企业进行沟通，在自愿协作的基础上，订立创新合同、协议，发挥创新能力的协同作用，以求智力资源和科研资源最大化的共享，[①] 实现作为区域创新体系知识溢出的效益价值，赢得政府和社会的支持。

2. 化繁为简，职能整合

地方政府是公众服务部分，庞大的体系使政府运行效率缓慢，处理具体问题时程序、手续比较烦琐。近年来，针对实际工作中办事效率低下的顽症，部分地方政府和部门转变角色和职能，创新工作方式方法，相继推出“服务型政府”“效能政府”“法治政府”等建设目标，办事效率虽有提升，但低下问题不容忽视，仍然存在。格力电器股份有限公司董事长兼总裁董明珠认为：“政府对企业最大的帮助，是一定要营造一个好的环境，这是最重要的。如果环境不建设好，什么帮助帮扶都等于零，因为所有的中小企业不是简单的缺少资金，更需要营造一个环境，营造一个公平竞争的环境。因为中小企业在竞争过程中才能互相推动进步，竞争在这个过程当中就会产生优胜劣汰，逼着大家‘我一定要成为强势的’，逼着企业往前走，但是如果没有一个很好的环境，就会导致一些优秀的企业反而不能成长起来。”政府就是“家长”，重要的职责不是“棍棒底下出孝子”，用各种规章制度来约束成员，而是照顾“家里”也就是区域系统中各主体健康、有序地发展，扶持各主体不断壮大，提高创新能力。

区域创新的目标是区域内部资源和外部资源的有效利用，政府服务地方高校和企业也应本着“效率优先、兼顾公平”的原则，更重要的是效率。政府各行政部门，如项目立项部门与审批部门可以化零为整，成为一个整体，为高校、企业等项目审批进行一对一服务，减免审批过程中产生的费用，减轻高校企业的负担，为技术创新项目开“绿灯”，保证技术创新活动的顺利进行。像高校科研项目的审批、学校建设项目报批、土地证办理[②]、学校培训基地建设项目以及与企业技术项目合作审批等都可按此办理。地方政府学会适时放手，明确产、权、责，权利清晰。知识溢出的有效性表明：明确企业和

① 王树国．乘势聚力协同创新推进世界一流大学建设［J］．中国高等教育，2011（17）：05-08.

② 周应佳．地方高校服务地方经济社会发展的实践与探索［J］．襄樊学院学报，2009，30（06）：05-09.

高校所有权才能保护创新者利益，政府要致力于完善审批制度，简化中间的各种程序，给创新企业和高校提供各种便利。对于政府来讲，可以缩减机构，提高办事效率；对于区域其他的主体来讲，简化了程序，降低了各项成本，提高了创新效率。

3. 转变思路，明确政府定位

在长期的计划经济体制下，政府已经习惯了以政府单位为主体的行为方式，在行使政府职能的过程中，要么是间接调控、引导、指导作用发挥得不够，要么是过于直接深入到高校和企业或其他的创新行为主体的内部之中。这种定位和行为的偏差是导致政府无法有效发挥功能、提高区域创新资源使用率、推动企业和高校创新的重要原因。因此，在区域创新系统中，政府需要转换思路，重新估量，对政府职能工作做出精准定位。首先，在思想观念上"重塑政府"，由计划经济时期的权力中心主义转化为市场条件下的服务中心主义；其次，在功能定位上，强化规划调控、行政决策科学化、组织结构合理化、政府运作高效化的理念，合理界定政府与市场、政府与企业、政府与高校的关系，实现政企、政事、政社分离，充分发挥市场配置资源的基础作用，降低政府行政管理成本，提高政府生产力水平。政府运用各种宏观调控手段来正确引导市场自主运行，改革政府机构与转变职能，将创新服务功能从政府行政职能中剥离出来，[①] 扶持创新服务机构，给予相应的政策支持，整合社会因素为创新活动创造良好的宏观和微观环境。

7.7 本章小结

区域创新系统各参与主体是自成体系的，受不同价值利益的驱使，创新资源整合使用效率低。维持经济持续发展，社会财富稳定增长，是政府职能的首要指标，也是考查政府工作的首要指标，而在系统内，技术的创新性和科研成果能够有效地转化并为社会服务则成了政府的首要指标；地方高校侧重于对学科专业领域科研问题的立项申报、论文报告的发表，对科研课题则

① 曲然．区域创新系统内创新资源配置研究［D］．长春：吉林大学，2005，04.

有自己的考核标准；而企业注重的是利润，科研成果转化为生产力的能力，如何提高产品的价值和附加价值，达到最大的经济效益。政府、高校和企业三者对科研不同的考评标准，形成机制上的壁垒，使得三者没有达到有效的沟通，信息交流相对封闭，无市场针对性，阻碍了区域创新能力的提升和成果的转化。

基于以上分析，本书认为区域创新系统内部机制是创新主体之间一种协同作用，只有达到协同效应，创新系统才能有效运转，才能不断完善创新机制。《高等学校中长期科学和技术发展规划纲要（2006—2020 年）》指出，地方高校、中央政府、地方政府各个主体在区域创新体系中的定位，特别强调地方高校是我国区域创新体系的核心组成部分。“国家通过政策引导、计划支持等方式加强地方高校科技创新能力建设，推动地方高校融入区域创新体系之中。地方教育行政部门要统筹指导本地区各类高等学校的改革和发展，多方面争取对高等学校的支持，推动和组织地方高校为区域经济社会发展服务。地方高校应制订计划，出台政策措施，进一步加强科技创新工作，努力实现学校的快速发展。”本框架引入中介服务机构，政府、企业、地方高校以及中介服务机构在区域创新系统中各司其职而又相互合作协调。政府是区域创新的政策、法规制定者和区域环境的管理协调者，此外政府还能承担一部分区域创新的风险、经费的支持和基础设施建设的责任，保障区域创新系统能够合理有序地运行；企业是区域创新的资金和设施的提供者，也是创新技术的吸收者，能够为科学研究提供支持和实验平台，也能够敏锐地洞察市场的变化情况；高校是区域创新的人才储备库，是区域创新系统的知识源，决定着区域创新的可持续性和深度，是区域创新的核心要素之一；中介服务机构是联系各主体要素之间的“桥梁”，提供法律、知识产权、知识培训等信息，畅通区域系统内部信息流，有效配置资源。各参与主体相互协调才能整合各种创新资源优势，形成各司其职、相互合作、统筹兼顾的协同局面，提高系统创新能力和本科院校服务地方的能力与水平。

科研创新和产业支撑能力是衡量教育现代化水平的重要标准。地方本科院校作为高等教育的重要力量，是区域创新系统的主力军，需要面向区域产业布局和经济社会发展战略需求，优化教育体系结构、学校布局结构、学科专业结构。只有立足于地方，将自己的服务职能转化为现实生产力，才能高质量地实现区域经济的跨越式发展。为了更好地服务地方经济社会的发展，地方本科院校应该积极进行改革：改革陈旧的人才培养模式、改革不符合市场需求的学科设置、改革项目审批和教师激励制度、改革合作模式等。山东省作为全国第一个新旧动能转换试验区，正如山东省委书记刘家义所言，“当前我省加快新旧动能转换，就是全局性战略重点，其关键是产业、核心是项目，只有抓好无数‘小中见大’的具体事，才能在高质量发展上‘蹚出一条路子来’。这要靠一条条具体改革措施，靠一个个具体招商项目，靠一家家具体公司企业，靠一项项具体创新技术”。[①] 地方高校应积极探索与地方合作模式，深度推进产教融合、校企合作，着力提升高水平创新平台建设，提升高校科技基础条件保障能力，通过整合学科、人才优势资源，以区域经济圈建设为契机，统筹地方特色资源优势，依托区域创新系统，助推经济结构战略调整，不断增强区域创新能力，在区域经济社会发展中扮演着重要角色。

① 省委书记刘家义同志在全省“担当作为、狠抓落实”工作动员大会上的讲话［EB/OL］. http：//www. shandong. gov. cn/art/2019/2/12/art_ 2057_ 173430. html

8 结 语

8.1 本书主要结论

大学对区域创新的作用、大学服务地方的功能已得到理论界的共识，本书以区域创新理论为视角，围绕着地方本科院校服务地方的选题查阅了大量文献资料，对相关成果进行了总结与述评，对地方本科院校和区域创新系统等相关概念进行了界定，对地方本科院校服务地方的机制进行了进一步拓展。本书的总结如下：

第一，通过文献梳理，对区域创新系统的概念和地方本科高校做出了相应的界定，为研究地方本科院校服务地方的区域创新系统内在机制的建立提供了一个基础概念；在分析调研资料和数据的基础上，对山东省高校社会服务和地方服务能力的发展现状进行了总结。通过运用聚类分析——以山东省地方本科高校为例，对山东省 35 所本科院校服务地方的社会实践进行分析，根据聚类分析的结果，分析山东省地方本科院校服务地方的对接的倾向性，依据地方本科高校服务地方能力的强弱，借鉴经济学供给—需求理论分为三种类型：供给主导型、需求主导型、供给—需求型。地方本科高校正将自己逐步打造成教育教学改革和人才培养模式改革为先的高素质应用型人才培养中心，应用研究与产学研合作共进的应用型科技成果转化中心，对经济社会发展战略、发展瓶颈和难点、可持续发展等问题进行前瞻性研究的地方政府决策咨询中心。

第二，为进一步验证聚类分析的结果，本书重点选取地方本科院校服务地方的 6 个典型指标，即高校师资力量和人才队伍建设、高校政策咨询与决策建议情况、高校为政府提供教育培训情况、高校横向课题情况，高校向企业提供的技术和专利的数量、科技园区孵化企业数量，高校社科应用类项目数量，对供给主导型、供给—需求型、需求主导型三类高校服务地方基本数据进行了均值比较，进一步验证了聚类分析结果。最后，通过案例分析验证地方本科院校服务地方三个类型的特点。总体来说，地方本科院校服务地方的实践内容全面但是实践深度不够，尝试的范围较多，但是大多数项目都是浅尝辄止，缺乏深度的调研分析，缺乏解决问题的系统性和全面性。目前高校越来越注重校企合作或校企联盟，重视全方位、多层次地进行人才培养和技术转让，但校企合作形式有待于规范和加强。总之，地方本科院校服务地方往往带有地方特色、高校特色，和地方的特色产业紧密相连，目的是为地方经济、政治、文化、教育、社会事业发展提供咨询、做好参谋。

第三，从组织角度和主体角度对地方本科院校作为独立的创新主体研究其作用机制，拓展了地方本科院校创新系统内发展的微观研究。本书结合具体的社会经济现状，以地方本科院校的实际情况为依托，进一步整合了区域创新系统的作用机制。地方本科院校为服务地方，与区域各子系统要素之间相互作用的过程和方式的创新，具体通过驱动机制、协调机制、约束机制和保障机制四方面体现，包括服务理念创新、激励制度创新、组织机构创新，协调发展机制的制度系统、协调主体的组织构成与机构设置、协调战略的拟定、协调主体的手段设置和监控机制创新。本书在此基础上构建地方本科院校服务地方的机制创新理论。

8.2 本书创新点

第一，在理论基础方面，本书以区域创新系统理论作为研究基础，明确了地方本科院校在区域创新系统中的定位与作用，构建了地方本科院校服务地方的机制创新理论，有助于系统主体政府、高校、企业制定有效政策，在促进区域创新系统建设的同时，加深对区域创新系统理论的理解。

第二，在研究方法上，本书以山东省地方本学院校为例，在实证研究和数据挖掘方面进行了较新的尝试。本书构建了山东省第一个全省高校社会服务数据库，基于经济学的供给—需求理论，运用聚类分析的方法，将山东省地方本科院校服务地方分为三大类型，在此基础上重点选取了山东省地方本科院校服务地方的若干典型指标，对三类高校服务地方基本数据进行了均值比较，进一步验证了聚类分析结果，并通过案例分析印证了地方本科院校服务地方的三个类型的特点。

第三，在研究结论方面，本书认为，地方本科院校要提高服务地方的水平，关键是要克服地方院校在社会服务机制方面存在的各种制约因素，并协同各种创新主体（高校、政府、企业），在驱动机制、协调机制、约束机制、保障机制等方面进行机制创新，最终服务于区域经济社会协同发展。

8.3 研究局限及研究展望

本书的不足之处，如由于时间和研究进度的限制，对区域创新系统的系统动力学模型的建立和各参与主体变量之间的关系有待进一步完善；对区域创新系统的内在作用机制的创新的各影响因素缺乏进一步挖掘等，这在今后的研究中会进一步加强。之前的研究大多数集中在国内外知名综合研究型高校，而作为区域创新系统中主体的地方本科院校与全国性综合研究型大学相比，科研实力相对较弱，优势学科相对较少，社会辐射力和影响力较窄。受体制机制、科研条件、经费投入等因素的制约，地方本科院校的社会服务工作与经济社会发展需求相比，还存在较大差距：一是服务意识和观念有待进一步强化，顶层设计需要进一步加强，组织体系有待进一步健全；二是社会服务的激励与动力机制有待完善，广大教师从事社会服务的积极性有待提高，部分社会服务工作单兵作战、单打独斗的状况有待改进；三是学科专业设置有待优化，与经济社会发展的契合度有待提高；四是社会服务工作评价考核机制有待完善。

当前，来自社会的需求是广泛而多层次的，不同层次、不同类型的高校在服务社会过程中，应该有自己不同的服务定位，其服务层次、服务对象也应该有所区别。我们预判，今后地方本科院校服务地方的空间将是巨大的，地方本科院校可以通过错位竞争的方式，充分利用自身的优势，赢得服务地方的良机。基于这一基本的逻辑出发点，本书尝试为区域创新系统研究提供一个视角，将地方本科院校作为系统主体要素进行研究，深化了区域创新系统研究的内涵，为地方本科院校在区域创新系统中建立与全国性综合大学不同的作用机制和互动模式，从而通过区域创新系统来提高地方经济绩效提出了一个新的思路。

附录1　山东省地方本科院校服务地方情况调研资料清单

济南大学服务地方办公室、服务济南办公室社会服务课题调研提纲

1. 学校近三年服务地方的成果数据（如各级纵向、横向课题数目及经费总数、共建实验室、技术转移中心等数据）；

2. 学校服务地方的典型案例（主要包括与政府、大型企业及科研机构的合作案例）；

3. 学校服务地方的相关配套政策（包括校、院两级各类相关政策）；

4. 学校服务地方的职能部门配备及专职人员情况；

5. 学校师资状况、总体科研能力数据及分析；

6. 地方政府对学校的财政支持力度及相关政策保障（有否，情况如何）；

7. 地方政府对高校需求状况分析（如是否有科技产业园、产学研合作基地等）；

8. 其他高校服务地方的研究成果及意见和建议。

请各地方高校服务地方部门或相关职能部门协助提供相关资料。

附录 2　山东高校社会服务情况调查表

山东省教育厅
关于开展高校社会服务情况调查的通知

各高等学校：

为做好今后一段时期山东省高校社会服务工作，经研究，近期拟对山东省高校社会服务情况进行全面调查摸底。

请各高校认真组织填写调查表（见附件），经审查无误后加盖本单位公章，于 2015 年 1 月 20 日前，将调查表邮寄至我厅综合改革处（联系人：张雷；电话：0531-81676791），同时将电子版发送至 shfwdc@ 126. com。

附件：山东高校社会服务情况调查表

山东省教育厅

2015 年 1 月 7 日

表1　高校基本情况统计

学校名称（盖章）				所在地市		
占地面积	亩		办学层次			
专业数	一级硕士点数		二级硕士点数	一级博士点数	二级博士点数	
国家一级学科数量	国家重点学科数量	国家重点实验室数量	国家重点研究中心数量	省级重点学科数量	省级重点研究中心数量	省级重点实验室数量
学生总量	全日制学生数量	非全日制学生数量	博士生数量	硕士生数量	本科生数量	专科生数量

表2　高校教师基本情况统计

职称	社科类				理工类				总计
	本科及以下	硕士	博士	合计	本科及以下	硕士	博士	合计	
教授									
副教授									
讲师									
助教									
合计									

表3　近三年高校人员到政府部门挂职情况统计

挂职部门	管理干部挂职人数			教师挂职人数			学生挂职人数		
	2012	2013	2014	2012	2013	2014	2012	2013	2014
国家机关									
省级机关									
市级机关									
县区级机关									
乡镇街道									
合计									

注：①管理干部到政府机关挂职是指从高校选派有较高专业技术水平、担任一定管理职务的干部到行政及事业单位进行挂职锻炼，发挥高校科研与人才资源优势、促进政学研深入结合、推动地方经济文化发展；

②教师到政府机关挂职是指优秀教师到相关省直机关单位、市直单位和县镇街挂职锻炼，充分发挥高校人才库和智力源的作用；

③学生到政府机关挂职是指优秀学生骨干到省直机关单位、市直单位和县镇街道挂职锻炼，理论与实践相结合，经受锻炼，丰富经验，增长才干。

表 4 近三年高校为政府提供教育培训情况统计

培训方式	年度	国家机关人数	省级机关人数	市级机关人数	县（区）级机关人数	乡镇街道人数	合计
面训	2012						
	2013						
	2014						
远程培训	2012						
	2013						
	2014						
合计							

注：此处的教育培训是指按照党和国家的人才培训要求，按照社会主义的人才培训需求，高校充分利用自身平台高、资源广的优势，竭力为各级政府培训各级各类高级人才，利用创新型、精英型、开拓型人力资源，为各级政府提供智力支持和人才保障。

表 5 近三年高校为政府提供决策咨询情况统计

政府级别	年度	为政府提供决策咨询的次数	参与人数	建议采纳次数
国家机关	2012			
	2013			
	2014			
省级机关	2012			
	2013			
	2014			
市级机关	2012			
	2013			
	2014			
县（区）级机关	2012			
	2013			
	2014			
乡镇街道	2012			
	2013			
	2014			
合计				

注：决策咨询是指高校利用自身拥有的人才密集、知识密集、信息资源丰富和信息基础设施等优势，为各级政府制定各类发展战略、规划、政策和建设性方案等提供可行性论证与研究，为各级政府的重大经济、科技、决策提供技术经济预测和论证，为其相关重大决策提供参考意见，起到决策参谋的作用。

表 6　近三年来高校与政府合作的高层论坛情况统计

政府级别	年度	次数	受益人数
国家级政府机关	2012		
	2013		
	2014		
省部级政府机关	2012		
	2013		
	2014		
市级政府机关	2012		
	2013		
	2014		
合计			

注：与政府合作的高层论坛是指针对政治、经济、文化、科技、人口等领域的问题或项目，开展的论证型、研讨型、项目推介型、项目展销型、项目合作洽谈型会议、论坛或者文化节等。此处高层论坛主要是指与国家级政府机关、省级政府机关以及市级政府机关合作的相关论坛，与市级以下政府机关合作的论坛不在此项目统计之内。

表 7　近三年来高校产学研情况统计

年度	横向课题数量	横向课题经费（万元）	向企业提供的技术、专利数量	科技园区孵化企业数量	科技园区孵化企业年产值	校办企业数量	校办企业年产值
2012							
2013							
2014							
合计							

注：①产学研合作，是高校、企业和研究机构共建共赢的有效方式。

②横向课题是指企业出资的课题，课题负责人与企业是平等协商的合同关系。此处主要是指企业单位委托研究的课题，包括科学研究类、技术攻关类、决策论证类、设计策划类、软件开发类等。横向课题是学校扩大对外联系，服务地方经济建设，提高科研水平和知名度的重要途径。

③科技园区孵化企业（也称高新技术创业服务中心）是以促进科技成果转化、培养高新技术企业和企业家为宗旨的科技创业服务机构。大学科技园区的目的是促进科研与生产的衔接，孵化科技企业，加速科研成果的产业化。因而孵化功能是衡量大学科技园区的能力与绩效的最主要指标。

④校办企业即由学校创办或控股的以营利为目的的公司企业。这类的企业挂有××学校的名号，但一般有其独立的管理与核算系统，不与学校的行政挂钩，只是在业绩上会上缴全部或部分利润给学校。在我国的高校中常见校办企业，如某某大学出版社、某某大学水厂等。

表8 近三年高校为企业提供教育培训情况统计

年度	面训人数	远程培训人数
2012		
2013		
2014		
合计		

注：此处教育培训是指高校充分利用自身平台高、资源广的优势，为企业培训各级各类人才，为企业提供现代的企业管理理念，传授企业管理经验。

表9 近三年高校为企业提供决策咨询情况统计

企业类型	年度	为各类企业提供决策咨询的次数	参与人数	采纳次数
大型企业	2012			
	2013			
	2014			
中型企业	2012			
	2013			
	2014			
小型企业	2012			
	2013			
	2014			
微型企业	2012			
	2013			
	2014			
股份制公司	2012			
	2013			
	2014			
合计				

注：此处的软性项目是指高校为企业做的一些涉及制度建设、人才规划、管理创新等的项目，主要就是指设计规划项目。关于国内大中小企业划分标准见表10。

表 10　国内大中小企业划分标准（2012 年版）

行业	大型企业标准底限	中型企业标准底限	小型企业标准底限	微型企业
农、林、牧、渔业	营业收入 20000 万元	营业收入 500 万元	营业收入 50 万元	营业收入 50 万元以下
工业	从业人员 1000 人且营业收入 40000 万元	从业人员 300 人，且营业收入 2000 万元	从业人员 20 人，且营业收入 300 万元	从业人员 20 人以下或营业收入 300 万元以下
建筑业	营业收入 80000 万元且资产总额 80000 万元	营业收入 6000 万元，且资产总额 5000 万元	营业收入 300 万元，且资产总额 300 万元	营业收入 300 万元以下或资产总额 300 万元以下
批发业	从业人员 200 人且营业收入 40000 万元	从业人员 20 人，且营业收入 5000 万元	从业人员 5 人，且营业收入 1000 万元	从业人员 5 人以下或营业收入 1000 万元以下
零售业	从业人员 300 人且营业收入 20000 万元	从业人员 50 人，且营业收入 500 万元	从业人员 10 人，且营业收入 100 万元	从业人员 10 人以下或营业收入 100 万元以下
交通运输业	从业人员 1000 人且营业收入 30000 万元	从业人员 300 人，且营业收入 3000 万元	从业人员 20 人，且营业收入 200 万元	从业人员 20 人以下或营业收入 200 万元以下
仓储业	从业人员 200 人且营业收入 30000 万元	从业人员 100 人，且营业收入 1000 万元	从业人员 20 人，且营业收入 100 万元	从业人员 20 人以下或营业收入 100 万元以下
邮政业	从业人员 1000 人且营业收入 30000 万元	从业人员 300 人，且营业收入 2000 万元	从业人员 20 人，且营业收入 100 万元	从业人员 20 人以下或营业收入 100 万元以下
住宿业	从业人员 300 人且营业收入 10000 万元	从业人员 100 人，且营业收入 2000 万元	从业人员 10 人，且营业收入 100 万元	从业人员 10 人以下或营业收入 100 万元以下
餐饮业	从业人员 300 人且营业收入 10000 万元	从业人员 100 人，且营业收入 2000 万元	从业人员 10 人，且营业收入 100 万元	从业人员 10 人以下或营业收入 100 万元以下

续表

行业	大型企业标准底限	中型企业标准底限	小型企业标准底限	微型企业
信息传输业	从业人员 2000 人且营业收入 100000 万元	从业人员 100 人，且营业收入 1000 万元	从业人员 10 人，且营业收入 100 万元	从业人员 10 人以下或营业收入 100 万元以下
软件和信息技术服务业	从业人员 300 人且营业收入 10000 万元	从业人员 100 人，且营业收入 1000 万元	从业人员 10 人，且营业收入 50 万元	从业人员 10 人以下或营业收入 50 万元以下
房地产开发经营	营业收入 200000 万元且资产总额 10000 万元	营业收入 1000 万元，且资产总额 5000 万元	营业收入 100 万元，且资产总额 2000 万元	营业收入 100 万元以下或资产总额 2000 万元以下
物业管理	从业人员 1000 人且营业收入 5000 万元	从业人员 300 人，且营业收入 1000 万元	从业人员 100 人，且营业收入 500 万元	从业人员 100 人以下或营业收入 500 万元以下
租赁和商务服务业	从业人员 300 人且资产总额 120000 万元	从业人员 100 人，且资产总额 8000 万元	从业人员 10 人，且资产总额 100 万元	从业人员 10 人以下或资产总额 100 万元以下
其他未列明行业	从业人员 300 人	从业人员 100 人	从业人员 10 人	从业人员 10 人以下

注：以上标准引自工业和信息化部、国家统计局、国家发展和改革委员会、财政部于 2012 年 6 月 18 日印发的中小企业划型标准规定，适用于在中华人民共和国境内依法设立的各类所有制和各种组织形式的企业，企业类型的划分以统计部门的统计数据为依据。

表 11　近三年高校服务于社区的文化设施使用情况统计

设施类型	年度	设施总面积	开放面积	开放次数	参观人次
博览文化设施	2012				
	2013				
	2014				
社会文化设施	2012				
	2013				
	2014				
历史文化设施	2012				
	2013				
	2014				
合计					

注：①博览文化设施使用率主要指博物馆、展览馆、美术馆、陈列馆、教育基地等设施的面积、开放次数、参观人次。②社会文化设施使用率主要指图书馆、体育馆、档案馆、科技馆、出版社等设施的面积、开放次数、使用人次。③历史文化设施使用率主要是指历史建筑、纪念馆、名人故居、各级文物等设施的面积、开放次数、参观人次。

表 12　近三年高校服务于社区的共享软性资源运行情况统计

年度	教师公益志愿活动人数	大学生公益志愿活动人数	大学生支教人数	开放课程数量	开放课程惠及人数
2012					
2013					
2014					
合计					

注：①此项目主要是指高校服务于社区的软性资源运行情况。

②教师的公益志愿活动：按照《教育部关于教师参与志愿服务活动的指导意见》（教师［2014］9号）中的规定，高校教师可以在知识服务、科学普及、文化宣传、政策咨询、专业培训等方面，积极开展科技文化医疗服务下乡进社区、科技成果惠民生、专业对口支援交流、生态环境保护、社会调查和政策建议、扶危济困、应急救援、重大活动服务等志愿服务活动，为国家经济和社会发展提供智力支持和技术服务。

③开放课程是指为了满足社会各界人士对知识更新及终身学习的需求，面向社会开放的课程。其主要形式有两种，一种是社会人士来学校选修课程；另一种就是网络视频在线学习。第二种人数的统计主要通过视频点击率来统计。

表 13 近三年高校服务于国际社会的项目统计（可接续表）

序号	年度	国际合作项目名称	国际合作项目层次	国际合作的国家	项目受益人数
1					
2					
3					
4					
5					
6					
7					
8					
9					
10					
11					
12					
13					
14					
15					
16					
17					
18					
19					
20					
21					
22					

注：此项目主要考察高校参与国际合作项目的数量、参与国际合作项目的层次以及参与国际合作项目的质量。

（1）国际合作项目层次：如国际化合作办学的层次从 A 专科、B 本科、C 硕士、D 博士四个项目中选择。

（2）国际合作的国家可以从 A 高发达国家、B 中等发达国家、C 发展中国家、D 落后国家四个项目中选择。

表 14　近三年高校人才培养情况统计

层次	年度	在校生人数		毕业生人数	一次性就业率	年终就业率
		全日制	非全日制			
高职	2012					
	2013					
	2014					
专科	2012					
	2013					
	2014					
本科	2012					
	2013					
	2014					
硕士研究生	2012					
	2013					
	2014					
博士研究生	2012					
	2013					
	2014					
合计					—	—

表 15　近三年高校社会纵向科研项目统计

年度	项目级别	社科类			理工类		
		项目数量	社会应用类项目	经费总额	项目数量	社会应用类项目	经费总额
2012	国家重大重点						
	国家一般						
	省部级重点						
	省部级一般						
	厅局级						
	市级						

续表

年度	项目级别	社科类			理工类		
		项目数量	社会应用类项目	经费总额	项目数量	社会应用类项目	经费总额
2013	国家重大重点						
	国家一般						
	省部级重点						
	省部级一般						
	厅局级						
	市级						
2014	国家重大重点						
	国家一般						
	省部级重点						
	省部级一般						
	厅局级						
	市级						
合计							

注：纵向社会应用类项目是指纵向研究项目中除纯理论研究之外的研究项目。

表16 近三年社会应用类高质量著作、论文数量统计

年度	类型	社会科学类		自然理工类	
		数量	占总体的比例	数量	占总体的比例
2012	著作				
	论文				
2013	著作				
	论文				
2014	著作				
	论文				

注：①高质量专著是指由“全国百佳”出版社出版的著作，编写的教材除外。

②理工科高质量论文是指中国科学技术信息研究所SCI（E）论文期刊分区，SCI1—3区的论文。

③社科类高质量论文指SSCI（社会科学引文索引）一区、二区、三区、四区；新华文摘（全文转载2000字以上）AHCI（艺术及人文学引文索引）；中国社会科学文摘（转载）《人民日报》学术性论文（3000千字及以上）；ISSHP（社会科学及人文科学会议录索引）；中文社会科学引文索引（CSSCI）来源期刊中的论文。

表 17　我校社会服务设计情况调查

序号	题目	选项			
1	我校社会服务设计的面向地域为	地市	省	全国	世界
2	我校计划进行社会服务的主要途径是	引进	转化	技术创新	发明创新
3	我校计划主要进行（　　）的社会服务	独立项目	综合项目	独立领域	综合领域
4	我校的社会服务设计主要关注对社会的（　　）	短期服务	中期服务	长期服务	长远服务

表 18　近三年科研获奖（社会应用类）情况统计

年度	授奖单位等级	社科类						理工类					
		一等奖		二等奖		三等奖		一等奖		二等奖		三等奖	
		数量	占总体的比例	数量	占总体的比例	数量	占总体的比例	数量	占总体的比例	数量	占总体的比例	数量	占总体的比例
2012	国际级												
	国家级												
	省级												
	部级												
	市厅级												
2013	国际级												
	国家级												
	省级												
	部级												
	市厅级												
2014	国际级												
	国家级												
	省级												
	部级												
	市厅级												
合计													

表 19 近三年举办高层次学术会议情况统计（社会应用类）

年度	级别	社科类会议		理工类会议	
		数量	参与人数	数量	参与人数
2012	省级				
	部级				
	国家级				
	国际级				
2013	省级				
	部级				
	国家级				
	国际级				
2014	省级				
	部级				
	国家级				
	国际级				
合计					

注：高层次学术会议主要指在本校召开并主办（承办）（或者作为核心承担单位，第二位或者第三位）的国际学术会议（参加会议的代表至少来自2个及以上的国家；在本校召开并主办（承办）（或者作为核心承担单位，第二位或者第三位）的有境外（港、澳、台）代表参加的专题学术会议；在本校召开并主办（承办）（或者作为核心承担单位，第二位或者第三位）的全国一级学会及各专业委员会的学术会议。

表 20 高校文化传承与创新情况统计

省级以上物质、非物质文化遗产数目	省级以上艺术大师、非物质文化遗产传承人人数	每年文化资源保护资金投入（万元）	国内外主流网站、报纸、杂志报道数量	游客年流量（万人）	文化创意产业资产总值
文化创意产业从业人员中级以上技术职称人数	文化创意产业从业人员大学本科以上学历人数	发明专利、版权数量	创意成果转换平台个数	文化传承与创新成果获奖数	

表 21　高校社会服务经费预算情况统计

年度	学科	经费额度（万元）		学校经费预算总额（万元）
		政府拨款	自筹	
2012	社科类			
	理工类			
2013	社科类			
	理工类			
2014	社科类			
	理工类			
合计				

表 22　高校社会服务人才引进情况统计

年度	学科	人数	教授数		博士数		硕士数		人才类别					
									学科领军人物		学术带头人		青年学术骨干	
			数量	占总体的比例	数量	占总体的比例	数量	占总体的比例	数量	占总体的比例	数量	占总体的比例	数量	占总体的比例
2012	社科类													
	理工类													
2013	社科类													
	理工类													
2014	社科类													
	理工类													
合计														

注：此处的社会服务人才是指除纯理论研究人员之外的人才引进。

①学科领军人物：国际著名教授或同领域公认的知名学者，中国科学院或中国工程院院士，海外著名学术机构的外籍院士；国家“千人计划”入选者；国家“外专千人计划”入选者；中国社会科学院学部委员。

②学术带头人：某一学科方向的学术带头人（二级或医学类三、四级学科）；或在教学、科研和技术等某一方面特别优秀者。如院士有效候选人；教育部“长江学者奖励计划”特聘教授及讲座教授；国家杰出青年科学基金获得者；“新世纪百千万人才工程”国家级人选；国家“青年千人计划”入选者；中科院“百人计划”入选者；国家重点学科、重点实验室负责人；国家“863”“973”计划专家组成员；国家自然科学基金委创新研究群体首席负责人；“泰山学者”特聘教授、国务院“政府特殊津贴”获得者。

③青年学术骨干：具有博士学位和副教授以上专业技术职务的海内外优秀青年人才，或有较强教学科研能力且具有丰富现场工程实践经验和副高级以上专业技术职务的工程技术人员。如教育部“新（跨）世纪优秀人才支持计划”人选；教育部创新团队首席负责人；国内“985”重点大学教授或副教授；国内外优秀博士毕业生。

表 23　高校社会服务重视程度调查

请判断以下描述与本校实际情况相符合的程度，在相应选项的数字上打“√”。

1=非常符合，2=比较符合，3=一般符合，4=比较不符合，5=非常不符合。

序号	题目	非常不符合	比较不符合	一般符合	比较符合	非常符合
1	高校社会服务在我校很受重视	1	2	3	4	5
2	我校管理者非常重视社会服务工作	1	2	3	4	5
3	我校普通教师对社会服务工作投入很多	1	2	3	4	5
4	我校学生非常乐意进行社会服务	1	2	3	4	5
5	我校社会服务实际面向的地域和设计思路相适应	1	2	3	4	5
6	我校社会服务的实施途径与设计思路相适应	1	2	3	4	5
7	我校社会服务的项目类型与设计思路相适应	1	2	3	4	5
8	我校社会服务的期限与设计思路相适应	1	2	3	4	5
9	我校建立了比较完善的社会服务常规管理制度	1	2	3	4	5
10	我校设有比较完善的社会服务激励机制	1	2	3	4	5
11	我校设立了社会服务管理的专门机构	1	2	3	4	5
12	我校的社会服务管理机构运行良好	1	2	3	4	5
13	我校有较强的文化传承与创新的意识	1	2	3	4	5
14	我校有较强的文化传承与创新的能力	1	2	3	4	5
15	我校有比较完善的文化传承与创新的支持系统	1	2	3	4	5

总填表人：　　　　　　　　　　所在处室：

办公电话：　　　　　　　　　　手机：　　　　　　　　　　E-mail：

参考文献

一、中文文献

（一）著作类

［1］安鸿章．企业人力资源管理师［M］．北京：中国劳动社会保障出版社，2010，1.

［2］安心．高等教育质量保障体系研究［M］．兰州：甘肃出版社，1999.

［3］［美］伯顿·R. 克拉克．高等教育系统：学术组织的跨国研究［M］．杭州：浙江教育出版社．1988.

［4］布鲁贝克著．高等教育哲学［M］．王承绪等译．杭州：浙江教育出版社，2002.

［5］陈玉琨等著．高等教育质量保障体系概论［M］．北京：北京师范大学出版社，2004.

［6］［美］德拉高尔朱布·纳伊曼．世界高等教育的探讨［M］．北京：教育科学出版社，1982.

［7］邓泽民，董慧超．德国应用科学大学研究［M］．北京：科学出版社，2017：71.

［8］樊纲．渐进式改革的政治经济学分析［M］．上海：上海远东出版社，1996.

［9］冯之浚．国家创新系统的理论与政策［M］．北京：经济科学出版社，1999.

[10] 盖文启．创新网络：区域发展新思维［M］．北京：北京大学出版社，2002.

[11]［美］格拉斯·诺斯，张五常等著．李·J. 阿尔斯通、恩拉恩·埃格特森等编．制度变革的经验研究［M］．北京：经济科学出版社，2003.

[12] 金耀基．大学之理念［M］．北京：生活·读书·新知三联书店，2008.

[13]［美］亨利·埃茨科威兹．三螺旋——大学、产业、政府三元一体的创新战略［M］．北京：东方出版社，2005，8.

[14]［美］亨利·埃茨科威兹著，周春彦译．国家创新模式：大学、产业、政府“三螺旋”创新战略［M］．北京：东方出版社，2014，2.

[15] 克拉克·科尔著．高等教育不能回避历史［M］．王承绪译．杭州：浙江教育出版社，2001.

[16] 罗伯特·M. 赫钦斯著．美国高等教育［M］．汪利兵译．杭州：浙江教育出版社，2001.

[17] 刘念才．面向创新型国家的高校科技创新能力建设研究［M］．北京：中国人民大学出版社，1999.

[18]［美］格罗斯曼，赫尔普曼著，全球经济中的创新与增长［M］．何帆等译．北京：中国人民大学出版社，2002.

[19] 吕叔湘．现代汉语词典［M］．北京：商务印书馆，1998.

[20]［德］马克思著．资本论（全三册）［M］．郭大力，王亚南译．上海：上海三联书店，2009.

[21]［英］迈克尔·吉本斯等著．知识生产的新模式：当代社会科学与研究的动力学［M］．陈洪捷，沈文钦等译．北京：北京大学出版社，2011.

[22] 彭星闾．创新力与控制力统一——企业持续发展的新思维［M］．北京：商务出版社，2007.

[23] 秦宝庭，吴景曾．知识与经济增长［M］．北京：科学技术文献出版社，2011.

[24] 万秀兰．美国社区学院的改革与发展［M］．北京：人民教育出版社，2003.

[25] 王德禄．区域创新：中关村走向未来［M］．济南：山东教育出版社，1999.

[26] 王德禄，武文生，刘志光．区域的崛起——区域创新理论与案例研究［M］．济南：山东教育出版社，2002.

[27] 王缉慈．创新的空间——企业集群与区域发展［M］．北京：北京大学出版社，2001.

[28] 王其藩．系统动力学（第二版）［M］．北京：清华大学出版社，1994（第二版）.

[29] 谢安邦主编．比较高等教育［M］．桂林：广西师范大学出版社，2002.

[30] 许继琴．产业集群与区域创新系统［M］．北京：经济科学出版社，2006.

[31] 燕国材．素质教育概论［M］．广州：广东教育出版社，2002：110.

[32]［美］约翰·内希姆．绝对竞争优势［M］．北京：中国人民大学出版社，2008.

[33] 中华人民共和国教育部研究室编．中华人民共和国高等教育法释义［M］．哈尔滨：黑龙江教育出版社，1998.

（二）期刊论文类

[1] 陈德宁，沈玉芳．区域创新系统理论研究综述［J］．生产力研究，2004（4）：189-191.

[2] 陈凯华，官建成．中国区域创新系统功能有效性的偏最小二乘诊断［J］．数量经济技术经济研究，2010（08）：18-32，60.

[3] 陈建国．立足区域优势，服务地方发展建设有特色的地方本科高校［J］．中国高等教育，2012（6）：22-24.

[4] 陈劲，陈钰芬，余芳珍．FDI 对促进我国区域创新能力的影响［J］．科研管理，2007，28（1）：7-13.

[5] 陈伟．地方高校科研成果转化激励机制研究［J］．长江大学学报（社会科学版），2011，34（02）：133-134.

［6］陈伟．地方高校科研成果转化与经济建设研究［J］．重庆科技学院学报（社会科学版），2011（08）：73-74，77.

［7］陈月梅．论地方政府在构建区域创新系统中的作用［J］．现代管理科学，2003（2）：87-88.

［8］池仁勇，虞晓芬，李正卫．我国东西部地区技术创新效率差异及其原因分析［J］．中国软科学，2004（8）：128-131.

［9］崔成学，李贤淑．韩国高校终身教育院教育现状及其对我国的启示［J］．继续教育研究，2012（10）：184-186.

［10］崔雄权，于沐阳，商昌宝．韩国研究生教育学科专业与课程设置研究［J］．学位与研究生教育，2008（3）：74-77.

［11］邓玉久．服务于区域经济的地方高校协同创新研究［J］．衡阳师范学院学报，2018（6）：145-149.

［12］丁鼎棣．地方政府政策歧视策略的动态分析［J］．统计与决策，2007（4）：60-61.

［13］丁焕峰．区域创新理论的形成与发展［J］．科技管理研究，2007（9）：18-21

［14］丁美霞，周民良．中国各省区创新能力的动态趋势与影响因素分析［J］．经济学家，2008（1）：63-68.

［15］丁耀武．区域创新体系与地方本科院校发展［J］．教育理论与实践，2005（3）：8-10.

［16］邓馨阳，肖燕红．高新技术企业持续创新能力评价研究［J］．商业经济，2011（10）：63-67.

［17］邓诗懿．广东省区域创新系统中的产学研模式研究［J］．2012（16）：172-173.

［18］董君．内蒙古区域创新体系建设的阻滞因素分析——基于区域创新系统的视角［J］．中国管理信息化，2013，16（05）：35-39.

［19］范树成．高校为地方经济建设服务体制与机制探讨［J］．河北青年管理干部学院学报，2001（01）：52-54

［20］范旭，方一兵．区域创新系统中高校与政府和企业互动的五种典型

模式［J］. 中国科技论坛，2004（1）：66-70.

［21］方卫华．创新研究的三螺旋模型：概念、结构和公共政策含义［J］. 辩证法研究，2003（11）：69-78.

［22］方一兵，范旭．基于区域创新系统的大学与企业之间知识互动关系的实证研究［J］. 研究与发展管理，2008，20（1）：110-117.

［23］冯根尧．区域创新体系的运行机制及构成要素分析［J］. 广西社会科学，2006（07）：40-43.

［24］盖文启．论区域经济发展与区域创新环境［J］. 学术研究，2002（1）：60-63.

［25］甘永涛，唐琼一．美国大学与城市的四种联动行为模式［J］. 高教探索，2011（4）：51-54.

［26］高彩宝，冯景艳，刘家英．“三区联动”是高校融入区域建设和社会发展的有效形式［J］. 研究与发展管理，2008，20（1）：135-137.

［27］高红英．德国应用科技大学校企合作模式的探究与启示——以代根多夫应用科技大学为例［J］. 陕西教育（高教版），2013（4）：67-68.

［28］高月姣，吴和成．创新主体及交互作用对区域创新效率影响的实证研究［J］. 软科学，2015（12）：45-48.

［29］谷国锋，张秀英．系统动力学在区域创新系统研究中的应用［J］. 科学学与科学技术管理，2003（01）：10-13.

［30］官建成，何颖．基于 DEA 方法的区域创新系统的评价［J］. 科学学研究，2005（2）：65-72.

［31］管建成，刘顺忠．区域创新系统测度的研究框架和内容［J］. 中国科技论坛，2003（2）：24-26.

［32］桂黄宝．区域创新网络系统内部知识溢出的市场调节机制及溢出效率分析［J］. 科学学与科学技术管理，2008（04）：107-111.

［33］韩延斌．充分发挥地方本科院校在区域创新中的作用［J］. 科研纵横，2008，12：38-39.

［34］韩影，李三喜，陈彦超．提升地方本科院校科技创新能力的思考与实践——以沈阳工业大学为例［J］. 现代教育管理，2012（2）：48-51.

［35］贺国庆，何振海．德国统一后大学改革评析［J］．比较教育研究，2007，28（4）：49-53.

［36］何建坤，李应博．研究型大学与首都区域创新体系协同演进研究［J］．清华大学教育研究，2008，4：5-11.

［37］何亚琼，葛中锋，苏竣．区域创新网络中组织间学习机制研究［J］．学术交流，2006（02）：63-65.

［38］黄春香．从“三区联动”谈美国高等教育创新经济发展之路［J］．煤炭高等教育，2007，5：99-102.

［39］黄鲁成．关于区域创新系统研究内容的探讨［J］．经济体制改革，2002（5）：105-107.

［40］王杰姜，伊琼．区域创新系统绩效评价研究评述［M］．工业技术经济，2010（5）．

［41］胡浩，李子彪．区域创新系统多创新极共生演化动力模型［J］．管理科学学报，2011（10）：85-94.

［42］胡庆芳．新加坡与日本高等教育的共性研究［J］．扬州大学学报（高教研究版），1999（1）：5.

［43］侯海东，姜柏桐，李金海．知识经济下项目导向型企业组织结构模式研究［J］．科学学与科学技术管理，2008（11）：153-163.

［44］侯长林．应用型本科高校社会服务的理性审视［J］．职教论坛，2018（6）：6-11.

［45］黄健．魅力之城——法兰克福［J］．广西城镇建设，2013（4）：78-86.

［46］姬郁林，彭晓菊，潘燕玲，刘福华．大学在区域创新系统中的作用［J］．西南民族学院学报，2002，23（6）：231-232.

［47］简兆权，郑雪云．区域创新系统内部知识转移障碍及对策分析——以泛珠江三角洲区域为例［J］．科学学与科学技术管理，2010（05）：166-170.

［48］靳晓光．民办应用型本科高校人才培养模式存在的问题及改革路径——以德国应用型本科人才培养为鉴［J］．浙江树人大学学报（人文社会科学），2018（5）：17-21.

［49］靳永翥．德国地方政府公共服务体制改革与机制创新探微［J］．中国行政管理，2008（01）：103-107.

［50］［日］金子元久著，刘文君译．高等教育的市场化——通过国际比较来看日本［J］．教育与经济，2006（1）：1-6.

［51］江山，张杰军，赵捷．中英高校知识产权政策与技术转让比较研究［J］．科技管理研究，2011（12）：141-145.

［52］［德］卡罗琳·瑟曼．德国应用科技大学与区域融合：现在、过去与未来［J］．世界教育信息，2018（21）：49.

［53］康小明，何晋秋，薛澜．政府对大学系统科技计划资助政策中存在的问题及建议［J］．教育部科学技术委员会专家建议，2008（6）：2.

［54］孔凡莉，于云海．浅析地方高校的社会职责及区域分工［J］．黑龙江高教研究，2000（2）.

［55］库特·赖纳·库茨勒．大学如何成为技术转让的重要参与者——柏林工业大学案例［J］．国家教育行政学院学报，2004（5）：58-64.

［56］李海超，衷文蓉．我国区域创新系统中高新技术企业成长力评价研究［J］．科技进步与对策，2013，30（2）：131-132.

［57］李虹．区域创新体系的构成及其动力机制分析［J］．科学学与科学技术管理．2009（6）：67-69.

［58］李景鹏．论制度与机制［J］．天津社会科学，2010（3）：49-53.

［59］李瑞丽．高等教育研究机构（HEI）在促进区域创新网络形成中的作用分析［J］．科技进步与对策，2008，（11）：219-221.

［60］李世超，苏竣．大学变革的趋势——从研究型大学到创业型大学［J］．科学学研究，2006，24（4）：552-557.

［61］李文英．日本大学的创业教育及启示［J］．日本问题研究，2018（2）：63-68.

［62］李晓磊．山东高校科研服务地方经济现状研究［J］．工会论坛（山东省工会管理干部学院学报），2012（6）：116-118.

［63］李欣旖，刘晶晶，闫志立，王景瑞．地方本科高校转型过程中提升社会服务能力研究［J］．职教通讯，2018（3）：6.

［64］李应博，吕春燕，何建坤．基于创新型国家战略目标下的我国大学技术转移模式［J］．研究与发展管理，2007（1）：63-71.

［65］李映洲，陈凤丽，房亮．鼓励高新技术企业发展的税收优惠政策研究［J］．财会研究，2009（9）：16-18.

［66］李永志．日本大学创业教育的发展与特点［J］．比较教育研究，2009（3）：40-44.

［67］李之文，李秀珍，孙钰．韩国高校终身教育及其对中国的启示［J］．教育学术月刊，2014（12）：32-37.

［68］李子彪，胡宝民，陈亮．地方本科院校与区域创新系统的协调度研究［J］．改革与战略，2008，24（2）：145-147.

［69］陆正林，顾永安．应用型大学若干问题探析［J］．职业教育，2013（34）：5-11.

［70］林迎星．中国区域创新系统研究综述［J］．科技管理研究，2002（5）：1-4.

［71］林仲英．地方本科院校服务地方经济社会发展的实践与思考［J］．咸宁学院学报，2009（5）：133-134.

［72］刘凤朝，潘雄锋，施定国．基于集对分析法的区域自主创新能力评价研究［J］．中国软科学，2005（11）：83-92.

［73］刘锦英，聂鸣．产业集群的创新动力及其形成机制分析［J］．经济经纬，2006（3）：40-43.

［74］柳卸林．区域创新体系成立的条件和建设的关键因素［J］．中国科技论坛，2003（1）：18-22.

［75］刘志峰．区域创新生态系统的结构模式与功能机制研究［J］．科技管理研究，2010（21）：09-14.

［76］骆秉全．英国新一轮高等教育改革的经验及启示［J］．国家教育行政学院学报，2019（2）：89-95.

［77］骆丹，华小梅，宋浩．高校科技创新平台建设的几点思考［J］．中国电力教育，2007（09）：22-24.

［78］马修水，钟伟红，何小其，李桂华．区域创新体系中地方本科院校

自动化专业人才培养体系探索与实践［J］. 合肥工业大学学报，2010，24（5）：129-133.

［79］毛文杰．刍议地方本科院校在市县区域创新体系建设中的独特作用［J］. 常州工学院学报，2010（1）：90-94.

［80］孟媛，陈敬良，邝继霞．“三区联动”发展战略的中外对比研究及启示［J］. 科技进步与对策，2010，27（20）：28-31.

［81］苗耀华，廉俊颖．区域经济与高职教育的互动关系研究［J］. 北京工业职业技术学院学报，2011，10（2）：26-28，41.

［82］穆婕，栾忠权，冉屏．地方高校科研服务与促进教学的路径与实效研究［J］. 当代教育论坛，2010（3）：74-76.

［83］欧阳静，张宏海．浅析产业结构调整与促进就业及改善民生的关系［J］. 当代经济，2014（22）：4-5.

［84］潘雄峰，刘凤朝，许立波．东北三省技术创新能力的分省比较与分析［J］. 科技进步与对策，2005（2）：60-63.

［85］彭灿．区域创新系统内部知识转移的障碍分析与对策［J］. 科学学研究，2003（1）：110-111.

［86］乔颖，王永杰，陈光．研究型大学在区域创新系统中的地位与作用［J］. 科学学与科学技术管理，2002（6）：47-49.

［87］任胜钢．苏州产业集群与跨国公司互动关系的实证分析［J］. 中国软科学，2005（1）：99-106.

［88］施永川，王茜，［韩］林珍希．韩国高校创业孵化器运营与管理模式研究——以全南大学创业孵化中心为例［J］. 世界教育信息，2018（19）：30-35.

［89］宋建元，王德禄．区域创新系统中的政府职能分析［J］. 科学学与科学技术管理，2001（11）：51-53.

［90］宋旭璞．韩国研究生教育及其评价机制发展中的协同治理关系——基于政府、市场与高校的分析［J］. 教师教育研究，2018，9（5）：117-122.

［91］苏屹，李柏洲，喻登科．区域创新系统知识存量的测度与公平性研究［J］. 2012（5）：157-174.

［92］苏金福．需求视角下地方本科院校参与区域创新体系建设路径探讨［J］．武夷学院学报，2009，28（6）：94-98.

［93］隋映辉．城市创新系统与城市创新圈［J］．学术界，2004，106（03）：105-112.

［94］孙进．德国应用科学大学校企合作的形式、特点与发展趋向［J］．比较教育研究，2012（2）：41-45.

［95］孙明英．以学科建设促进地方本科院校特色培育［J］．现代教育科学，2012（2）：140-142.

［96］孙希波．地方本科院校在区域创新体系建设中的作用与参与机制［J］．黑龙江高教研究，2009（7）：22-24.

［97］孙晓峰，陈泽聪．福建省企业技术创新能力评价［J］．统计与决策，2005（10）：167-168.

［98］孙兆刚．区域创新系统的突破性模式选择分析［J］．科学进步与对策，2011（19）：40-43.

［99］孙忠权，孙华昕．探索高校参与地方科技创新体系建设的新思路［J］．教育理论与实践，2009（3）：1-3.

［100］覃雯．广西地方高校服务地方经济社会发展存在的问题及对策思考［J］．经济与社会发展，2010（05）：162-165.

［101］覃永毅．基于创新平台建设的地方本科院校创新能力转移［J］．经济与社会发展，2008，6（7）184-186.

［102］童纪新，陈继兴，蔡元成．基于灰色关联分析的区域科技创新效率评价研究——以江苏省为例［J］．科技进步与对策，2011，28（10）：108-109.

［103］王保华，张婕．大学与社会共生：地方本科院校发展的模式选择——从美国相互作用大学看我国地方本科院校的发展［J］．高等教育研究，2003（24）：57-61.

［104］王果，柳玉．产教融合背景下高校育人机制创新与实践——以长沙学院动画专业为例［J］．艺海，2019（3）：95-97.

［105］王海盛，郑立群．区域创新系统创新绩效测度研究［J］．安徽工业大学学报（社会科学版），2005，22（6）：39-40.

[106] 王海威，朱建忠，许庆瑞．技术创新能力及其测度指标研究综述[J]．中国地质大学学报（社会科学版），2005（5）：26-30.

[107] 王焕祥，孙斐，段学民．改革开放30年我国区域创新系统的演化特征及动力分析[J]．科学学与科学技术管理，2008（12）：45-48.

[108] 王核成，宁熙．硅谷的核心竞争力在于区域创新网络[J]．经济学家.2001（5）：125-127.

[109] 王建宇，杨勇军，孔斌，樊新刚．西部高校为区域经济社会发展服务的对策研究[J]．内蒙古科技与经济，2008（4）：7-8.

[110] 王玲，张义芳，武夷山．日本官产学研合作经验之探究[J]．世界科技研究与发展，2006（4）：91-95.

[111] 王楠，毛清华，冯斌．地方本科院校服务区域经济的模式创新研究——基于燕山大学的案例[J]．生产力研究，2011（3）：60-62.

[112] 王树国．乘势聚力协同创新推进世界一流大学建设[J]．中国高等教育，2011（17）：05-08.

[113] 王思红，王德禄．以有形的手推动创新网络的发育——政府在中关村区域创新网络发展中的角色[J]．未来与发展，1999（2）：13-14.

[114] 王亚杰，张彦通．行业特色型大学是促进高等教育多样化发展的中坚力量[J]．北京教育：高教版，2010（3）：5-7.

[115] 王亚楠，韩润春，史宝娟．高新技术产业竞争力评价指标体系构建研究[J]．现代商业，2010（32）：130-132.

[116] 王文亮，冯军政．企业持续创新能力培育与提升策略[J]．企业活力，2006，（2）：69-81.

[117] 王旖旎，杨槟煌．地方高校科研成果转化的问题和对策[J]．福建论坛（社科教育版），2008（S2）：109-110.

[118] 王锡宏．区域高校社会服务机制的构建[J]．山东师范大学学报（人文社会科学版），2003（3）：122-126.

[119] 王艳文．走出“象牙塔”服务区域发展——英国高等教育发展的启示[J]．教学研究，2014，（5）：4-7.

[120] 王奕俊，徐君．基于国际比较视角的地方高校转型路径分析[J].

职教论坛，2018（8）：171-176.

［121］魏署光．美国大学社会服务职能的历史演变及其机制［J］．高等工程教育研究，2008（6）：194-195.

［122］吴琛，詹友基．德国应用技术大学课堂教学特点及启示［J］．高等理科教育，2015（1）：62-66.

［123］吴敏．基于三螺旋模型理论的区域创新系统研究［J］．中国科技论坛，2006（1）：36-40.

［124］武书连．再探大学分类［J］．中国高等教育评估，2002（4）：51-56.

［125］夏光，屠梅曾．“三区联动”的特征及演化动力分析［J］．同济大学学报．2008（10）：141-143.

［126］夏光，屠梅曾．三区联动的内涵、机制剖析及理论演进脉络［J］．科学学与科技技术管理，2007，312（9）：102-108.

［127］夏辉，夏光．“三区联动”创新网络在城市创新系统中的地位探析［J］．中国软科学，2008（10）：73-78.

［128］谢万华．论高等教育资源的合理配置［J］．中国地质教育，1994，3：24-26，30.

［129］谢永飞，黄蛟灵．高等教育布局与区域发展研究——对20世纪90年代以来高等教育布局的分析［J］．现代教育管理，2011（3）：26-28.

［130］徐成钢．地方本科院校区域经济社会服务体系的构建研究［J］．华东经济管理，2010（6）：75-78.

［131］徐纯．德国应用技术大学应用型科研发展研究［J］．中国成人教育，2015（6）：102-104.

［132］许光清，邹骥．系统动力学方法：原理、特点与最新进展［J］．哈尔滨工业大学学报（社会科学版），2006，08（07）：72-77.

［133］徐吉洪．基于创新能力提升的地方本科院校研究生培养机制改革［J］．浙江工业大学学报，2011，10（4）：447-451，467.

［134］徐梅，孙立群，翟洪江．地方大学的创新与区域经济社会发展适切性研究［J］．东北大学学报，2002（4）：1-4.

［135］徐维祥，楼杏丹，余建形．高新技术产业集群资源整合提升区域

创新系统竞争能力的对策研究［J］. 中国软科学，2005（4）：87-89.

［136］薛浩，薛志谦. 运行机制创新是建设高水平地方高校的源动力［J］. 中国成人教育，2011（23）：32-34.

［137］薛捷. 区域创新系统的理论与实证研究进展综述［J］. 科技管理研究，2009（01）：227-230.

［138］严筱菁，徐闯，田晓红. 武汉高等教育与区域经济发展实证研究［J］. 华中农业大学学报，2011（1）：132-135.

［139］姚芳. "三区联动"：高校集聚地区发展的新模式［J］. 经济研究导刊，2009（6）：238-239.

［140］姚海娟. 论高等教育资源分布与区域经济发展的关系——以湖南省为例［J］. 黑龙江高教研究，2011（4）：57-59.

［141］姚加惠. 浅析德国应用技术大学与政府关系的特点［J］. 高等教育研究，2016（5）：96-104.

［142］杨剑，杨锋，王树恩. 基于系统动力学的区域创新系统运行机制研究［J］. 科学管理研究，2010，28（04）：01-06.

［143］杨文明，韩文秀. 论知识创新和技术创新的互动关系与作用机制［J］. 科学管理研究. 2003（6）：52-54.

［144］杨小冲. 地方本科院校服务地方经济社会发展的思考［J］. 曲靖师范学院学报，2008，27（2）：31-35，79.

［145］杨艳红. 区校合作拓展慈善公益事业的探索［J］. 思想理论教育，2010（21）：89-92.

［146］杨永飞，赵晓珂. 推进应用技术大学建设服务地方经济社会发展——关于地方高校转型发展的若干思考［J］. 中国成人教育，2015（3）：19-21.

［147］杨哲，张慧妍，徐慧. 韩国高校科技成果转化研究——以"产学研合作基金会"为例［J］. 中国高校科技，2012（11）：11-14.

［148］杨忠泰. 一般地方本科院校参与区域创新体系建设的基本途径与模式［J］. 科技管理研究，2009，29（1）：124-127.

［149］尹文博，于红波，司现鹏. 山东省地方高校区域服务问题与对策［J］. 山东高等教育，2014（5）：26-29.

[150] 俞俏燕．论英美地方大学和地方的共赢模式［J］．教育评论，2012（4)：156-158.

[151] 元方，杨海成，杨凌．国外企业孵化器的比较研究及对我国的启示［J］．科技管理研究，2009（12)：46-48.

[152] 曾小彬，包叶群．试论区域创新主体及其能力体系［J］．国际经贸探索．2008，24（6)：12-16.

[153] 张波，虞朝晖，孙强等．系统动力学简介及其相关软件综述［J］．环境与可持续发展，2010（02)：01-04.

[154] 张海滨，陈笃彬．基于三螺旋理论的高校支撑区域创新体系评价研究［J］．东南学术．2012（1)：181-189.

[155] 张海燕，成玉峰．日本“JSCOOP”的产学研合作模式下复合型应用技术技能人才培养的借鉴——以长冈工业高等专门学校为例［J］．科学大众（科学教育)，2018（6)：115，125.

[156] 张海英．新形势下高校教育管理的现状与机制创新［J］．科学大众（科学教育)，2018（12)：144-145.

[157] 张红霞，刘晨，李明．海南省高校图书馆服务地方企业自主创新的探研［J］．图书馆，2008（2)：66-68.

[158] 张雷，徐凤兰．“三区联动”与高校人才培养机制创新［J］．教育与职业，2010，2：20-22.

[159] 张雷生．韩国高等教育改革政策最新动向［J］．现代教育管理，2010（8)：112-115.

[160] 张庆文，魏进平，东志红．地方本科院校科技创新组织静态博弈分析［J］．河北大学学报，2008，33（2)：84-88.

[161] 张水玲，杨同毅，王仁高，韩强．高校服务地方存在的问题与对策——以山东省高校为例［J］．中国高校科技，2017（12)：66-69.

[162] 张铁男，陈娟．基于三螺旋模型的大学科技园孵化模式研究［J］．情报杂志，2011，30（2)：66-71.

[163] 张廷．社会资本视角下的地方高校协同创新研究［J］．中国科技论坛，2013（4)：17.

[164] 张卫国．三螺旋理论下欧洲创业型大学的组织转型及其启示 [J]. 外国教育研究，2010，3：53-58.

[165] 张向阳，党胜利，刘志峰．京津冀区域经济生态系统运作机制研究 [J]. 企业经济，2009 (06)：45-47.

[166] 张协奎．构建服务地方经济的科技创新体系提升区域创新能力 [J]. 中国高校科技与产业化，2006，6：125-129.

[167] 张艳，吴中，席俊杰．区域创新系统的内部机制研究 [J]. 工业工程，2006，09 (03)：09-14.

[168] 张应强，肖起清．中国地方大学：发展、评价与问题 [J]. 现代大学教育，2006 (06)：01-04.

[169] 张忠唐，冯志林，陈锐．区域创新与地方政府作用 [J]. 科学对社会的影响，2007 (1) 32-35.

[170] 赵荣侠．新时期西部一般地方本科院校增强科研实力探讨 [J]. 科技管理研究，2009 (8)：236-238.

[171] 赵哲．高校与企业、科研院所协同创新的现状与对策——以辽宁高校为例 [J]. 现代教育管理，2013 (06)：31-36.

[172] 郑广华．区域创新系统协调发展的评价系统研究 [J]. 系统科学学报，2010 (03)：76-79.

[173] 郑世珠．地方本科院校推进科技创新平台建设的几点思考——以福州大学为例 [J]. 科技与管理，2010，12 (3)：138-141.

[174] 周春明，杜宁，常运琼．地方本科院校社会服务的基本形式研究 [J]. 湖州职业技术学院学报．2008 (9)：86-89.

[175] 周春彦．大学—产业—政府三螺旋创新模式 [J]. 自然辩证法研究，2006，22 (4)：75-77，82.

[176] 周春彦，李海波，李星洲．国内外三螺旋研究的理论前沿与实践探索 [J]. 科学与管理，2011 (4)：21-27.

[177] 周光礼，莫甲凤．高等教育智库及其学术研究风格——中国著名高等教育研究机构的学术转型 [J]. 高等工程教育研究，2014 (6)：45-57.

[178] 周剑辉．地方本科院校艺术类专业社会服务的探索与实践 [J]. 中

国电力教育，2011（2）27-27，30.

［179］周绍森，储节旺．地方高校如何走出误区科学定位［J］．中国高等教育，2004（2）：10-12.

［180］周社育，黄晶．网络治理视野下美英高校社会服务途径研究与启示［J］．宁波工程学院学报，2016（2）：78-83.

［181］周文斌．坚持学研产结合服务区域经济社会发展［J］．中国高教研究，2006（12）：18-20.

［182］周应佳．地方高校服务地方经济社会发展的实践与探索［J］．襄樊学院学报，2009，30（06）：05-09.

［183］周元等．关于我国创新体系研究的几个问题［J］．中国软科学，2006（10）：15-19.

［184］周元元，冯南平．创新要素集聚对于区域自主创新能力的影响——基于中国各省市面板数据的实证研究［J］．合肥工业大学学报（社会科学版），2015（3）：57-64.

［185］周正，尹玲娜，蔡兵．我国产学研协同创新动力机制研究［J］．软科学，2013，27（07）：52-56.

［186］朱凌，吕正则，李文．大国的“计算”战略——德、美、俄的计算工程及其人才培养设想［J］．高等工程教育研究，2015（4）：10-20.

［187］资武成，罗新星，陆小成．基于三螺旋理论的产学研创新集群模式研究［J］．科技进步与对策．2006（6）：5-6.

［188］邹波，于渤．试论三螺旋创新模式［J］．黑龙江社会科学，2010（5）：35-38.

［189］邹琳，褚劲风．柏林城市文脉与设计之都创意化道路［J］．世界地理研究，2013（2）：131-139.

（三）学位论文类

［1］程占永．区域创新绩效的地区差异及影响因素分析［D］．长沙：湖南大学，2012，6.

［2］程肇基．地方高校服务区域经济建设研究——以江西为例［D］．武

汉：武汉大学，2015，11.

[3] 陈玉川．区域创新能力形成机理研究［D］．镇江：江苏大学，2009.6.

[4] 陈宗友．区域创新系统中研究型大学与伙伴互动研究［D］．成都：四川大学，2007，5.

[5] 陈丹宇．长三角区域创新系统中的协同效应研究［D］．杭州：浙江大学，2009.

[6] 陈黎．区域创新能力的形成与提升机理研究［D］．武汉：华中科技大学，2011，10：15.

[7] 陈永忠．浙江工业大学科研管理模式及其运行机制创新研究［D］．杭州：浙江大学，2009，4：6.

[8] 冯军霞．美国高校公民教育中的服务性学习研究［D］．武汉：华中科技大学，2007.

[9] 霍刚．地方本科院校科技服务能力的评价研究［D］．太原：太原科技大学，2010.

[10] 胡彩梅．知识溢出影响区域知识创新的及测度研究［D］．长春：吉林大学 2013，06

[11] 柯长青．美国高校区域经济职能的实现模式及其借鉴意义［D］．武汉：华中师范大学，2002.

[12] 李敦响．区域技术创新生态系统绩效评价研究对策［D］．北京：北京工业大学，2006，4.

[13] 李微微．基于演化理论的区域创新系统研究［D］．天津：天津大学，2006.

[14] 李松辉．区域创新系统成熟度的测定与实证研究［D］．武汉：华中科技大学，2003.

[15] 李亚东．我国高等教育外部质量保障组织体系顶层设计［D］．上海：华东师范大学，2013.

[16] 吕国辉．长江三角洲区域创新系统研究［D］．上海：华东师范大学，2008.

［17］潘海生．大学集群和谐发展的机制研究［D］．天津：天津大学，2008. 12.

［18］朴正龙．韩国高等教育大众化的发展历程及其启示研究［D］．长春：东北师范大学，2007，6.

［19］钱韦成，地方本科院校在区域创新体系中的作用研究［D］．南昌：南昌大学，2007.

［20］曲然．区域创新系统内创新资源配置研究［D］．长春：吉林大学，2005. 4.

［21］石虹．地方高校协同创新研究［D］．兰州：西北师范大学，2013.

［22］唐厚兴．区域创新系统创新绩效分析与评价［D］．南昌：江西财经大学，2006.

［23］汤易兵．区域创新视角的我国政府—产业—大学关系研究［D］．杭州：浙江大学，2007，12.

［24］田华．基于知识溢出的区域性大学发展研究［D］．杭州：浙江大学，2010. 3.

［25］童慧．中英高校文化产业人才培养的比较研究［D］．长沙：湖南师范大学，2014，5.

［26］王冬平．地方高校社会服务存在的问题及对策研究——以广东省韶关学院为例［D］．桂林：广西师范大学，2016，4.

［27］王玉丰．常规突破与转型跃迁——新建本科院校转型发展的自组织分析［D］．武汉：华中科技大学，2008. 7.

［28］王景瑞．地方本科高校转型发展路径研究——基于德国应用技术大学建设经验［D］．秦皇岛：河北科技师范学院，2017，6：50.

［29］吴晓天．公共实训基地的实践与探索［D］．上海：华东师范大学 . 2009. 9.

［30］吴韵兰．二战后康奈尔大学社会服务职能发展研究［D］．沈阳：沈阳师范大学，2018，5.

［31］徐涵蕾．区域创新系统中地方政府行为定位与作用机理研究［D］．哈尔滨：哈尔滨工程大学，2007.

[32] 谢凌凌．新建本科院校“生态位战略”的构建、运行与评价——广西高等教育例证［D］．南京：南京农业大学，2011.

[33] 徐敬伟．基于三螺旋理论的江西高校创业教育研究［D］．南昌：江西财经大学，2018，6：33-34.

[34] 徐树成．美国高等学校社会服务职能之历史探析［D］．西安：陕西师范大学，2003，4.

[35] 杨晓玲．应用型本科院校服务地方建设研究［D］．西安：长安大学，2017，12.

[36] 杨莹．美国高校服务区域经济发展的实现途径和保障措施——以波士顿地区八所高校和加州州立大学为例［D］．武汉：武汉工程大学，2013.

[37] 杨华．都市学习共同体建设研究——基于上海市杨浦区的实践［D］．上海：华东政法大学，2014，4.

[38] 杨婷．高校创新资源聚集对区域创新的溢出效应研究［D］．北京：北京化工大学，2018，5.

[39] 朱向群．推进地方高校服务地方经济社会发展的对策研究［D］．湘潭：湘潭大学，2008，11.

[40] 张春霞．秦皇岛创新系统主体创新能力评价与分析［D］．秦皇岛：燕山大学，2005，6.

[41] 张宏海．高校集群促进人才培养创新与区域经济发展研究［D］．武汉：武汉大学，2015，05.

[42] 张铭钟．我国西北五省（区）高等教育与区域经济互动模式构建［D］．徐州：中国矿业大学，2008. 5.

[43] 张伟．区域创新体系中产学研合作行为与微观机制研究［D］．武汉：武汉理工大学 . 2009. 4.

[44] 张伟．系统动力视角下的汇率波动研究——以人民币汇率为例［D］．济南：山东财经大学，2013，6.

[45] 赵立龙．基于区域创新系统理论的大学科发展战略研究［D］．昆明：昆明理工大学 . 2004.

[46] 董友．地方高校科技创新协调机制与政府宏观管理研究［D］．天

津：北方工业大学，2007，3.

（四）网络文献

[1] 陈勇．调查称科研资金用于项目本身仅40%监管存缺口［EB/OL］. http：//news. sohu. com/20111109/n325038510. shtml，2011-11-09.

[2] 高等学校创新能力提升计划（2011计划）专栏．中华人民共和国教育部政府门户网站［EB/OL］. http：//www. moe. edu. cn/s78/A16/A16_ ztzl/ztzl_ kjs2011/.

[3] 姜异康．努力增创山东发展新优势“关于山东半岛蓝色经济区建设的调研”［EB/OL］. http：//www. sdlb. gov. cn/art/2011/12/12/art_ 533_ 59388. html.

[4] 济南大学网站［EB/OL］. http：//www. ujn. edu. cn/main. php?c1=0.

[5] 济宁学院网站［EB/OL］. http：//www. jnxy. edu. cn/html/xxgk/xxjj/1. html.

[6] 李万斌，孟兆怀．四川文理学院构建服务地方经济社会发展长效机制的实践与探索［EB/OL］. 四川大学党委宣传部追求网，http：//www. scu. edu. cn/xcb/llxx/lljy/webinfo/2012/01/1325640776624866. htm.

[7] 刘世锦，张文魁．以激励机制创新促进自主创新［EB/OL］. http：//business. sohu. com/20080204/n255068328. shtml，2008-02-04.

[8] 潘镇．构建高校联盟合作机制服务地方经济发展［EB/OL］. 龙虎网，http：//qx. longhoo. net/2012-03/25/content_ 8810333. htm，2012-3-25.

[9] 齐鲁工业大学网站［EB/OL］. http：//www. qlu. edu. cn/

[10] 青岛大学网站［EB/OL］. http：//www. qdu. edu. cn/content/xuexiaogaikuang. html.

[11] 青岛科技大学网站［EB/OL］. http：//www. qust. edu. cn/info. aspx?categoryId=37.

[12] 人力资源培训网．案例分析：人才培育与人才管理的重要性［EB/OL］. http：//www. chrp360. cn/guanlishi/200929132445. html，2009-02-09.

[13] 单春艳．《服务地方经济社会发展的高校、科研机构、行业企业协同

创新机制与机制研究》开题会会议纪要［EB/OL］. http：//www. clner. com/Article/Print. asp？id=19104，2012-04-05.

［14］潍坊学院网站［EB/OL］. http：//www. wfu. edu. cn/.

［15］文汇报．中国物联网：何时摆脱低水平重复建设的怪圈？［EB/OL］. http：//miit. ccidnet. com/art/32559/20120907/4242959_ 1. html，2012-09-07.

［16］吴康宁．新型教育政策智库的基本特征［EB/OL］. http：//www. sinoss. net/2013/0922/47258. html.

［17］朱清时．中科大校长称目前人才观过于偏激强调培养蓝领［EB/OL］. http：//news. sina. com. cn/c/edu/2006-10-18/030311263916. shtml，2006-10-18.

［18］清华大学科研院［EB/OL］. http：//www. tsinghua. edu. cn/publish/th/6228/，2011-12-16.

［19］2011 年山东省教育事业发展统计公报［EB/OL］. http：//www. sdedu. gov. cn/sdedu_ jygk/default. htm.

［20］山东理工大学网站［EB/OL］. https：//www. sdut. edu. cn/

［21］中共中央办公厅、国务院办公厅印发《关于加强中国特色新型智库建设的意见》［EB/OL］. 中央政府门户网站，http：//www. gov. cn/xinwen/2015-01/20/content_ 2807126. htm

二、英文文献

［1］Autio E，Sapienza H. J，Almeida J. G. Effects of Age at Entry，Knowledge Intensity，and Limitability on International Growth［J］. Academy of Management Journal，2000，43（5）：909-924.

［2］Autio，E. Evaluation of R&D in Regional Systems of Innovation［J］. European Planning Studies，1998，6（2）：131-140.

［3］Asheim，B. T and A. Isaksen. Localization，Agglomeration and Innovation：Towards Regional Innovation Systems in Norway？［J］. European Planning Studies，

1997, 5 (3): 299-330.

[4] Bjarn T. Asheim, Lars Coenen. Knowledge bases and regional innovation systems: Comparing Nordic clusters [J]. Research Policy, 2005, 10: 1173-1190.

[5] Cooke, P. , Knowledge Economies: Clusters, Learning and Cooperative Advantage [M]. London: Routledge, 2002.

[6] Cummings, T. G. , Trans-organizational development. In B. M. Staw and L. L. Cummings (Eds.) Research in Organizational Behavior [M]. Greenwich, Conn. : JAI Press, 1984.

[7] Cook. p. Regional Innovation Systems, competitive regulation in the new Europe [M]. Geoffrey 1992, 23: 365-382.

[8] C. Freeman. Technology Policy and Economic Performance: Lessons from Japan [M]. Landon: France Pinter, 1987.

[9] Cook P, Morgan K. The Network Paradigm: New Departures in Corporate and Regional Development [J]. Environment & Planning D: Society & Space, 1993, 11 (5): 543-564.

[10] Cook & Schienstock. G. Structural Competitiveness and Learning Regions [J]. Enterprise and Innovation Management Studies, 2000, 1 (3): 265-280.

[11] Coronado, D. and Acosta, M. The effects of scientific regional opportunities in Science-technology flows: Evidence from scientific literature in firms patents data [J]. Annals of Regional Science, 2005, 39 (3): 495-522.

[12] Cook P, Uranga M. G, Etxebarria G. Regional Systems of Innovation: An Evolutionary Perspective [J]. Environment & Planning A, 1998, 30 (9): 1563-1584.

[13] Dahmen, E. , Development Blocks in Industrial Economics [J]. Scandinavian Economic History Review, 1988 (36): 3-14.

[14] Davies, T. University - Industry Links and Regional Development: Tinkling beyond Knowledge Spillovers [J]. Geography Compass, 2008, 2 (4): 1058-1074.

[15] David Doloreux & Saeed Parto. Regional Innovation Systems [J]. A

Critical Review，2004（4）：561-562.

[16] Davis，Hugh G. & N. Diamond. The Rise of American Research Universities：Elites and Challengers in the Postwar Era [M]. Baltimore：Johns Hopkins University，1997.

[17] David，P. A. Knowledge Property and the System Dynamics of Technological Change [R]. Proceedings of the World Bank Annual Conference on Development Economics，the World Bank，Washington，D. C.，1993.

[18] Enrico Ciciotti. Innovation and Regional Development in a New Perspective：The Challenge for Action in Underdeveloped Regions. Elsevier Science Ltd.，1998（3）：133-144.

[19] Eric Hershberger. Opening the ivory tower to business：university-industry linkages and the development of knowledge-intensive clusters in Asian cities [J]. World development，2007（35）：931-940. [36] Forrester，Jay W. Industrial Dynamics，MIT Press，Cambridge，Mass，1961.

[20] Freeman C. Innovation in a new context. OECD：Science Technology Industry，1995：15.

[21] Freeman C. Technology Policy and Economic Performance-Lessons from Japan [M]. London：Frances Pinter，1987：81-96.

[22] Frishammar J，Andersson S. The overestimated role of strategic orientations for international performance in smaller firms [J]. Journal of International Entrepreneurship，2009，(7)：57-77.

[23] Gleason K. C，Wiggenhorn J. Born Global，the Choice of Globalization Strategy，and the Market's Perception of Performance [J]. Journal of World Business，2007，(42)：322-335.

[24] Herbig. P. &Dunphy，S. Culture and Innovation [J]. Cross Cultural Management，1998，5（4）：13-21.

[25] Jantunen A，Nummela N，Puumalainen K，Saarenketo S. Strategic orientations of Born Global—do they really matter? [J]. Journal of World Business，2008（43）：158-170.

[26] Kate Hoye, Fred Pries "Repeat commercializes", the "habitual entrepreneurs" of university - industry technology transfer [J]. Technovation, 2009 (29): 682-689.

[27] Kiss A. N, Danis W. M. Country institutional context, social networks, and new venture internationalization speed [J]. European Management Journal, 2008, (26): 388-399.

[28] Lu W. J, Beamish P. W. SME internationalization and performance: Growth vs. profitability [J]. Journal of International Entrepreneurship, 2006, (4): 27-48.

[29] Loet Leydesdorff, Martin Meyer. The Triple Helix Model and the Knowledge-Based Economy [J]. Research Policy, 2006, 35 (10): 1441-1449.

[30] Mikel Buesa, Joost Heijs. Regional systems of innovation and the knowledge production function: the Spanish case [J]. Technovation, 2006 (26): 463-472.

[31] Michael Fritsch, Viktor Slavtchev. Universities and Innovation in Spa [J]. Industry and Innovation, 2007, 14 (2): 201-218.

[32] Morgan K. The Learning Region: Institutions, Innovation and Regional Renewal [J]. Regional Studies, 1997, 31 (5): 147-159.

[33] Nasierowski W, Arcelus F. J. On the Efficiency of National Innovation Systems [J]. Socio Economic Planning Sciences, 2003, (37): 215-234

[34] Philip Cooke. Regional Innovation Systems: General Findings and Some New Evidence from Biotechnology Cluster [J]. The Journal of Technology Transfer, 2002, 27 (1): 133-145.

[35] PC Boardman, EA Corley. University research centers and the composition of research collaborations [J]. Research Policy, 2008 (37): 900-913.

[36] Philip Cooke. Regional Innovation Systems, Clusters, and the Knowledge Economy [J]. Industrial and Corporate Change, 2001, 10 (4): 945-974.

[37] Rebeka Lukman, Damjan Krajnc, Peter Glavic. Fostering collaboration between universities regarding regional sustainability initiatives - the University of

Maribor [J]. Journal of Cleaner Production, 2009, 11: 1144-1153.

[38] Robert R. Rothberg. National innovation systems: A comparative analysis: by Richard R. Nelson, Editor [M]. New York: Oxford University Press, 1993.

[39] Vitner, G., Rozenes, S. and Spraggett, S. Using Data Envelope Analysis to Compare Project Efficiency in MultiProject Environment [J]. International Journal of Project Management, 2006, 24 (4): 323-329

[40] Watcharasriroj, B, Tang, J. C. S. The Effects of Size and Information Technology on Hospital Efficiency [J]. Journal of High Technology Management Research, 2004, 15 (1): 1-16

重要术语索引表

Y

Z

后记

金秋十月，硕果累累的日子，我收获了自己的第一本专著！此书基于我的博士论文而成，一路得到诸多良师益友的倾力襄助！

首先感谢华中科技大学教育科学研究院的各位领导和老师，在2010年至2015年我博士求学期间给予我从学习到生活多方面支持，这是我人生中一段闪光的记忆，谨向他们致以我最真诚的谢意！

特别感谢我的导师陈廷柱教授！在我博士入学到学习直至博士论文写作及毕业的过程中，陈廷柱教授以渊博的知识、高尚的品格，对我尽心尽责、耐心教导、包容有加！他严谨的治学态度、创新的思维给我留下了深刻的印象，为我树立了终身学习的典范，并将使我受益终生，他的教诲与鞭策将激励我在今后工作和生活的道路上继续不懈努力。

感谢范跃进教授、程新教授和宋尚桂教授，为我点亮求学路上的指路明灯；感谢济南大学的王悦教授和刘福才教授，为我的论文写作提供宝贵资料以及珍贵的建议；感谢同事王玉军老师、付强老师、臧甲友老师在理论与实际工作结合方面给予我的帮助；感谢高功敬教授在我构建数据库及实证分析方面的无私帮助；感谢张炉青博士对我PPT制作的悉心指导；感谢张天一硕士帮助我搜集大量资料；感谢张振宇老师、徐洪超硕士和赵军硕士帮助我整理和分析数据，并参与校对工作；感谢张树堂老师、宋志涛博士、熊俊峰博士对我英文摘要的费心修改；感谢学校领导对我博文论文写作过程的关心鼓励；感谢山东省社科规划课题项目“基于大学治理的高校社会服务机制研究”（项目编号：14CJYJ03）的支持和济南大学出版基金资助。感谢同事们为我提供良好的学习和科研条件及环境，使我更加珍惜自己的本职岗位并立志做一个终身学习的人。

感谢我的妻子和家人常年对我的支持和理解！感谢宝贝女儿的降临给我带来的喜悦与无限动力！感谢李光红校长、周勇处长、代亮老师对我此次申报出版基金的支持！还要感谢所有帮助和鼓励过我的人们！

再次感恩，一路走来与所有人的相遇、同行！

卢　旺

2019 年 9 月